전태국, 김화순, 이민영 편
남북시민통합연구회

배제와 통합: 탈북인의 삶

Exclusion and Integration:
Life of North Korean Defectors in South Korea

진인진

배제와 통합: 탈북인의 삶

초판 1쇄 발행 | 2019년 10월 1일

지은이 | 전태국, 김화순, 이민영, 김유정, 박성재, 선우현, 신난희, 정찬대, 한만길, 마석훈, 최중호
편   집 | 전태국, 김화순, 이민영
디자인 | 배원일
발행인 | 김태진
발행처 | 진인진
등   록 | 제25100-2005-000003호
주   소 | 경기도 과천시 별양상가 1로 18 614호(별양동 과천오피스텔)
전   화 | 02-507-3077-8
팩   스 | 02-507-3079
홈페이지 | http://www.zininzin.co.kr
이메일 | pub@zininzin.co.kr

ⓒ 진인진 2019
ISBN 978-89-6347-421-2 93300

* 책값은 표지 뒤에 있습니다.

머리말

2012년부터 통일과 탈북관련 학자와 현장 활동가들이 공부하며 시작된 '남북시민통합연구회'가 작년에 평화재단의 후원으로 '국가와 탈북인의 관계'를 주제로 한 콜로키움에서 발표하고 토론하였던 글들이 이제 책으로 결실을 맺는다. 탈북인의 삶을 사회과학적으로 분석한 최초의 체계적인 연구서라는 자부심을 갖는다.

우리는 탈북인의 삶에서 우리 자신의 모습을 본다. 분단체제 속에서 길들여진 편견과 차별의 고루함도 보고, 멸시와 우쭐댐의 천박함도 본다. 국가의 폭력성도 절감한다.

탈북인들은 인권과 자유와 풍요를 누리고자 한국사회에 왔지만, 여러 제약으로 어려운 처지에 놓인다. 국가로부터 일정한 물질적 보상을 제공받아 최소한의 삶이 보장되고 있고, 다양한 단체들을 구성하여 자신의 목소리를 내고 있다. 그러나 사회적으로는 편견과 차별로 통합의 어려움을 겪고 있다. 조사에 의하면, 탈북인에 대해 친근감을 느낀다는 국민은 최근 3년 동안 줄곧 열 명 중 세 사람 미만이다. "정부는 탈북자들을 더 많이 지원해야 한다"는 의견에 찬성하는 국민은 10년 전에는 열 명 중 여섯 명 이상이었는데 최근에는 네 명으로 줄었다. 국가권력도 탈북인을 힘들게 한다. '탈북민 유우성 간첩조작' 사건(2013), '반세월호 집회' 사건(2016), '국정원 댓글 공작' 사건(2017) 등에서 보는 바와 같이, 권력은 그들을 도구화하는데 주저하지 않았다.

한국사회에서 탈북인의 삶은 참으로 힘들어 보인다. 정치적으로는 진보-보수 가릴 것 없이 이들 정치세력이 권력획득 혹은 권력 유지를 위해 탈북인을 도구로 이용하였고, 사회적으로는 소외되고 주변화되어, 자신만의 '평행사회'를 이루고 있다. 문화적으로는 사회에서 통용되고 있는 언어와 기술에 무지하고 시대에 뒤떨어진 권위주의 태도를 보여 교양 없는 한국인으로 낙인찍히고 있다. 절망 속에서 한국을 떠날 생각도 갖는 탈북인도 있다.

각박한 삶 속에서 사실상 말할 자유도, 쓸 자유도 빼앗기고 있다. 방송에서 각본대로 출연하는 것을 제외하고는 그들의 목소리가 들리지 않는다. 그러나 칸트가 말했듯이 '생각의 자유'는 앗길 수 없다. 아무리 전망 없고, 각박한 삶 속에서도 '생각의 자유'는 내일과 모레에 대한 믿음이 솟아나게 한다.

> "말할 자유 혹은 쓸 자유는 상부의 권력이 우리에게서 빼앗을 수 있지만 그러나 생각의 자유는 뺏을 수 없다. (중략) 사람들이 자신의 생각을 타인에게 공공연하게 전달할 수 있는 자유를 외적 권력이 빼앗음으로 해서 생각의 자유도 빼앗는다고 말할 수 있지만, 그러나 생각의 자유는 모든 시민 압박에도 불구하고 우리에게 남아있는 유일한 보물이다.".[1]

탈북인들에게 한국의 국가존립의 이유가 마치 북한과의 대립에 있는 것 같은 착각을 불러일으킨다. 현재 한국사회는 몰락하고 있는 시대의 최후의 저항이 나타나고 있다. 퇴보적 정신이 박정희 시대의 향수로

---

1 Kant, 1786: "생각에서 자신을 지향한다는 것은 무엇을 의미하는가?" "Was heißt: Sich im Denken orientieren?

마취되어 맹목적이고 임의적인 판단이 고삐 풀린 망아지 모양 SNS를 횡행한다. 적폐 청산의 혁명적 파괴의 정신이 넘실대는 정치적 격변의 한가운데서도 구시대의 권위적 지도자를 찾아 충성을 바치고자 헤매고 있다.

이념갈등에서 역사가 되돌아오는 것 같은 느낌을 갖는다. 과거 일제가 "공산주의 격멸의 거화를 들고 인류 구제의 대도를 맥진한다"고 천명하고 한반도 방방곡곡에 방공단을 조직하였던 '조선방공협회'의 유령이 오늘의 문명 한국사회를 배회하고 있다.

최근에 일부 탈북인들에게서 안타까운 현상들이 나타나고 있음을 본다. 일부 탈북인들이 자신의 행동 근거를 유일하게 돈에서만 찾는 화폐물신주의자로 등장하고 있는 것이다. 댓글 공작이나 알바 동원에서 보듯이 노골적인 이해관계와 냉혹한 현금지불 이외에는 어떤 이상이나 유대도 소중한 것으로 여기지 않는 것처럼 보인다. 독재체제로부터 탈출을 감행하게 했던 자유와 정의의 성스러운 관념은 이기적 계산의 차디찬 얼음물 속에 익사되었고, 비양심적인 거래로 대체되고 있다. 이들의 삶은 정신적 버팀목을 잃은 것으로 보인다. 윤리적 의미를 벗어버린 영리추구가 단말마적 격정과 결합하고 있는 것이다. 베버가 현대 자본주의 사회의 전형적 인간으로 묘사한 "합리적 질서의 차디 찬 해골의 손"에 의해 조종되는 인간, "영혼 없는 전문인, 심장 없는 향유인"에 가까이 근접하고 있다. 일반적으로 탈북인들은 기존의 분단체제를 허물려는 의지를 보통의 한국인들과는 비교할수 없게 매우 강렬하게 갖고 있다고 볼 수 있는데, 유감스럽게도 이들은 기존의 분단체제와는 다른 것을 생각하기 보다는 총체적으로 관리된 한국사회 속에서 사적 영역의 가장 내밀한 충동까지도 합리적 계산의 요구에 따르고 있는 것이다. 현실과 대립하는 이상이 이들에게서 다시 회복되기를 바라마지 않는다.

한국사회에서 탈북인의 삶은 한마디로 '배제와 통합'이라고 간결하게 말할 수 있다. 이 시각이 본서의 10개장을 관통한다.

당착어법(Oxymoron)이 적절한 묘사를 달성할 때가 있다. 이를테면 '공공연한 비밀'이라든가 '침묵의 외침'과 같은 표현이다. 제1장은 '배제적 통합'이란 멋진 용어를 사용하여 탈북인의 도구화된 삶을 묘사한다. 말하자면 정치권력이 탈북인을 자신의 목적에 방해되면 배제하고 쓰임새가 있으면 도구로 이용하는 것을 말한다. 이러한 배제적 통합은 무엇보다 보수 우파 권력이 자행했다. 보수집권세력은 자신의 반북적 노선을 정당화하고 선전하기 위해 또는 정치적 수세에 몰리는 상황을 타개하기 위해 북한체제의 타도와 민주화를 촉구하는 탈북단체들을 적극 끌어들여 정치적 도구로 활용코자 했다. 2014년 탈북단체들의 대규모 대북전단 살포 행사, 2016년 세월호 유가족들의 단식농성현장에 난입한 탈북인들의 '혐오시위', 2013년 '탈북민 유우성 간첩조작 사건'이 대표적이다. 분석은 보수진영 못지 않게 진보 좌파권력도 배제적 통합을 자행했다는 지적에서 흥미를 배가시킨다. 반김정은, 반김정일 노선을 공공연히 드러내면서 북한체제의 민주화를 당면과제로 내세우는 탈북인들의 집단적 현실참여는 한반도 평화체제를 구축하려는 진보 집권세력의 입장에서는 수용하기 어려운 걸림돌, 방해적 요인으로 간주된다.

제2장은 태극기 집회 참가 탈북인과 노인에 대한 면접조사에 기초하여 우리사회의 이념갈등과 세대갈등을 진단한다. 그들은 쪽방에서 생활하며 굶기가 일쑤이면서도 빈곤층을 위한 정책을 내건 후보나 정당을 외면하고 보수정당을 지지하는 '계급 배반'을 보이고, 현 대통령과 정부에 대한 온갖 황당한 가짜 뉴스를 진짜로 철석같이 믿는다. 미국은 그들에게 동맹의 수준을 넘어 '구원자'로 인식된다. 분석은 태극기 집회 참가자들과 탈북인들 사이에 친화성을 발견한다.

제3장은 탈북인이 어떻게 단체를 결성하고 북한 및 한국사회의 관련 정치활동을 활발히 전개하였는가에 관하여 분석한다. 분석은 일부 정치화된 탈북단체와 보수세력은 햇볕정책과 민주화세력에 대한 비판의

식을 공유하고 있고, 또한 공생적 이해관계를 구축하고 있음을 제시한다. 탈북인 단체들이 대선국면을 맞아 수도 없이 많은 규탄 시위를 벌일 수 있었던 것은 시위에 기꺼이 참가할 탈북인들의 인력풀이 있었기 때문이다. 탈북여성은 일종의 동원조직망을 구축하고 시위 오더가 내려오면 바로 동원 인력을 조직했다. 분석은 또한 탈북인 SNS에 떠도는 악의적 가짜 뉴스가 왜 그들에게 '합리적 의심'이나 비판적 인식망을 거치지 않고 혹은 이들의 내면에 이미 형성된 기존 명제나 인식을 강화시키는 방향으로만 기여하는가를 분석한다.

제4장은 탈북인의 신민성과 정치참여 행태를 분석한다. 중심적으로 논의한 질문은 다음이다. 탈북인들의 신민적 정치지향은 그들이 북한체제에서 겪은 초기 정치사회화의 효과인가? 아니면, 한국에 온 이후 탈북인들이 생존을 위해 선택한 결과라고 보아야 할 것인가? 분석은 분단체제의 남북한 주민의 정치지향성을 맑스(Karl Marx)의 캐릭터가면에 기반한 '문화가면'의 개념을 사용하여 탈북인과 남한인 양자의 정치지향성을 비교한다. 분석은 정치사회화의 세가지 이론, 즉 저항이론, 노출이론, 전이이론에 의거하여 탈북인의 신민적 정치지향성을 설명한다. 탈북인들이 쓰고 있는 신민과 권위주의 문화가면은 남한 입국 후 벗겨지기 보다는 오히려 강력하게 씌워지고 있음을 저항이론과 노출이론은 설명한다. 전이이론도 탈북인들이 전근대적 문화가면 위에 새로운 근대적 시민의 문화가면을 덧쓰기 보다는 그들의 특수한 경로적 의존성으로 인해 전근대적 문화가면만이 강화되고 있음을 말한다.

제5장은 식량난민 이후 새로이 등장한 '직행 탈북이주자'에 초점을 맞추어 이들의 탈북과정을 노동이동의 맥락에서 살피고 노동이동이 탈북에 미치는 영향에 대해 살펴본다. 분석은 보다 나은 소득을 찾아 국영경제부문(Ⅰ부문)을 떠나서 공적 시장경제부문(Ⅱ), 비공식국영경제(Ⅲ), 비공식 시장경제(Ⅳ)영역을 향해 이동하는 노동이동의 흐름이 뚜렷하게

나타났으며, 특히 여성들이 부문간 이동(Ⅰ→Ⅳ)을 하는 경우가 많았고, 남성들은 부문간 이동을 하는 경우가 적고 부문내(Ⅰ) 이동이 더 많았음을 제시한다. 탈북 동기를 보면 북한에서 밀어내기 요인과 한국으로 가면 더 잘 살 수 있다는 유인요인이 복합적으로 작용하였으며, 특히 시장경제를 향한 이동을 경험한 사람들은 장사를 자유롭게 할 수 있는 한국에 가면 더 풍요롭게 살 수 있으리라는 기대감이 컸고, 이런 기대감이나 자신감이 탈북 행위에 영향을 미쳤음을 제시한다. 이는 역으로 여성들의 탈북이 왜 많은지를 설명해준다.

제6장은 북한이탈주민지원재단이 매년 발표한 '북한이탈주민 정착실태조사'에 의거하여 탈북인의 경제활동실태를 파악하고 있다. 분석은 변화를 확인한다. 고용지표 상으로 남북주민간 격차가 과거에 비해 감소하였고, 탈북민이 취업한 일자리의 고용의 질이 개선되고 있으며, 생산직과 서비스 판매직 비중이 높은 가운데 시간이 흐를수록 전문관리직 및 사무직 비중이 증가해 탈북인이 가진 일자리 또한 점차 개선되고 있다. 임금근로자로 취업한 탈북인의 평균 근속을 살펴보면 1년 미만 단기 근속자는 감소하고 3년 이상 장기 근속자는 증가하는 경향이 관찰되고 있다. 그리고 임금수준에서도, 비교적 빠른 속도로 일반 국민과의 임금 격차가 완화되고 있다. 정착기간이 늘어나면서 고용의 질 또한 완만하게나마 개선되고 있음이 나타났다.

제7장은 서울과 수도권 내에 직장 생활을 하며 아이를 양육하고 있는 40대 기혼의 탈북여성에 대해 실시한 심층면접에 기초하여 맞벌이 가정의 북한이탈여성들이 경험하는 직장생활과 자녀돌봄의 양립에서 오는 어려움을 분석한다. 그들이 겪는 대표적인 어려움으로 언어장벽, 이해하기 힘든 남한의 교육방식, 사회적 지지망의 부재, 제한된 취업 정보와 불안정한 고용, 차별, 학력과 경력의 부재 등이 드러났다.

제8장은 탈북청소년 교육은 지금까지의 분리교육을 지양하고 통

합교육으로 나아갈 것을 주장한다. 탈북학생에 대한 지원방식이 오히려 '탈북인'이라는 낙인감을 끊임없이 심어주는 문제점으로 지적된다. 탈북청소년들은 나이가 많고 학습능력이 부족하고 왕따를 당할 염려가 있기 때문에 일반학교 다니길 기피하고 특성화학교나 대안학교를 선택한다. 무엇보다도 부모가 집에서 자녀를 돌보지 않고 생계에 전념해도 되기 때문에 자녀에게 권장하거나 강요하기도 한다. 특성화학교나 대안학교는 별도의 분리된 공간에서 그들에게 적합한 별도의 특별교육프로그램을 운영하고 있다. 분석은 탈북청소년을 위한 분리교육이 장기화될수록 한국 사회에 적응이 지체되고 배제될 소지가 있음을 지적한다. 분리교육 기간을 최소화하고 일반학교 재학을 원칙으로 하고, 양적으로 확대되고 있는 대안교육기관을 축소할 것으로 주장한다.

제9장은 탈북인을 지원하는 지역사회 서비스들이 어떻게 접근하고 어떠한 문제들을 내포하고 있는가를 분석한다. 분석은 지역사회 서비스들이 그동안 급속히 확장되어 왔고, 탈북인을 위한 서비스 제공기관도 늘어나고 있음에도 불구하고, 지역사회 내에서 탈북민의 배제와 소외의 문제는 여전히 심각하다는 점을 제시한다. 탈북인을 대상으로 하는 교육은 대부분 사회통합을 위한 성과보다는 수혜자 '숫자'에 초점을 둘 수밖에 없는 구조이다. 탈북인들은 서비스 제공 과정에서 실질적인 변화보다 실적을 채우는데 동원되기도 하면서 서비스 이용자가 아닌 수혜자로서 가치 절하된다. 분석은 탈북인 서비스를 제공하는 기관이라는 것만으로도 지역시민단체들로부터 부정적인 시선을 감내하여야 함을 아울러 제시한다.

마지막 제10장은 분단체제 속에서 국가의 폭력이 증대하였음을 역사적으로 제시하고, 탈북인들이 비민주적 체제를 지지하는 까닭을 이민자 정치사회화 연구와 비교한다. 한국인의 신민문화의 온존을 각종 조사자료에 의거해 신민의식, 정치적 무력감, 권위주의의 세가지 측면에서 확인한다. 보수와 진보의 이념갈등에서 도구적 이성과 짐승의식의 만연을 보고, 또한 '시민'과 '신민'의 대립을 본다. 탈북인의 통합은 성, 계급, 세대, 지역의 차이를 무효화하며, "포함된 자와 배제된 자 간의 경제적, 사회적, 문화적 장벽을 낮추는 것"[2]을 목표로 한다. 현재 탈북인은 '비대칭적 인정'에 시달리고 있다. 따라서 남북시민 통합의 시선은 이해관계, 착취, 재분배 등의 전통적인 체계적 상상력에만 머물러서는 안되고, '정체성', '상이', '인정'에 주목하는 새로운 생활세계적 상상력도 아울러 발휘해야 한다. 말하자면 "유물론 패러다임의 문화 맹목"을 교정할 것을 주장한다.

전망은 비관적이다. 한국사회는 중앙정부, 국회, 주요기관, 공직자에 대한 불신이 세계에서 가장 높은 나라에 속하고, 또한 타인에 대한 신뢰도 가장 낮은 나리이다. 이러한 만연한 불신풍조 속에서 탈북인들은 더욱 어려운 처지에 놓일 수밖에 없다. 내국인끼리도 서로 신뢰하지 못하는 판에, 하물며, 탈북인에 대해서는 말할 나위도 없다. 그래도 노력해야 한다. 탈북인들이 안전하게 삶을 누릴 수 있도록 '사회국가' 기능을 강화해야 한다. 격차를 해소하는 사회적 균형의 의무와 편안한 삶을 보장하는 사회 안전의 의무를 국가는 자신의 기본과업으로 추진해야 한다.

이 책은 엄격한 분석만을 제시하는 것이 아니다. 탈북인의 삶의 생생한 현장 이야기도 담고 있다. 분석적 서술로 포착하기 어려운 생활세계의 미묘한 굴절들이 현장보고에서 묘사된다. 현장보고를 해준 마석훈

---

2 Therborn, 2007: "포용사회를 창립하기 위한 전문가 회합: 사회통합을 증진하기 위한 실천 전략", "Expert group meeting on creating an inclusive society: Practical strategies to promote social integration." Presentation. Paris, 10-13. September 2007. P. 2

원장과 최중호 감독에게 심심한 사의를 표한다.

오랫동안 함께 편집회의를 하며 '소외된 노동'을 '즐거운 학문'으로 승화시킨 김화순 박사와 이민영 박사께 그 동안의 노고에 감사하며, 새로운 연구계획을 위해 건배를 든다.

흔쾌히 출판을 응락해주신 진인진 김태진 사장님께 감사의 말씀을 드린다.

2019년 9월 19일
전태국

목차

머리말 _3

Ⅰ. 배제적 통합과 신민적 정치참여

제1장 통합적 배제 혹은 배제적 통합의
　　　대상으로서 '탈북민 집단'　　　　　선우현　_17
제2장 노인과 탈북인의 '선택적 유사성':
　　　태극기를 들다　　　　　　　　　　정찬대　_51
제3장 국내 탈북민단체의 부침과 인정의 정치　신난희　_75
제4장 탈북인들의 신민적 정치참여　　　전태국, 김화순　_105

Ⅱ. 사회적 분리와 차별

제5장 식량난민에서 직행탈북이주민으로:
　　　탈북원인의 변화　　　　　　　　　김화순　_155
제6장 저임금노동시장에 갇힌 탈북민들　박성재　_179
제7장 탈북여성의 일과 자녀돌봄의 고군분투 경험　김유정　_197
제8장 탈북청소년 교육: 언제까지 분리교육인가?　한만길　_225
제9장 탈북민의 분리된 적응과 지역사회 서비스　이민영　_249

Ⅲ. 전망

제10장 평화체제이행기 남북시민 통합의 길　전태국　_271

현장보고

1　탈북청소년 공동생활가정 이야기　　마석훈　_301
2　한국을 떠나 유럽에 사는 탈북자　　최중호　_307

배제와 통합: 탈북인의 삶

I

배제적 통합과 신민적 정치참여

제1장 통합적 배제 혹은 배제적 통합의 대상으로서 '탈북민 집단' - 선우현
제2장 노인과 탈북인의 '선택적 유사성': 태극기를 들다 - 정찬대
제3장 국내 탈북민단체의 부침과 인정의 정치 - 신난희
제4장 탈북인들의 신민적 정치참여 - 전태국, 김화순

제1장

통합적 배제 혹은 배제적 통합의 대상으로서 '탈북민 집단'[1]
: 남한 내 탈북민 집단의 '극우 편향적인' 정치적 행보의 실태와 관련하여

선우현

I. 들어가는 말

한국 사회에 거주하는 탈북민 집단은 최근 감소 추세를 보이고 있기는 하나 그럼에도 꾸준히 증대하여 2018년 3월말 기준으로 대략 3만 1천여 명에 이르고 있다.[2] 이러한 수치는 전체 남한 인구에 비해 절대적으로 미미하다고 볼 수 있다. 하지만 한반도의 '분단 현실'과 관련하여 적

---

[1] 이 글은 그간 발표한 필자의 글들 중, 남북시민통합연구회가 주관한 '시민성에 기반한 평화공동체 만들기' 콜로키움의 발표문(선우현, 2018b)을 중심으로 하고, 선우현(2011, 2012, 2015, 2018a) 등의 글들을 토대로 재구성한 논문으로, 부분적으로 새로운 내용을 추가·보완한 것임을 밝혀둔다.

[2] 이에 관한 보다 상세한 정보는 통일부 홈페이지 「주요 사업」부문의 「북한이탈주민정책」의 '최근현황' 참조.

지 않은 이념적·정치적·사회적 영향을 미치고 있다는 점에서, 탈북민 집단은 '특수한' 소수자 집단[3]으로서 남한 사회 내부에 자리하고 있다.

그러한 소수자로서의 특수성은 여러 면에서 확인된다. 무엇보다 동남아시아 이주노동자나 정치적 난민 같은 여타 소수자 집단과 달리, 탈북민들은 남한 주민과 동일한 한민족 공동체의 구성원이라는 전제 하에, 같은 국적의 '한국인'으로 인정받으며 살아가고 있다. 하지만 문화적으로 '이질적인' 사회 구성원이라는 인식의 확산과 함께, 다분히 '이방적인 한국인'으로 간주되고 있는 실정이다. 곧 남한 내 탈북민 집단은 '한국인이면서 동시에 한국인 이방인'이라는 매우 독특한 사회적 위상을 드러내 보이고 있는 셈이다(선우현, 2012: 6).

사정이 이런 만큼, 탈북민들의 고유한 문화적 정체성에 대한 무시나 부당한 사회적 대우, 인권 침해 같은, 탈북민들이 남한 사회에서 겪고 있는 여러 유형의 차별적 실상들은 '일차적으로' 소수자 문제로서 간주되어 다루어지고 있다.

그러나 탈북민 문제는 단순히 소수자 문제에로만 귀결되지 않는다. 가령 북한 출신 한국인으로서의 지위가 법적으로 보장받고 있는 상황에서도, 탈북민들은 남한 주민과 동등한 사회 통합적 주체로 인정받지 못함으로써 사회 구성원의 자격이 격하되고 소외되는 실존적 아픔과 사회적 고통을 강요당하는 사태가 적지 않다. 그런 만큼 분단에 따른 남북한 간의 적대적인 정치적·군사적·이데올로기적 대결 구도와 그로 인해 공

---

3 소수자 및 소수자 집단에 대해서는 다양한 개념 규정이 존재한다. 그 중 이 글에서는 '사회의 여러 영역에서 성, 인종 및 민족, 종교 및 사상, 성적 취향, 지역 등의 이유로 사회 내의 지배적 기준이나 가치와 상이한 처지에 있는 탓에, 차별과 편견, 배제의 대상이 되는 사람들'을 가리키는 것으로 잠정 간주하고자 한다. 이에 대해서는 윤인진·이진복(2006: 44) 참조.

고하게 형성된 남한 사회 내부의 첨예한 사상적·이념적 대립 구도 속에서, 탈북민 문제는 남한 내 주류 집단으로서의 한국인 집단과 북한 출신 한국인들인 탈북민 집단, 양자 간의 '민족적·이념적·사회적 통합'의 문제로서 또한 읽혀질 수 있다.[4]

이 점에 주목하여, 이 글은 '소수자'로서의 유린된 실존적 삶의 실태 못지않게, 한민족 공동체의 일원으로서 한국인과 동일한 국적을 부여(권수현, 2011: 130)받고 있음에도[5] 남한 주민들과의 동등한 통합적 주체로서 인정받지 못하고, 선별적인 통합의 대상으로 간주되어 정치 사회적으로 '도구화된' 차별적 삶을 강요받고 있는 실상에 '초점'을 맞추어, 탈북민 문제에 관한 비판적 논지를 개진하고자 한다.

그 전에, 이 같은 탈북민 집단의 '문제 상황'을 실천철학적 고찰의 주된 주제로 삼게 된 문제의식의 일단(一段)을 소개해 보면, 대략 다음과 같다.

우선, 남한 거주 탈북민 집단은 정치(공학)적 차원에서―특히 대북 정책 및 남북 관계와 관련하여―사회적 통합의 대상이면서 동시에 배제의 대상, 보다 정확히 말해서 '통합적 배제' 또는 '배제적 통합'[6]의 대상으로 간주되고 있다.

둘째, 이러한 '잠정적인' 철학적 '추정'은 남한 사회 내부에 견고하

---

[4] 국내 탈북자들의 성공적인 정착에 초점을 맞추고 있지만, 기본적으로 탈북자 문제의 해결을 '소수집단의 차별문제 해결'과 '민족적 차원에서의 남북한 통합의 예비모델의 개발'이라는 이원론적 관점에서 파악하고 있는 입장으로는 박현선(2002: 215-217) 참조.

[5] 국내 거주 탈북민은 남한 사회에 들어온 후 '가족관계등록부'에 등록하는 순간부터 남한 주민과 동등한 국민의 지위를 부여받는다.

[6] 이에 대한 개략적인 해명은 이 장(章) 끝부분에서 제시된다.

게 구축되어 있는 소위 진보/보수 간 이념적 대결 구도가 심각한 수준에서 왜곡·변질되어 있는 현실과 긴밀히 맞물려 있다.

셋째, 이 같은 상황 하에서, 남한 사회 구성원들, 특히 주도적 지배계층(계급)이 갖고 있는 탈북민 집단에 관한 근본적 인식은, '나 혹은 우리와 동등한 존엄한 인격체로서의 자율적인 의사소통적 존재'라기보다는 '나 또는 우리의 특정 목적을 달성하기 위한 수단적·도구적 존재'로서 바라보고 있다는 점으로 잠정 요약될 수 있다.

넷째, 사정이 이런 만큼, 남한 거주 탈북민 문제는 민족분단과 그에 따라 구축된 남한 사회 내부의 진영 논리적 이념 대결 구도 속에서 벌어지는 민족적·사상적 통합의 문제로서 다루어질 필요성이 제기된다. 복합적이며 중층적인 탈북민의 현실태로 인해, 남한 거주 탈북민 집단은 소수자로서 배제적 차별적 대우를 받고 있을 뿐 아니라, 거기서 한 발 더 나아가 허울 좋은 '민족 공동체'의 일원이자 북한 출신 '한국인'이라는 형식적인 인정을 대가로, 정치(공학)적·사회적·이념적 차원에서 도구적 존재로 이용당하는 사태에 직면하고 있기 때문이다.

이제 본격적인 논의에 들어가기에 앞서, 여러 문제의식 가운데 첫 번째 것에서 언급된 통합적 배제 혹은 배제적 통합의 개념에 대한 이해를 돕고자 몇 마디 해명을 덧붙이고자 한다. 통합적 배제 개념의 '원형'이라 할 '사회적 배제(social exclusion)'라는 용어는, 1974년 당시 프랑스 시라크 정부의 사회부 장관이던 르느와르(R. Lenoir)가 새로운 접근 방식을 통해 '빈곤'에 관한 해명을 개진하는 과정에서, '사회보험제도의 보호를 받지 못하는 사람들'을 '사회적으로 배제된 자'로 범주화하면서 처음 등장한 개념이다(강신욱, 2006: 11-12). 이 개념은 한국의 여러 학계에서도 비판적으로 수용해 활용하고 있는바, 가령 사회학자 윤인진은 남한 내 소수자들, 그 중에서도 소수자로서의 탈북민 문제를 규명하기 위해 이 개념을 사용하고 있다. 다만 사회적 배제에 대한 개념적 정의는 학자들마다 상이하게 규정되고 있는 실정인데, 그에게서 특히 주목되는 것은 '시민으로서 응당 누려야 할 권리를 부인당하는 것'으로 사회적 배제를 특징짓고 있는 개념 정의 방식이다.[7]

이 글에서 사용되는 통합적 배제는 그처럼 윤진호 등에 의해 규정된, '기본적 권리가 부인당하는 것'으로서의 사회적 배제 개념을 정치적·이념적 차원으로 끌어 들여 부분적으로 그 내용과 방법론적 얼개를 변용한 것이다. 무엇보다 소수자 문제의 틀을 넘어, 이념적·민족적 통합의 문제로서 동시에 읽혀질 수 있는 탈북민 문제의 내적 특성으로서 '복합성'과 '다층성'을 규명해 보기 위해 '잠정적으로' 그 의미를 재규정하여 구성해 본 것이다. 그런 만큼 통합적 배제란 거칠게 말해서, 남한 내 '특정' 집권 세력 등이 자신들의 전략적·전술적 목표의 달성을 위해 상황에 따라 탈북민 집단을 배제 또는 통합의 대상으로 규정하여, 남한 사회의 주민들과 동등한 사회 구성원으로 인정해 대우하거나 아니면 배제 내지 제외해 버림으로써 구성원으로서의 기본적 권리와 자유를 박탈해 버리는 일종의 '정치적 책략'이라고 할 수 있다(선우현, 2011: 58-59). 요컨대 탈북민들을 특정 목적이나 정치적 필요를 위한 도구적 수단으로 간주하여 정치공학적 차원에서 교묘히 활용하는 통치 기법의 한 유형이라고 할 수 있다. 그러므로 탈북민 집단이 통합의 주체가 아닌 배제의 객체로 확정된다는 것은, 북한 출신 한국인으로서 탈북민이 지닌 고유한 이념적 정체성이나 삶의 양식이 현저히 훼손되고 인권 및 자유가 유린 박탈될 수 있음을 가리킨다.

---

7 윤진호(2004)에 따르면, "한 사회의 시민으로서 당연히 누려야할 권리, 예컨대 사회보장권, 경제적 복지권, 사회적 참여권, 인간으로서의 존엄을 가지고 살아갈 권리 등을 누리지 못하는 상태가 바로 사회적 배제라는 개념으로 총괄될 수 있다"(윤인진·이진복, 2006: 47에서 재인용).

물론 이 같은 통합적 배제의 개념은 아직 '완결된' 형태로 재구성된 것은 아니다. 단지 단초적 형태로서 그 윤곽만이 구축된 개념이라는 연유로, 이후 보다 완성도 높은 개념으로 정초하기 위해 지속적인 탐구 작업을 벌여나갈 것이라는 점만은 미리 밝혀두고자 한다.

II. 통합적 배제 또는 배제적 통합의 세 유형

남한 거주 탈북민들이 소수자로서 겪고 있는 생활세계 내의 고통을 넘어, 남한 내 통치세력 내지 지배 집단에 의해 정략적 차원에서 도구적으로 이용되고 있는 또 다른 차별적 소외의 실상을 조망하기 위해서는, 이제껏 탈북민 집단에 가해져 온 '통합적 배제'의 방식 및 경로를 제대로 들여다 볼 필요가 있다. 남한 내 탈북민들에 대해 행사되어 온 배제적 통합(통합적 배제)의 통치 기법은 대략 다음의 세 가지 유형으로 나눠볼 수 있다.

첫째는, 진보와 보수를 떠나 탈북민에 대한 남한 사회 내부의 본래적인 무관심과 배려 의식의 결여, 고정 관념이나 사회적 갈등 유발에 대한 염려 등에 의거하여 이루어진 '정책적 차원'에서의 배제적 통합을 들 수 있다. 물론 이는 사전에 기획된 배제 또는 통합의 정치공학적 책략이라고 단정 짓기는 여러모로 어려운 점이 있다. 하지만 의도했던 아니던, 남한의 다수 주민들과 정부 및 정책 당국자들은 지금껏 남한 내 탈북민 집단 아울러 그들과 관련된 현실적 문제들에 관해 대체로 무관심하거나 무지했으며 나아가 근거 없는 선입견 등에 의거하여 부정적인 시각을 드러내 보이는 가운데 사실상 배제적 통합을 자행해 왔다. 한 남한 주민의 다음과 같은 발언은 이 점을 상징적으로 확인시켜 준다.

"현재 남한 사회는 하나원이라는 하나의 기관에 탈북자들의 생활을 맡겨 버리고 '나 몰라라'하고 있는 것일지 모른다."(권은주, 2005: 152).

남한 내 탈북민들에 대한 이 같은 대중적 차원에서의 무관심 내지 무심함은, 일각에서 불거져 나온 우려의 시각, 곧 남한 사회 내부의 안정적 통합을 저해할 잠정 요인으로 탈북민들을 바라보는 부정적 인식과 연결되어, 정부 차원에서 탈북민들을 남한 주민들로부터 떼어내 별도로 통제 관리하는 사태로 이어지게끔 야기하기에 이른다. 가령 남한 정부는 통일부나 국정원 등 주요 정부 기관들을 동원하여, 명목상으로는 탈북민들의 한국 사회로의 성공적인 적응과 안착이라는 미명 하에, 남북 관계의 개선이나 그와 관련된 남한 내 이념적 갈등 사태의 방지 등에 걸림돌이 될 수 있는 탈북민 집단의 행태를 체계적으로 제어 통제하기 위한 의도에서, 남한 주민들로부터 탈북민들을 분리해 관리하고 있다. 그 결과 탈북민들만으로 이루어진 배제적 통합이 이루어지고 있는 셈이다. 비록 특정 통치 집단의 불순한 사적 이해관계에서 '직접적으로' 비롯된 것은 아니지만, 이처럼 사회 전반에 만연된 무관심 그리고 이와 연결된 과도한 우려의 시선으로부터 초래된 남한 주민과 탈북민의 분리와 단절, 아울러 후자에 대한 지속적인 배타적 단속과 규제는, 남한 정권 및 정부 차원에서 시행된 배제적 통합의 정책 유형으로 귀결되었던 것이다.

다음으로는, 남한 사회 내 '진보 진영'에서 행해진 배제적 통합의 유형을 들 수 있다. 남한 내 진보 세력은, 탈북민들을 대함에 있어서 보수 집단에 비해 보다 개방적이고 배려적인 태도를 취하고 있다. 그럼에도 탈북민들의 특유(特有)한 사유방식과 가치관, 무엇보다 북한 수령 체제에 대한 적대의식 및 반정권적 태도, 아울러 남한 정부의 유화적 대북 정책 등에 관한 비판적 입장 등을 그들의 처지에서 세심하게 파악하고 이해하려는 의지나 자세를 적극적으로 보여주지 못하고 있다.

반대로 남북한 간 평화적 선린 관계의 건립을 우선적인 과제로 설정하여 추진하는 과정에서, 탈북민 집단을 협력적 논의의 주체로 인정하기보다는 방해적인 부차적 요인으로 간주하여, 한편에로 따로 모아 제어 관리하는 '배제적 통합'의 통치 기법을 구사하였다. 적대적 남북 관계를 청산하고 평화 공존 체제를 구축해 나가기 위해서는 무엇보다 북한 정권을 상호 협력적 동반자로서 인정해 주어야 하는 바, 남한 내 탈북민 집단은 그러한 남북 관계 개선의 성공적 완수에 정치적 걸림돌이 될 수 있다는 우려가 진보 세력 내에 항시적으로 팽배해 있어 왔기 때문이다.

익히 알려진 것처럼 탈북민 집단을 형성하고 있는 개별 탈북민들이 북한 내에서 지녔던 사회적 신분이나 출신 성분은 실로 매우 다양하다. 그 중에는 당장 먹고 살기도 힘든 처지에서 탈출을 결행한 이른바 '생계형 탈북민'이 있는가 하면, 김일성대나 평양외대 출신의 외교관 및 노동당 간부 출신들도 적지 않다. 한데 여기서 주목할 점은, 북한 체제 내에서 상류계급에 속했든 하층계급 출신이든 탈북민들에게 공통적인 것은 북한의 수령 세습 체제에 대해 강한 비판적 거부 의식을 갖고 있다는 점이다. 이는 탈북민들이 '탈북자동지회' 같은 다양한 탈북단체를 구성하여 소수자 운동 비롯한 다양한 현실 참여 운동을 추진해 나가는 과정에서, 반(反)김정일·김정은 노선을 공공연히 드러내면서 북한 체제의 민주화를 당면 과제로 내세우고 있는 현실에서 곧바로 확인해 볼 수 있다.

이렇듯 몇몇 이념 색채가 짙은 탈북단체들이 선도하여 전개된 탈북민들의 집단적 현실 참여 행태는, 남북 관계의 우호적 증진을 통해 궁극적으로 한반도의 비핵화와 평화체제를 구축하고자 진력하는 진보 진영—특히 집권 세력과 진보적 시민 단체 등—의 입장에서는 심히 우려하지 않을 수 없는 사태로 다가온다. 그러한 연유로—지난 김대중 정부 등에서 엿볼 수 있었듯이—탈북민 집단은 남북 정상 회담 및 대북정책 등과 관련하여, 지속적인 규제 및 통제의 대상, 곧 배제의 대상으로 설정되어 정치적으로 관리되곤 했다.⁸ 다시 말해 남한 내 진보 정권을 비롯한 진보 세력의 진영 논리에 부합하는 방식으로 탈북민들이 처신하는 경우, 그들은 선별적인 통합의 대상으로 포용되지만, 그렇지 않을 경우 탈북민 집단은 배제의 대상으로 전락하여 노골적인 감시와 통제, 제어의 그물망에 갇혀 기본적 권리와 자유마저 제약당한 채 차별적이며 배타적인 '배제적 삶'을 강요받기에 이른다.

세 번째 유형은, 남한 내 보수 진영에서 자행되고 있는 통합적 배제이다. 주지하다시피 남한의 보수 집단, 특히 오랜 기간 남한 사회를 장악 통치 해온 소위 '보수 집권 세력'에게 있어, 북한 체제는 존중받을 가치나 자격이 없는, 단지 붕괴되어야만 하는 반민족적 독재 사회이자 남한에 의해 흡수 통일되어야 할 대상에 지나지 않는다. 게다가 그들은 국내 정치적 상황의 변동에 따라―1970년대의 박정희 유신정권이나 80년대 신군부 군사 정권에 의해 자행되었던 것처럼―남북한 간의 평화 공존보다는 '적대적 긴장 관계'를 획책하였다. 그렇게 함으로써'만' 정치적 정통성과 정치철학적 정당성이 결여되어 있던 반민주적 통치 세력으로서의 '자신들의' 지배권이 유지될 수 있었기 때문이다. 하여 그러한 통치술의 일환으로 북한 체제의 인권 유린 실태나 수령체제의 폭압적 실상을 정치공학적 차원에서 빈번히 이용하는 경우 또한 허다하였다.

그런데 남한 보수 집권 세력의 반(反)북적 입장은, 북한 정권에 대해 '본래적으로' 적대적인 태도와 반(反)체제 의식을 지니고 있던 대다수 탈

---

8 대표적인 사례로는 지난 국민의 정부 시절, 남북화해관계에 장애가 될 수 있다는 우려로 전 김일성대 총장 황장엽의 대외 활동을 제한 통제했던 경우와, 현 문재인 정부에서 '북한을 자극하고 있다'는 이유로 전 북한 공사 태영호의 활동 제약 및 정부 차원의 관리를 여권 정치인들이 강력 요청하고 있는 사태를 들 수 있다. 문동희(2018) 참조.

북민들의 입장과 '외견상' 그 궤를 같이 한다. 상황이 이런 만큼, 보수 진영 및 정권은 북한체제의 타도와 민주화를 촉구하는 '북한민주화운동본부'나 '자유북한방송' 같은 반북 성향의 탈북단체들을 비롯한 탈북민 집단을 적극적으로 끌어들여, 자신들의 대북 관련 정책이나 노선 등을 알리고 성취하는데 전술적 협력체 내지 정치적 도구로서 적극 활용코자 시도하였다. 당연히 이러한 보수 집권 세력의 정치적 술책은 겉으로는 탈북민 집단과 보수 진영 간의 '이념적 친화성'에 의거한 상호 연대의 양상으로 비쳐졌다.

말할 것도 없이 진보 진영과 비교해, 북한에 대한 부정적 시각에 있어서 남한의 보수 세력과 탈북민 집단 간에는 한층 더 공고한 이념적·정치적 합치성 및 연대성이 자리하고 있는 것이 사실이다. 하지만 그에 못지않게 양자 사이에는 이념적 대립점과 상이점 또한 적지 않게 놓여 있다. 그런 만큼 남한 내 보수 집권 세력과 탈북민 집단 간의 사상적 연대나 정책적 제휴 등에서 드러나는 이데올로기적 공통성은 '현상적'으로만 그런 것이지, '내적 본질적' 차원에까지 이르고 있지는 못하다는 점에 특별히 유의할 필요가 있다.

이와 관련하여 한 가지 예를 들면, 남한에 거주하는 대다수 탈북민들은 조속히 북한체제를 민주화하여 민족통일을 이루고자 하는 열망이 매우 강하다. 반면 남한의 보수 통치 집단은 그와 달리 '반드시' 통일을 실현하고자 하는 열망이 그리 뜨겁지 않다. 본성상 외세 의존적인 반민족적·반민주적 '친일 독재 세력'[9]으로 규정될 수 있는 남한 내 '보수 집권 세력'은, 한반도 분단체제를 지속적으로 고착화함으로써 자신들의 기득권을 한층 더 강화·유지하는 것을 최우선적인 정략적 목표로 삼고 있

---

9   이에 관한 상세한 철학적 논변으로는 선우현(2018a: 275-277) 참조.

기 때문이다. 그런 만큼 대북관이나 통일관 나아가 이념적 정체성 등에서 국내 거주 탈북민 집단과는 '결정적인' 차이점을 드러내고 있다.

이러한 배경 및 사정을 감안할 경우, 남한 내 보수 진영은 자신들의—그 때 그 때 필요에 따라 가변적인—대북 노선이나 정책 등에 부합하는 경우에 한해서만 탈북민들을 같은 민족 공동체의 구성원이자 남한 주민으로서 포용하여 '민족적·이념적 동지'로서 인정해 주고 있다고 볼 수 있다. 동시에 그런 조건 하에서만 탈북민들 각각이 지닌 기본적 권리와 자유, 고유한 삶의 방식과 정체성 등을 존중하고 보장해 주고자 한다.

이렇듯 남한의 보수 (집권) 세력은 탈북민들의 이념적 지향성이나 대북관 등을 교묘히 활용하여 자신들의 기득권 및 정치적 영향력을 유지하려는 기획 의도 하에, 탈북민 집단과의 상호 연대와 연계를 도모하고 있다. 그런 한에서, 자신들의 정략적 이해관계나 당리당략에 따라 '대북 유화정책' 등을 전술적으로 펼쳐 나가는 상황에서, 이를 비판하거나 따르지 않는 탈북민에 대해서는 국가적·민족적 적대 세력으로 간주하여 우선적인 배제 대상으로 설정하여 통합의 주체로서의 자격 조건을 박탈해 버리기 십상이었다.

III. 통합적 배제와 '왜곡된' 진보/보수 간 이념적 대립 구도 사이의 내적 연관성

지금껏 남한 거주 탈북민들에 대해 행해지고 있는 통합적 배제의 유형과 그 경로에 관해 대략 세 가지로 구분해 살펴보았다. 그런데 이러한 통합적 배제라는 정치공학적 책략은 남한 사회 내부에 구축되어 있는 '보수/진보 간 이념적 대립 구도'가 현저히 변질·왜곡되어 있는 현실과 긴밀히 연결되어 있다.

말할 것도 없이, 진보와 보수 두 진영으로 나뉘어 상호 견제, 경쟁하는 가운데 치열한 논쟁적·정책적 대결을 벌여나가는 것은, 해당 사회의 건실한 발전을 위해 필수불가결한 전제 조건이라 할 수 있다. 하지만 오늘날 남북 관계 등을 둘러싸고 남한 사회에 형성되어 있는 '보수/진보 간 이념적 대결 구도'는 한국 사회의 민주적·합리적 진전을 저해하고 역사 퇴행적인 방향으로 내모는 지극히 소모적이며 파괴적인 양상을 띠고 있다. 보수와 진보를 구성하고 있는 다양한 '이념적 하위 유형'에 대한 섬세한 구분 없이, '보수 아니면 진보'라는 식의 천박하기 이를 데 없는 단순화된 이분법적 논리가 무차별적으로 횡행하는 가운데 치열한 이데올로기적 대결과 충돌이 빈번하게 벌어지고 있기 때문이다. 그에 따라 가령 지난 김대중 정부에서 추진된 '햇볕정책'을 놓고 이를 지지할 경우 '반미 종북 빨갱이'로 내몰리기 일쑤였으며, 비판적일 경우 '친일 수구 꼴통'으로 간주되기 십상이었다. 이렇듯 다소 과장된 표현이기는 하지만 남한 체제의 진보/보수 간 이념 대립 구도는 '내 편 아니면 모두 적'이라는 그야말로 죽기살기식의 '생존 투쟁적' 대결 구도에 다름 아니라 할 수 있다.

1.

그런데 바로 이 지점에서 애꿎게도 탈북민들은 그처럼 뒤틀린 보수/진보 대결 구도의 일차적인 '이념적 희생양'이 되고 있다. 무엇보다 그러한 이념 대립 구도를 국내 정치적 상황에 맞추어 의도적으로 왜곡 변용함으로써 규범적 정당성과 정치적 정통성이 제대로 갖추어지지 않은 자신들의 통치 권력을 지속적으로 유지하려는 소위 '보수 집권 세력'의 처지에서 볼 때, 탈북민 집단이야말로 그처럼 '변질된' 대결 구도를 정당한 것인 양 '오인'케 만드는데 최적의 정치공학적 '수단'이 될 수 있기 때문이다.

주지하다시피 일제 식민 통치에서 벗어난 이후 민족과 역사, 정의의 이름으로 척결되었어야만 했던 '친일 민족 반역 세력'은 단죄되지 않은 채 '친일 독재 정권'으로 부활하여 스스로를 '보수'로 참칭(僭稱)하면서 오랜 기간 남한 사회에 군림해 왔다. 이 때 자신들의 반민족적 반민주적 행태를 정당화하기 위한 정치적 술책의 일환으로 기획된 것이 보수/진보 간 이념적 대결 구도를 자의적으로 변형 왜곡시키는 전략이었다. 그러한 전략을 통해 보수 집권 세력, 즉 반민족적·반민주적 '친일 독재 세력'은 자신들을 향해 저항과 거부의 투쟁을 감행하는 '민주화 세력'을 빨갱이나 북한의 사주를 받은 체제 전복 집단, 종북 등으로 매도하여 정치적으로 탄압하는 폭거를 자행할 수 있었던 것이다. 이는 보수 집권 세력의 반민주적 통치에 반발하여 이루어진, 규범적으로 정당한 민주화 투쟁에 참여한 남한 구성원들을 왜곡된 '이념적 잣대'에 의거하여 체제 불순분자 등으로 낙인찍어 '국민'으로서의 자격 조건을 박탈하고 국가의 '적'으로 규정하여 정치 사회적으로 매장시키는 '적대적 배제술'에 다름 아니었다. 그렇게 함으로써 취약하기 이를 데 없던 보수 정권의 정치철학적 토대와 기반을 다지고자 했던 것이다(선우현, 2002: 92-94).

그러던 중 탈북민들의 국내 유입이 본격적으로 이루어진 이후, 보수 집권 세력은 이러한 적대적 배제 기법을 보다 효과적으로 활용하기 위한 도구로서 탈북민 집단을 적극 끌어들이기에 이른다. 이를 테면 '보수 (독재) 정권'에 항거하는 민주 항쟁을, 북한의 사주를 받은 체제 전복 시도라는 낙인찍기 식 탄압정치를 추진해 나감에 있어, 탈북민들은 매우 유용한 이념적 수단으로 활용될 수 있었던 것이다.

이 점은 다음과 같이 도식화하여 개략적으로 해명해 볼 수 있다. 우선, 북한 정권에 적대적인 탈북민들을 동원하여, 북한 수령 체제의 반민주성과 폭압적 인권유린 실태 등을 폭로하고 동시에 남한 사회를 이념적 갈등과 혼란에 빠뜨림으로써 북한 통치 집단은 기회만 되면 전쟁을 통한 적화 통일 기도를 언제든 강행하려고 시도한다는 식의 이데올로기적 선전을 확산시켜 나간다. 이어, 그러한 정략적 술책의 연장선상에서 남한 내 민주화 운동 세력 역시 남한을 무질서와 혼돈의 상태로 내모는, 그런 한에서 북한 정권의 대남 통일 전략 전술에 합치하는, 북한의 사주를 받거나 그에 동조하는 반국가적 불순 세력에 다름 아니라는 식의 논리를 창출해 낸다. 그런 식으로 남한의 민주화 세력 역시 북한 정권과 마찬가지로 타도되어야 할 적대적 '비(非)국민 집단'이라는 결론을 도출케 함으로써, 탈북민 집단은—본인들이 의식했던 아니던—남한 내 보수 집권 세력으로 하여금 저항적 민주 시민들에 대한 정치적 사회적 탄압과 배제의 논리적 근거를 쉽사리 마련할 수 있게끔 만들어 주는데 기여하는 역할을 수행했던 셈이다.[10]

게다가 정부에 대한 비판적 거부 세력의 확산을 차단하고 지지층의 이탈을 방지하면서 맹목적 충성분자들을 중심으로 한 지지 세력의 결속을 강화하기 위해, 보수 집권 세력은 왜곡된 진보/보수의 이데올로기적 잣대를 적극 이용하여 의도적인 이념적 갈등과 분열을 획책해 나감에 있어, 탈북민들을 긴요한 정략적 자원으로 활용해 왔다. 북한식 사회주의 체제를 벗어나 남행을 결행한 탈북민 집단이야말로, 남한 체제의 '이념적 지형'에서 대표적인 보수 우익 집단으로서, 보수 세력을 규합하여 하나로 묶어 냄에 있어 사상적 구심점으로서의 역할을 수행해 낼 수 있

---

10 이러한 도식적 해명이 의거하고 있는 '일상적 파시즘'의 논리로서의 '반공주의 회로'에 관해서는 권혁범(2013: 55-63) 참조.

다고 판단했기 때문이다. 요컨대 남한 보수 집권 세력에게 탈북민 집단은 진영 논리적인 '피아 구분'에 기초한 분열적 통치 전술을 수행해 나감에 있어 긴요하고 유용한 통치 수단으로 간주되었던 것이다.

이것이야말로 사태의 본질이다. 그렇지만 남한 내 보수 집권층의 대북관 및 이념적 지향점 그리고 탈북민 집단의 그것들, 양자 간의 긴밀한 연계성으로 인해, 둘 사이에는 별다른 내적 갈등이나 충돌은 없는 것처럼 보인다. 하지만 양자 간에는 적지 않은 이념적 편차와 시각 차이, 같은 듯 다른 미묘한 현실적 이해관계의 상충 등 수다한 대립적 측면들이 자리하고 있다.

앞서 이미 살펴본 것처럼, 남한의 보수 지배 계급은 해방 이후 지금껏 통일 관련 정책이나 제도를—정치적 상황에 따라 수시로 변경하면서—전적으로 자신들의 권력 기반을 강화하는데 도움이 되는 한에서 모색 추진하였다.[11] 그런 만큼 그들은 '진정으로' 민족의 이익을 최우선적으로 고려한 가운데, 남북한 간 화해를 도모하거나 민족통일을 구현하기 위해 진력하지 않았다. 반대로 보수/진보 간 대립 구도를 반공주의나 안보주의에 기반 한 이데올로기적 탄압 및 배제의 구도로 변용하여, 독재 체제를 정당화하고 반통일적 정권의 안정적 유지를 도모함으로써 한반도의 분단체제를 한층 더 공고화시킬 뿐이었다. 요컨대 자신들의 기득권을 온전히 보존하기 위한 동기 하에서만 대북 유화정책을 모색하고 민족통일을 추구하는 듯한 전술적 외양을 취하는, 본질상 '반통일적이며 반민족적인' 기회주의 행태를 보여 왔다.

---

11   가령 반민주·반민족 친일 독재 정권의 대명사라 할 수 있는 '박정희 유신 정권'은 영구 집권을 도모키 위해 수시로 대북 강온 모드를 오가며 분단을 고착화하면서 독재 체제를 완비하였다. 이에 관한 상세한 논의로는 오창헌(2003) 참조.

하지만 남한에 거주하는 탈북민들의 통일 및 북한에 대한 근본적 시각은 보수 집권 세력의 그 같은 당리당략적인 입장과는 질적으로 다르다. 탈북민들의 통일관 및 대북관 등은 그들의 탈북 명분이나 이념적 정체성과 관련하여 '쉽사리' 변경할 수 있는 것이 되지 못하기 때문이다.

이러한 실상을 제대로 고려할 경우에라야, 남한의 소위 보수 지배 세력에게는 기득권을 유지·확대하는 것이 일차적인 정치적 목표로 설정되어 있으며 통일 정책이나 탈북민 관련 사업이나 제도 등은 그러한 목표의 달성을 위한 '부차적인' 정략적 방안으로서만 강구되고 있다는 사실이 제대로 간취될 수 있다. 사정이 이런 만큼, 탈북민 집단 역시 남한 보수 집권 세력에게 있어서 '진정한' 의미에서 민족적 구성원이나 남한 사회의 통합 주체로서 인정받기보다는 한갓 정치적 도구적 대상으로 간주되고 있을 뿐임을 짐작해 볼 수 있다.[12] 그럼에도 그들은 현상적으로는 탈북민들을 민족적·이념적 동반자로서 함께 가야할 남한 사회의 구성원으로서 인정하고 동시에 수용하고 있는 것처럼 오인시키고 있다. 하지만 실제로는 남한 보수 통치 세력의 정치적 목표와 이해관계에 부합하고 기여하는 한에서'만' 통합의 주체로서 존중하여 그렇게 할 뿐이다. 곧 그들 자신의 정치적 의도나 이익에 합치하지 않거나 반(反)하는 경우에는 철저하게 배제의 대상으로 전락시켜 버리고 만다.

---

12 2013년 보수 정권 하에서 이루어진, 국정원에 의해 자행된 '탈북민 유우성에 대한 간첩 조작 사건'은 남한의 보수 집권 세력과 국가 권력이 탈북민을 도구적 수단으로 바라보고 있음을 보여주는 단적으로 보여주는 사례라 할 수 있다. 탈북민(유우성) 간첩 조작 사건의 전모에 관해서는 문영심(2014) 참조.

2.

다른 한편 '일그러진' 진보/보수 간 이념적 대립 구도 하에서 탈북민 집단에 대한 통합적 배제는, 분단극복과 민족통일에 대한 열망이 뜨거우며 '인권 감수성'이 보수에 비해 월등히 높다고 자부하는 진보 세력에 의해서도 자행되고 있다.

널리 알려진 것처럼, 북한을 탈출하여 남행을 결행한 탈북민 집단은 민족적 이익의 관점에서 통일을 열렬히 희구하고 있다. 이 점에서 탈북민 집단은 통일에 관한 남한 내 진보 세력의 입장과 큰 틀에서 공분모를 형성하고 있다. 하지만 통일을 성취하기 위한 구체적인 방안이나 절차, 특히 현 북한 정권에 대한 인정 여부 등의 사안에서는 남한의 진보 정권과 탈북민 집단 간에 상당 정도의 시각차가 노정되고 있기도 하다.

우선, 탈북민 집단은 현 북한 체제 및 정권을 타도의 대상으로 규정하고 있다. 그런 연유로, 남한 내 진보 정권에 의해 추진되고 있는 남북한 간 상호 신뢰 관계의 구축이나 합리적 대화를 통한 한반도 평화공존 체제의 기반 조성 등이, 북한을 '정상 국가'로 간주하고 북한 정권을 공식적인 협상 주체로서 인정한 바탕 위에서 진척되어 나가고 있다는 사실에 대해, 탈북민들은 기본적으로 '거부적 시각'을 드러낸다. 이 같은 탈북민들의 부정적 입장은 지난 김대중 정권에서 추진된 '햇볕정책'에 대한 격렬한 거부 의사를 표출한 이래 사실상 일관 되게 견지되고 있다.

한데 집권 여당을 비롯한 남한 내 진보 진영의 경우도 이분법적으로 단순화된, 천박하기 이를 데 없이 변질된 진보/보수 간 이념적 대립 지형을 타파하고 바로 잡는데 힘을 쏟기 보다는 일정 정도 그 안에 안주한 채, '규범적으로 정당화되기 어려운' 이데올로기적 공세를 감행하기에 이른다. 가령 대북 화해 협력 관계를 보다 진전된 방향으로 개선해 나가려는 시도에 대해 비판적·부정적 시각을 드러내는 탈북민 집단을, 남한 내 수구 반동적 세력과 한데 묶어 '손쉽게' 반통일 냉전 세력으로 규정하여 정치 사회적으로 배제하는 중대한 정치적 우(愚)를 범해 왔던 것이다. 곧 그러한 왜곡된 이념 대결 구도에 갇혀 버림으로써, 남북한 간 적대적 긴장을 완화하고 평화공존 체제를 구축해 나가는 도정에 있어서 탈북민 집단은 주요한 걸림돌의 하나로 작용할 수 있을 것이라는 정치적 선입견과 부정적 인식이 특히 진보 정권 내부에도 나름 깊숙이 자리해 왔던 것이다.

그러나 분단구도를 고착화하여 지배 권력을 계속해서 장악하려는 남한 내 '반통일·반민족 세력'으로서의 수구 반동적 보수 집권 세력과 '신중한 보수'로서 잠정 분류될 수 있는 특수한 처지와 환경에 놓인 탈북민 집단은, 보다 더 세밀하고 정교한 '상호 구별'을 필수적으로 요청한다. 사정이 이러함에도 남한 내 진보 진영은 보다 분별력 있는 구분 방식을 통해 탈북민 집단의 고유하면서도 특수한 본질적인 이념적 정체성과 사상적 지향성을 제대로 간취하지 못하는 결정적 한계를 드러내고 말았다. 그 결과 단지 '현상적으로만' 식별 가능한 행태만을 보고 탈북민 집단을 남한 내 반통일 수구 세력과 동일시하여, 북한 및 통일 관련 사안들과 관련된 공적 정책 담론 과정에로의 참여를 '일절' 차단시켜 버리는 통합적 배제의 통치 기법을 가동시켰던 것이다. 하지만 이념적으로 포용적이며 민주적 절차와 합의 과정을 중시하여 특정 출신 성분 등으로 인해 부당한 차별적 대우를 받는 것을 불온시하는 명색이 '진보 정권' 하에서, 동일한 민족 공동체의 일원이자 한국인인 탈북민들에 대해 그 같은 부당한 배제와 불합리한 차별이 가해져 온 실태는, 진보 진영의 입장에서 심히 규범적으로 부끄럽고 수치스러운 일이 아닐 수 없다.

이상에서 알 수 있듯이, 남한 내 진보 진영은 탈북민 집단을 대함에 있어서, 이데올로기적 갈등 및 대립 전선이 이중 삼중으로 복잡하게 얽혀 있는 이념적 지형에 자리한 남한 거주 탈북민들의 정치 사회적 처지나 입장, 그들 자신의 특유한 가치관과 사고방식, 사상적 정체성과 지향성 등을 세심하게 파악하고 이해하려는 노력을 등한시 해왔다. 그런 탓에 남북 관계를 상호 협력적인 평화 공존 관계로 '정상화'해 나가는 과정에서 북한 집권층과의 관계 악화나 마찰 등을 불러일으킬 수 있는 주된 부정적 요인으로서만 탈북민들을 포착해 내기에 급급했다. 그리하여 이는 대북 정책의 추진이나 남북 협상 과정에서, 탈북민들을 분리하여 통제 제어하는 '의도적인' 통합적 배제술의 구사로 귀결되기에 이르렀다.

이렇듯 남한 내 진보 정권 역시 보수 집권 세력과 유사하게 탈북민 집단을, '자신들의 정책적 목표를 달성하는데 도움이 되는가, 혹은 방해물이 되는가?'의 여부에 따라, 진보 또는 보수 집단으로 판단하여 후자일 경우 정치공학적 차원에서 규제 대상으로 분류하여 관리해 왔음을 여실히 보여주고 있다.[13] 요컨대 남한 내 진보 정권 또한, 왜곡된 방식으로 작동하는 보수/진보 간 이념 대립 구도에 함몰되어—수구 반동 세력 못지않게—자신들의 정치적 의도나 목적 달성에 유용하면 통합적 주체로서, 저해 요소라고 판단되면 배제적 대상으로 탈북민들을 규정해 처리하는[14]

---

13 이 점은 과거 김대중 정부의 탈북민 정책에서도 일정 정도 드러난다. 잘 알려진 것처럼 김대중 정부는 동티모르 등 세계 각 지역의 인권문제에 지대한 관심을 보이며 적극적인 개입을 했던 것과는 달리, 탈북민 문제의 해결을 위한 정책 수립 및 추진 과정에서는 상당히 소극적이며 제한적인 입장을 취했다. 그 이유는 탈북민 지원과 보호를 위한 의지의 표명과 그 정책을 적극적으로 추진할 경우, 북한을 자극함으로써 남북 화해협력 정책을 추구하는데 걸림돌이 될 수 있다는 우려가 작용했기 때문으로 보인다. 김일수(2004: 337) 참조.

14 예컨대 "북한의 인권 및 민주화에 대한 요구는 냉전의식의 다른 표현일 수도 있다"는 진보 진영 내 한 언론인의 발언은 북한 민주화를 강력 주창하는 남한 내 탈북단체들 역시 냉전 수구 세력의 일원이라는 것을 함의하고

비민주적인 정치적 술수의 일환으로서 통합적 배제의 통치 기법을 구사해 왔던 것이다.

IV. 통합적 배제(술)의 현실적 결과물로서 남한 내 탈북민 집단의 '극우 편향적인' 국내 정치 개입 실태

1.

비록 정도의 차이는 '크지만', 보수/진보를 가리지 않고 남한 내 집권 세력은 '기본적으로' 탈북민들을 자신이 설정한 전략적 목표의 달성을 위한 도구적 존재로서 바라보고 있으며 실제로 정치공학적 관점에서 통합적 배제(술)의 대상으로 그들을 적극 활용해 왔다는 것이, 이제껏 살펴본 바에 따른 국내 거주 탈북민들의 본질적인 '현실태'라 할 수 있다.

다른 한편 지난 보수 정권 하에서 도드라져 보일 만큼 부쩍 늘어난 탈북민 집단의 국내 정치 현장에로의 적극적인 개입 행태들은 그 이전에 몇몇 탈북 단체들을 중심으로 이루어진 실천 운동과는 다르게 새로운 분석이 요구된다. 그러한 행태들은 근본적으로 통합적 배제의 통치 기법과 밀접히 연결되어 있는 것으로 '추정'되기 때문이다.

본래 탈북민 집단이 벌여나갔던 소수자 운동은 한국 내 여타 소수자 집단들처럼 탈북민들 각자의 인권 및 기본권 침해에 대한 권리 보장

있다. 이원섭(2001: 148) 참조.

운동의 성격이 강한 실천 운동이었다. 아울러 남한 정부가 대북포용정책을 추진하는 과정에서 초래된 이념적 갈등 사태를 둘러싸고, 탈북민 집단에 의해 감행되었던 일련의 남한 내 정책 개입 운동은 북한 출신 한국인으로서 자신의 고유한 이념적 정체성과 차이성이 훼손되는 사태에 대한 저항적 거부 운동의 성격을 내장하고 있었다.[15]

하지만 MB정부에서 박근혜 정권으로 이어지는 보수 집권 시기에 이루어진 탈북민들의 현실 참여 운동은 그 이전의 실천 운동들과는 질적으로 큰 차이점을 드러내 보이고 있다. 무엇보다 이전과 달리 남한 보수 통치 집단과 모종의 긴밀한 연계를 이루고 있는 것으로 '의심'되는 가운데, 남한 내부의 정치적 지형에 특정한 영향력을 행사하고자 하는 의도가 개입된, 정치(공학)적 성격이 강한 실천 운동의 양상을 취하고 있다. 동시에 다분히 정치적으로 계산되고 치밀하게 기획된 '갈등 유발적인' 사태를 촉발함으로써 본질상 '수구 반동적인' 보수 집권 세력의 사적 이해관계를 증진하는데 기여하고 있다는 점에서, 그러한 운동의 이념적 지향성은 '극우 편향적인' 것으로 잠정 규정할 수 있을 듯싶다.[16]

이에 부합하는 사례의 하나로는 2014년 10월 10일, 탈북단체의 하나인 '자유북한운동연합' 그리고 '북한동포 직접 돕기 운동(대북풍선단)'

---

15 이와 관련해, 소수자 집단의 운동을 '소수자 시민권의 정치'로 해석하여, 고유한 정체성을 인정받기 위한 정치와 시민적 권리를 보장받기 위한 정치로 그 하위 형태를 구분하여 논의를 전개하고 있기도 하다. 장미경(2005: 164-167) 참조.

16 가령 2016~2017년에 걸친 탄핵 국면에서 표출된 다수 탈북민들의 '태극기 집회'에의 참여 실태는 '극우 편향적인' 정치적 운동의 대표적인 예로 꼽을 수 있을 것이다. 이에 관한 보다 상세한 논의는 김화순·전태국(2018: 57-59) 참조.

에 의해 이루어진 대규모 대북전단 살포 행사를 들 수 있다. 당시 북한 당국의 강력한 경고에도 불구하고 강행된 전단 살포 행사는 사용된 전단 수만도 대략 150여만 장을 넘을 만큼 대규모였다. 이에 북한은 남한 지역에 고사포를 발사하고 남한 군 역시 대응사격을 가함으로써 남북한 사이에 군사충돌을 초래하기에 이르렀다.

문제는 이러한 행사가 과연 남한 정부의 '적극적인' 관여 없이, 전적으로 몇몇 대북 강경 보수 탈북단체들에 의해 아래로부터 자율적으로 이루어진 시민운동의 일환으로 볼 수 있는가의 여부이다. 외관상 그렇게 볼 수 있는 요인들도 적지 않다. 하지만 당시 남북한을 둘러싼 긴박했던 정치적 상황과 여건을 살펴보면, 그러한 생각이야말로 얼마나 어리석고 순진한 발상인지 곧바로 일깨워준다.

당시 2014년 10월 4일에는 인천 아시안 게임 폐막식이 진행 중이었으며, 북한 노동당 비서인 최룡해를 비롯한 북한의 실세 정치인들이 대거 참석하고 있었다. 이후 남북한 간 고위급 회담이 열렸으며, 10월 말에는 제2차 남북 고위급 회담이 예정되어 있었다. 회담은 나름 만족할만한 성과를 거두었으며 교착 상태에 빠졌던 남북관계는 일시적이나마 개선된 것처럼 보였다(뉴데일리, 2014.10.5.). 그러나 돌연 특정 탈북단체에 의해 감행된 대북 삐라 살포 사건을 계기로 남북한이 각기 상대방 진영에 총격을 가하는 무력도발 사태의 발발로 이어지고 고위급 회담이 무산되면서, 남북관계는 한 치 앞을 내다보기 어려울 정도로 다시금 악화되기에 이르렀다(노컷뉴스, 2014.11.2.).

이처럼 당시 상황을 세밀하게 살펴볼 경우, 남북관계가 긴박하게 돌아가던 그 시점에 대북 삐라가 대규모로 살포된 사건을 단순히 몇몇 탈북단체에 의해 자발적으로 동시에 우발적으로 이루어진 단순 해프닝으로 보기에는 굉장한 무리가 따르지 않을 수 없다. 비록 명백한 물증을 대기는 어렵지만, '합리적으로 추정해 보건대' 대북 전단 살포 사건은 박근혜 정부와 탈북단체들 간의 모종의 긴밀한 접촉 및 상호 협의가 없었다면 사실상 실행되기 어려운 일이었다고 판단된다. 확언할 수는 없지만, 당시 박근혜 정부로서는 남북관계의 개선보다는, 남북관계의 경색이나 단절을 통한 긴장 국면을 조성하는 것이 특정 정치적 이해관계를 도모하는데 실익이 될 것으로 판단하여, 대북 전단 살포를 허용했을 가능성이 매우 높아 보이기 때문이다.[17]

이 뿐만 아니라 그 즈음에, 세월호 침몰 당일 대통령 박근혜가 모처에서 7시간 동안 비선과 함께 있었다는 기사를 작성한 일본〈산케이〉신문 서울 지국장 가토 다쓰야를 검찰이 불구속 기소하는 사건이 벌어졌다. 이에 곧바로 전 세계적으로 거센 반발이 이어졌으며 세계 언론인들의 비정부 기구인 '국경 없는 기자회'마저 성명을 내고 박근혜 정부를 비판하고 나섰다. 급기야 미 국무부까지 나서 박근혜 정부의 언론 침해를 비판하는 일이 벌어졌다(경향신문, 2014.10.9.). 그렇지 않아도 세월호 사건 등으로 무능하고 부도덕한 정권으로 비난받고 있던 박근혜 정권은 이 같은 언론인 기소 사태로 인해 실정(失政)에 대한 비판의 강도가 한층 더 심화 확산되어 나가고 있었다. 사태의 심각성을 인지하고 있던 박근혜 정권으로서는 이 같은 위기 상황을 벗어날 모종의 특단의 조처가 시급히 필요했을 것으로 보인다. 이에 전 국민적 관심을 다른 곳으로 돌리게 할 정치공학적 묘안으로, 북한 정권을 자극하여 남북 관계를 대결적 국면으로 내모는 타개책을 생각해 내고, 급기야 몇몇 탈북단체들을 동원하여 대규모 대북 전단 살포 행사를 은밀히 기획하고 이를 실행에 옮겼

---

17 가령 북한학대학원 교수 이우영은 "통일은 대박이라며 남북관계 개선을 정책기조로 삼던 박근혜 정부가 사소한 삐라 살포 문제로 남북고위급회담까지 무산됐는데도 이런 활동을 막지 않은 것은 보수층을 의식한 정치적 판단이 깔린 것으로 보인다"고 비판했다(뉴스타파, 2014.10.31.).

을 것이라는 합리적 의심을 제기해 볼 수 있다.

물론 이러한 추정은 잘못된 것일 수 있다. 다만 그것의 참/거짓 여부를 떠나, 이 대목에서 유념해 봐야할 점은, 남한 내 주요 정치적 현안과 맞물려 벌어지는 일련의 사태에 등장하는 탈북민 집단의 '현실 권력 연관적' 행태이다. 곧 보수 정권 하에서 '극우 편향적인' 이념적 성향을 드러내 보이면서, 무엇보다 보수 집권 세력이 수세에 몰리는 상황에서 그들에게 나름 적지 않은 도움을 제공하는 정치적 행태를 빈번하게 선보이고 있다는 점이다.

가령 세월호 사건으로 박근혜 정부가 위기적 상황에 처해 있던 시기에, 대표적 극우 보수 단체인 '엄마부대봉사단'과 함께 세월호 유가족들의 단식 농성현장에 난입하여 그들을 '종북 좌파 세력'으로 매도하여 공격하는 데 앞장섰던, 탈북단체의 하나인 '탈북여성회'가 벌인 반인륜적 '혐오 시위'가 바로 그에 해당된다. 그런데 이러한 탈북민들의 비민주적인 폭력적 행태는, 박근혜 정부의 정치적 어려움을 일부나마 덜어주는 데에는 성공했는지는 몰라도, 남한 주민의 시각에서 볼 때 인간이 지닌 최소한의 품격마저 상실한 비인간적이며 패륜적인 정치적 폭거에 다름 아니었다. 더불어 탈북민들의 그러한 행태는 남한 사회 내 구성원들 간의 이념적 대립과 갈등을 한층 더 조장하고 부추기는 데에도 상당 정도 부정적인 역할을 수행하였다(한국일보, 2014.12.29.).

여기서 다시 일게 되는 궁금증은, '탈북민 집단의 그 같은 이념 공세적 폭력적 행동이, 과연 당시 박근혜 정권의 암묵적인 묵인 또는 상호 간의 긴밀한 연계 없이 벌어질 수 있었을까?' 하는 점이다.

물론 목숨까지 걸면서 소위 '북한식 사회주의 체제'를 탈출하여 남행을 결행한 그들이었다는 점에서, 그런 만큼 애초부터 반공·반북의 강한 보수주의적 이념적 정체성을 지니고 있었다는 연유로, 보수 쪽의 진영 논리를 옹호하는 방식으로 박근혜 보수 정권에 힘을 보태주고자 그처럼 과도하리만큼 극우 편향적인 양태의 정치적 참여 운동을 자발적으로 시도했다고 해석해 볼 수도 있을 것이다.

하지만 이 글의 핵심 논제와 관련해 보다 세심하게 따져볼 경우, 탈북민들이 극우 편향적인 정치화 행태를 보이면서 남한 내 정치 현실에 깊숙이 관여하고 있는 현상은, 그 같은 자발성이나 주체성, 능동성 등의 속성과는 상당한 거리가 있어 보인다. 그보다는 '본질적으로' 탈북민 집단을 정치적으로 이용하기 위한 한갓 도구적 대상으로 바라보고 이를 현실의 장(場)에 실제로 적용하고자 시도하는 배제적 통합 혹은 통합적 배제라는, 보수 집권 세력의 정치공학적 통치 기법에서 비롯된 것이라는 사실을 간취해 내는 것이 보다 합리적이며 설득력이 있다고 볼 수 있을 듯싶다.

2.

실상이 이렇다면, 그처럼 빈번하게 눈에 띠는 국내 거주 탈북민 집단의 '극우 편향적인 정치적 움직임'을 집권 세력에 의해 기획·작동되는 통치술의 일환으로서 '통합적 배제'의 잠정적인 결과물로 해석할 수 있는 근거는 무엇인가?

'잃어버린 10년' 운운하며 재등장한 보수 정권들, 특히 박근혜 정부는 정치적 무능과 부도덕성, 민주주의의 퇴행적 한계 등으로 야기된 권력 기반의 약화를 타개하고 통치권의 안정적인 행사를 보장받기 위한 전술적 방안의 하나로, 이른바 '두 국민 정책'을 구사하였다. 두 국민 정책이란 간략히 말해, 현 정권에 부정적인 거부적 입장을 지닌 개인이나 집단에 대해 '국민의 자격 조건'을 박탈해 버리는 정치적 배제술의 일종이다(선우현, 2015: 31). 이러한 통치기법의 고전적인 형태는 이른바 '빨갱이 몰이'였다. 곧 반공 이데올로기에 입각하여 체제 비판적인 민주화 세력을 '빨갱이'나 '종북'의 이름 하에 국가의 '적'으로 공공연히 낙인찍어 정치 사회적으로 무자비하게 탄압하고 추방해 버리는 폭압적 통치 방식이었다(선우현, 2014: 48-51).

MB정부와 박근혜 정권 또한 집권 세력의 실정이나 반민주성에 대해 정당하게 문제 제기를 하며 비판적 저항 운동을 감행한 사회 구성원들을 '좌경 종북'으로 몰거나 북한 정권의 선동에 넘어간 우매한 불순분자로 낙인찍어, 사회적 통합의 주체에서 배제하고 인권과 자유(권)를 심히 훼손하며 정신적·물질적 수준에서 치명적인 불이익을 안겨줌으로써 정권 유지의 걸림돌들을 해소하고자 시도하였다. 그 결과, 과거 군부 및 민간 독재 정권의 폭압적 통치 수준까지는 아니더라도, 오랜 세월에 걸쳐 수많은 민중들의 목숨과 희생을 대가로 일구어 온 민주화의 성과를 일거에 허물어뜨리는 급속한 민주주의의 퇴행을 야기하는 사태를 초래하였다.

이 때 유념해 볼 대목은, 그 같은 정책을 실행해 나가는 과정에서 '종북몰이' 책략을 기획·주도한 보수 집권 세력은 무대 '뒤로' 물러나 있고, 종북 좌파로 명명된 '체제 비판 세력'에 맞서 싸우는 소위 '반공 투사'의 역할을 충실히 수행할 적임자로서 탈북민 집단이 무대 '전면에' 나서는 경우가 적지 않았다는 사실이다. 보수 정권의 입장에서, 두 국민 정책을 통해 정권에 비협조적인 비판 세력을 종북으로 몰아가는데, 탈북민 집단이야말로 '완장 찬 바람잡이'로서 최적의 활용성을 지니고 있다고 판단되었기 때문이다.

그런데 박근혜 정권이 점점 더 불통과 독선, 무능과 부도덕적 행태 등 정권 말기적 징후를 드러내면서 박 정권에 대한 비판적 저항의 움직임이 급속도로 확산되는 사태에 직면하게 되자, 배제적 통합의 일환으로서 두 국민 정책이 노리는 목표도 일정 정도 변화하였다. 곧 비판적 반대

세력을 좌경 불온 세력 등으로 규정해 탄압하거나 추방하는 데로부터, 맹목적 열혈 지지 세력을 규합하는 데로 그 '기능적 목표'가 전환되었다. 요컨대 박 정권에 대한 민주적 저항세력의 확산을 차단하고 보수 지지층의 이탈과 내부동요를 방지하기 위해 '의도적인' 이념적 갈등과 분열을 획책함으로써 비록 '소수'일망정 맹목적 충성파를 중심으로 보수 지지 세력의 결집과 단결을 고양하여 통치권을 유지 강화하는 쪽으로, 통합적 배제(술)로서의 두 국민 정책은 그 방향을 선회하게 되었던 것이다(이진복, 2014: 5-8; 선우현, 2014: 55-56).

상황이 이런 만큼, 보수 집권 세력에게 탈북민 집단은 '피아 구분'에 기초한 분열적 통치 전술을 수행해 나감에 있어 긴요하고 유용한 통치 수단으로 간주될 여지가 매우 크다고 할 수 있다. 특히 이념적으로 보수 우익이 절대 다수인 지지층의 결속을 다져 나감에 있어, 탈북민 집단은 나름 중요한 의미 있는 역할과 기능을 수행해 나갈 수 있다. 북한 수령 독재 체제를 벗어나 남한 사회에 이주해 온 탈북민 집단이야말로 남한 체제의 '이념적 지형'에서 볼 때, 대표적인 보수 우익 집단으로서 보수 세력을 규합하여 하나로 묶어 냄에 있어 구심점으로서의 역할을 수행해 낼 수 있기 때문이다.

여하튼 그에 따라 보수 집권 세력의 통치권은 '일시적이나마' 안정적으로 유지될 수 있었는지 모르겠다. 하지만 그로 인해 탈북민들에게 가해진 대가는 실로 혹독하리만큼 불행한 것이었다. 탈북민들의 처지를 가장 잘 이해하여 보듬어줄 것처럼 그들에게 접근해 갔지만, 실제로는 오직 자신들의 사적 권력과 이익에만 혈안이 된 보수 집권 세력의 정치적 농단 앞에서, 탈북민들은 한갓 '정치적 소모품'에 불과한 존재였으며, 급기야 복잡하게 얽혀있는 남한 내 진보/보수 간 이념적 지형의 최대 '희생물'로 전락해 버렸던 것이다.

그 결과 탈북민 집단은—진보나 중도 성향 구성원들을 중심으로 한—남한

주민들에게 도덕적 비난과 조소의 대상으로 각인되면서(김화순·전태국, 2018: 58),[18] 일상적 삶을 살아감에 있어 한층 더 소외되고 고립되는 '실존적 고통'의 문제에 시달리고 있을 뿐 아니라, 이념적·사회적으로 배척당하거나 심지어 적대시되는 '차별적 배제'의 문제에 직면해 있다. 이는 보수 통치 권력과 '암묵적인' 커넥션을 통해 현실 정치 현장에 개입하여 영향력을 발휘코자 한, 그럼으로써 자신들의 특수한 이해관계를 충족시키고자 한 몇몇 강성 극우 탈북단체나 탈북민들에게만 해당된 것이 아니었다. 그 같은 이념적 극우 편향성이나 정치적 우경화와는 거리가 먼 다수의 탈북 한국인들마저도, 남한 주민들에 의해 남북 관계의 진전을 저해하고 남한 사회 내부의 이념적 충돌을 야기하고 부추기는—평화와 통합이 아닌 전쟁과 분열을 불러오는—'잠재적' 위해 요인으로 인지되면서 남한 사회 도처에서 고립, 배척당하는 상황이 연출되고 있다. 그에 따라 탈북민들 각각의 기본적 권리와 자유, 문화적 정체성의 훼손은 물론이고 그들 자신의 고유한 사유방식과 삶의 양식마저도 온전히 영위하기 힘들 정도의 사회적 따돌림이 횡행되면서 남한 주민들과 동등한 사회 구성원으로서 '정상적으로' 살아가기가 곤란한 상황으로 내몰리고 있다.

---

18 아울러 이러한 탈북민에 대한 부정적 흐름은, '탈북민을 남한 사회로 어느 정도 수용할 것인가'에 관한 물음에 대해 '원하는 사람을 모두 받아들여야 한다'는 응답이 2007년 52.0%에서 2017년 34.1%로 상당 정도 감소하고 있다는 조사 자료에서도 통계적으로 확인되고 있다(정근식 외, 2018: 241).

V. 탈북민들의 도구화된 대상적 삶에서 벗어날 방안: 그 실천철학적 모색

지금까지 이 글은 남한 주민들과 동일한 한국인으로서—특히 법적으로—보장받고 있지만, 동등한 사회 통합적 주체로서 제대로 인정받지 못한 채 특정 집권 세력의 전략적 및 전술적 목표를 달성하기 위한 한갓 도구적 존재로 간주되어 살아가는 남한 내 탈북민들의 현실태를 '통합적 배제'라는 정치공학적 통치술을 중심으로 살펴보았다. 그에 따르면, 사회 구성원으로서의 기본적 권리와 자유의 현저한 제약이나 침해는 말할 것도 없고, 탈북민 집단의 고유한 이념적 정체성이나 특유한 가치관 등도 제대로 존중받지 못한 채 그에 반하는 정치적 행태나 소외된 삶의 양식을 강요받는 상황에까지 이르고 있다. 더불어 그러한 고찰 작업에서, 탈북민 집단이 본성상 '수구 반동'으로서의 남한 내 보수 집권 세력과의 은밀한 연계 하에 현실 정치의 장에 적극적으로 개입하여 부정적 영향력을 발휘하는 사태 그리고 그 개입 과정에서 드러난 탈북민 집단의 극우 편향적인 정치적 행보는 본질적으로 보수 집권 세력이 기획하여 구사한 통합적 배제의 통치술에서 비롯된 것임을 밝혀 보았다. 그렇다면 이러한 배제적 통합(술)의 정치적 희생양으로서 수다한 실존적 고통과 아픔, 정치 사회적 왕따와 고립감, 도덕적 비난과 냉소 등을 겪고 있는 국내 거주 탈북민들이 이러한 도구화된 대상적 삶에서 벗어나 자주적이며 주체적인 목적적 존재로서 남한 주민들과 동등한 사회 통합의 주체로서 살아갈 방안, 그것도 '실천철학적' 관점에서 모색해 볼 수 있는 현실적인 대안에는 과연 어떤 것들이 있는가?

무엇보다도 그러기 위해서는, 남한 내 탈북민 집단과 관련된 문제들은 기본적으로 '탈(脫) 정치공학적인' 사안으로 다루어져야만 한다.[19] 이는 남한 내 진보 진영과 보수 세력 모두에게 공히 요구된다. 그럴 경우에라야 남한 사회 내부의 왜곡된 진보/보수 간 이념적 대결 구도 속에서 정치적 조작의 대상으로 간주·이용됨으로써 분단 체제 하의 이데올로기적 희생양으로서 그 삶을 강요받고 있는 탈북민들이 한국인 이방인의 상태에서 벗어날 '실존적' 통로가 비로소 열릴 수 있다.

그런 만큼 이러한 진단적 조망이 일정 정도 설득력을 지닌다면, 국내 정치적 상황이나 뒤틀린 이념적 지형 등에 기대어 탈북민 집단을 이데올로기적 수단으로 이용하려는 집권 세력이나 정파, 이념적 집단이나 단체 등의 정략적 의도나 당리당략적 기도는 즉각 폐기되어야만 할 것이다. 당연히 탈북민 집단을 자신들의 특수한 정치적 목적이나 이익의 관철을 위한 조작적 대상으로 바라보는 시선과 관점 또한 당장 철회되어야만 한다.

그러나 정작 문제는 이처럼 규범적·윤리적으로 정당한 당위적 요구를 '이론적' 차원에서 적극 개진하는 것만으로는 그러한 요구 사항의 '실제적' 관철은 말할 것도 없고, 사태 해결에 아무런 실효적 효과도 거둘 수 없다는 사실이다. 사정이 이렇다면 결국 현 시점에서 절실히 필요한 것은, 그것이 철학적 관점에서 모색 제시된 대안이라 해도, 실제 문제해결에 기여할 수 있는 실질적 효과를 담보한 실천적 방안의 확보라 할 것이다.

이러한 연유로 작금의 상황은 우리에게, 통치권의 안정적 유지를 위해 '종북 논리의 공세적 활용'이나 그러한 논리가 중심 토대로 작용하는 두 국민 정책 같은, 사회 구성원들 간의 끊임없는 분열과 충돌을 조장

---

19 이에 대한 보다 진전된 논의로는 정병호(2014: 390-392, 397-398) 참조.

하는 정략적 통치술을 강구, 활용하는 특정 집권 세력의 정치적 술수에 맞서, 규범적으로 정당한 '민주적 저항 투쟁'을 전개할 것을 요청하고 있다. 곧 그 같은 책략적 시도가 단념 내지 포기되도록, '비판적 시민 세력'의 강력한 연대에 기초한 '민주적인 의사소통적 압력'[20]이 불순한 정치적 의도를 지닌 통치 집단에 지속적으로 가해져야만 한다. 이것이 극우 편향적인 행태로 이루어지는 탈북민 집단의 남한 정치 현실에의 개입 시도를 정략적으로 이용하려는 그 어떤 정치공학적 시도나 술책을 봉쇄하고 차단하는 현실적 실천 방안이 될 수 있을 것이다.

요컨대 지금과 같은 탈북민 집단의 정치적 도구화 사태의 문제점을 인지하고 있는 남한 사회 구성원들이 다양한 유형의 '공론장(公論場)'[21]에 참여하여, 특정 집권 세력의 그 같은 불순한 기도를 폭로하고 그에 관해 자유로운 비판적 논의와 토론을 통해 그것의 근본적 문제점과 위험성을 공유하는 가운데 그에 대한 비판적 공론을 형성·확산시켜야만 한다. 이어 그러한 공론을 토대로 삼은 '의사소통적 권력'을 구성한 뒤 이를 바탕으로 분열적 통치 전략을 구사하는 반민주적·반민중적 현실 권력에 맞서 강력한 민주주의적 정치적 압력을 행사함으로써 규범적 정당성이 결여된 정치공학적 책략과 그로부터 이끌려 나온, 탈북자 집단을 이데올로기적 도구로 바라보고 이를 활용하려는 뒤틀린 정치적 시선과

---

20 이에 관한 보다 상세한 철학적 논의는 김재현(1996: 143-146); 선우현(1999: 237-239) 참조.

21 오늘날 민주주의 사회에서 의사소통의 일반화된 형식들 가운데 하나인 '대중매체'를 매개로 형성된 매체공론장(Medienöffentlichkeit)을 비롯한 다양한 형태의 공론장의 역할 및 기능에 관한 실천철학적 논의로는 Habermas(1990: 11-50); Habermas(1981: 572-575); 손석춘(2005: 113-124); 선우현(1999: 227-254) 참조.

기도를 즉각 철회하도록 촉구하는 실천적 시민 투쟁에 적극 전개해 나가야만 한다.

특히 반민주·반민중적 사회 분열적인 정치적 얕은 수를 차단하기 위한 그 같은 민주적 의사소통적 시민투쟁은 진보 진영이 앞장서 주도해야만 한다. 이는 보수 집권 세력의 통합적 배제(술)에 맞서 저항적 거부 운동을 추진하는 것 못지않게, 진보 정권이나 선도적 시민단체 등에서도 엿보이는, 탈북민들에 대한 통합적 배제의 움직임에도 '규범적으로 정당한' 강력한 제동을 걸어야만 한다는 것을 의미한다. 여기에는 탈북민들이 처해있는 국내의 환경과 맥락, 가령 얽히고설킨 남한 내 '왜곡된' 이념 지형에서 수다한 오인과 곡해를 초래할 수 있는, 탈북민 집단의 사상적 정체성과 지향성에 관한 제대로 된 세밀한 고찰이 정치적 아울러 정책적 차원에서 신속히 추진되도록 '민주주의적 압력'을 정부 여당에 강력하면서도 지속적으로 제기해야만 하는 과제도 포함된다.

그런데 그처럼 비판적 시민의식과 현실 참여적 실천 의지를 지닌 남한 주민들이 주동적으로 공론장에 참여하여 도구화된 대상적 삶으로부터 탈북민들을 벗어나게 하려는 실천 방안이 보다 효과적이며 실제적인 성과로 귀결되기 위해서는, 문제의 일차적 당사자인 탈북민 집단 내에서도 '특정' 남한 정권에 의해 자신들이 정치적으로 이용되고 있는 실상에 대한 본질 인식과 뼈저린 자각, 치열한 자기반성이 절실히 필요하다. 동시에 그러한 '자기 성찰적 인식 전환'을 바탕으로 통합적 배제의 그물망에서 벗어나려는 보다 치열하고 절박한 '저항적 거부 투쟁에의 참여'와 '실천적 돌파력의 발휘'가 필수적 전제 조건으로 또한 요청된다. 이것이 이루어지지 않는다면, 도구적으로 수단화된 존재로서 특정 정치 세력에 일방적으로 끌려 다니는 타율적인 삶에서 벗어나기도, 다수 남한 주민들에 의한 무관심과 경시, 조소와 냉소, 비난과 따돌림의 대상에서 빠져나오는 것도 대단히 요원한 일이 될 것이다. 요컨대 이러한 요구 조건들이 제대로 충족되지 않고서는, 남한 내 특정 집권 세력이나 이념적 집단에 의해 정치공학적으로 휘둘리지 않은 채, 자신들의 고유한 가치관과 삶의 방식을 견지한 가운데 보다 더 주체적이며 자주적인 북한 출신 한국인 집단으로 존속하기란 결코 쉽지 않을 것이다.

사정이 이러하므로 탈북민 집단은 도구적 대상에서 탈피하여 자율적 목적적 주체로서 삶을 성공적으로 쟁취하기 위해 필요하다면, 자신들의 어려운 처지를 이해하며 충분한 교감을 갖고 진심어린 고언을 전달할 수 있는, 아울러 진정성을 갖고 자유롭게 소통할 역량과 자격을 갖춘 남한 내 비판적 민주 시민 세력과의 '연대'를 적극적으로 고려 모색해야만 한다. 이는 탈북민 집단에 의해서도 적극적으로 추진되어야 하겠지만, 그들이 처한 현재의 정치 사회적 어려움과 고통을 공감하고 그것의 극복 및 해소를 위한 실천적 운동에 기꺼이 참여코자 하는 남한 내 진보적 주민들 역시 보다 더 적극적으로 탈북민들에게 다가가야만 할 것이다.

그렇게 하여, 탈북민 집단과 그들을 남한 주민과 동등한 자율적 주체로서 살아가게끔 만들려는 시도에 동참하는 남한 내 시민 세력 간의 동지적 연대가 이루어진다면, 이는 탈북민들과 남한 주민들 간의 관계가 비로소 상호 자유롭고 대등한 '주체/주체 관계'로 정상화되었음을 알려주는 첫 번째의 실질적인 신호탄이 될 것이다. 알다시피 남한 내 '일부' 집권 세력에 의해 추진되었던 통합적 배제는 남한 주민과 탈북민들 간의 기본적 관계를 '주체/대상'이라는 '비정상적인' 관계로 주조하는 불순한 의도를 지닌 통치 기법이었기 때문이다.

제2장
노인과 탈북인의 '선택적 유사성': 태극기를 들다

정찬대

I. 민주사회를 위협하는 존재

1. 전체주의 폭민의 등장

민주주의가 확고하게 자리매김한 현대 사회에서 전체주의는 과거의 역사적 유물로 치부돼 왔다. 국민을 통제하고 감시하며, 사상을 주입시킨 구체제 통치수단의 하나로 전체주의가 인식돼 왔다는 의미다. 하지만 독재와 이념 대립의 수단으로 활용된 전체주의는 우리 사회 잠복해 있을 뿐 결코 사라지지 않았다. 남과 북이 대립하고 이념갈등이 첨예한 대한민국에서는 특히 더 그러했다. 파쇼 형태의 대국민 선동은 정치권력을 유지하기 위한 수단으로 여전히 손쉽게 활용되고 있으며, 그렇게 동원된 군중은 전체주의 폭민으로 발전해 갔다. 그리고 이는 민주주의 사회를 위협하는 요소로 작동되고 있다. "전체주의가 붕괴되었다고 해서 전체주의 요소들이 사라진 것은 아니"(Arendt, 2006a: 15)라고 한 한나 아렌트(Hannah Arendt)의 경고는 그래서 더 유효하다.

전체주의는 과거의 유물도, 사라진 구체제도 아니다. 새로운 형태로 진화하며 여전히 극우세력은 반동을 꾀하고 있다. 방심하고 경계심을 늦추는 순간, 정치적으로 코너에 몰릴 때 전체주의 선동은 반공 이데올로기와 더해져 예상치 못한 힘을 발휘한다. 박근혜 전 대통령 탄핵 사태를 전후한 '태극기 집회'가 그 대표적인 예라고 할 수 있다.

태극기 집회는 개인의 이익보다 집단의 이익을 강조하는 전체주의 폭민의 전형적인 모습을 띠고 있다. 개인이 집회의 주체로 인식되는 촛불집회와는 근본적인 차이점이다. 아렌트는 저서 『전체주의의 기원』에서 폭민(暴民, mob)을 "각 계급의 낙오자들을 대표하는 집단"이라고 명명했다. 또 "국민이 모든 혁명에서 진정한 대의제를 위해 투쟁했다면 폭민은 항상 '강한 자' '위대한 지도자'를 소리 높여 외친다"고 설명했다(Arendt, 2006a: 242). 아렌트에 의하면 폭민은 자신을 소외시킨 사회를 증오함과 동시에 자신을 대변해주지 못하는 의회 역시 원증하게 된다. 사회와 정치적 대의제에서 배제됐기 때문에 의회 밖 행동에 의지하는 것도 폭민의 특징 가운데 하나다.

태극기 집회 참가자들의 양상도 전체주의 폭민의 모습에서 크게 벗어나지 않는다. 광장에 나온 촛불 시민들이 적폐 청산을 외치며 진정한 의미의 대의제를 요구할 때 태극기 집회 참가자들은 권위주의 통치 권력에 기대어 부패한 정치세력을 적극 옹호했다. 박근혜 전 대통령 탄핵 소추안에 협력한 자유한국당에 대해서도 "은혜를 모르는 가짜 보수"라며 여과 없는 비판을 쏟아냈다. '닫힌 사회'의 집단 운동은 자유민주주의의 시민 권력임을 자임하며 전체주의 폭민의 당위성을 강변하는 상황까지 오게 됐다.

태극기 집회 참가자의 상당수는 노년층으로 구분된다. 사회 약자와 빈곤층의 참여 비율도 높게 나타나고 있다. 박정희 신화에 빠져 있는 사람들, 전쟁을 겪은 노인 세대는 '애국'이라는 이름의 교조주의적 독단론에 쉽게 매몰되었다. 보수 집회 참가자들을 그저 용돈이나 벌기 위해 동원된 관제데모꾼 정도로 생각하는 것은 태극기 집회에 대한 안일한 인식의 단순함이다. 그들의 정치적 신념은 거의 맹목적일만큼 강고하며, 극우 반공에 대한 집착은 편집 수준으로 완고하다.

그렇다면 무엇이 이들로 하여금 부패한 보수정권의 홍위병을 자처하도록 했을까. 어떻게 선동되고, 어떻게 조직됐으며, 또 어떻게 맹신하게 됐는지에 대한 의문이다. 이 글은 소외된 개인의 집합체로서의 군중심리를 알아보고 전체주의의 새로운 행태로서 태극기 집회를 진단하는 데 그 목적이 있다. 또 극우보수 집회를 통해 우리사회 병폐도 함께 논의가 이뤄질 것이다.

2. 소통 대신 고립을 택한 사람들

태극기 집회 참가자들의 개인별 행동, 특성, 사고, 그리고 주변 환경 등을 면밀히 관찰하기 위해 사회연구 방법론으로 집회 참가자들에 대한 질적 연구조사 방법을 택했다. 특히 중산층과 저소득층, 젊은층과 노년층의 의견을 함께 청취함으로써 집회에 임하는 이들의 소득별, 세대별 차이도 살펴봤다. 물론 면접자 수가 한정돼 있고, 대표성을 담보하는 문제에서도 한계점은 분명 있다. 그럼에도 불구하고 계급 배반 현상이 두드러지는 저소득층의 인식, 남북통일에 대한 비교적 젊은 세대의 의견을 반영함으로써 그 특징을 나열했다.

본 글은 소외된 개인의 집합체로서의 군중심리와 민주 사회를 위협하는 파쇼적 대중 선동으로서의 전체주의를 살피는데 주력했다. 또 집회 참가자들의 내면을 통해 우리사회 고질적인 이념 갈등과 세대 간 갈등도 함께 진단하고자 했다. 피면접자는 여섯 명으로 〈부표 2장-1〉과 같다.

현재 태극기 집회와 관련해 몇몇 연구 논문과 저작들이 소개되고 있지만 촛불집회에 비할 바는 못 된다. 촛불 시민의 힘에 의해 현직 대통령이 물러나는 초유의 사태를 맞았고, 이는 한국 민주주의의 한 획을 긋는 혁명적 사건으로 평가받고 있다. 정치·사회적 측면에서의 연구는 물론 문화적 관점에서의 평가, 세대와 젠더에 아우르기까지 관련 주제에 대한 광범위한 연구가 진행되고 있다.

촛불혁명은 '과정'과 '평가'의 연구다. 반면 태극기 집회는 그 자체가 우리사회 고질병에 대한 갖가지 함의를 담고 있다. 혁명의 역사를 기술하는 것과 달리 삶의 농이 그대로 배인 태극기 집회의 연구 중요성이 결코 적지 않다는 의미다. 분단, 반공, 노인, 가정, 세대 등 우리시대 포괄적인 문제가 태극기 집회 안에 고스란히 반영돼 있는 까닭이기도 하다. 비록 몇몇 연구에서 관련 사안에 대한 논의가 이뤄졌으나 여전히 이에 대한 연구는 태부족인 상태다.

태극기 집회와 관련해 몇 개의 논문은 특히 주목해서 볼 필요가 있다. 김진호의 「태극기집회와 개신교 우파: 또 다시 꿈틀대는 극우주의적 기획」(김진호, 2017: 76-93)이 그 중 하나다. 김진호는 태극기 집회 조직 동원과 관련해 기독교 보수주의자들의 역할에 주목했다. 또 교회로부터 지원을 받는 탈북자들 역시 조직 동원의 대상으로 이용되고 있음을 꼬집었다. 다만 조직 동원과는 별개로 집회에 참석한 개인의 신념이나 사고 등이 본 연구에서 제외된 점이 아쉽다.

박현선의 「태극기 집회의 대중심리와 텅빈 신화들」은 기존 연구를 검토해 집회 현상을 정리하고 있다(박현선, 2017: 106-133). 특히 집회 참가자들을 세대론과 종교론으로 구분 짓는 것이 눈에 띈다. 하지만 '대중심리'를 언급한 그 역시도 집회 참가자에 대한 심층면담을 실시하지 않았다. 그런 점에서 최현숙(2016)은 개인의 생애사를 질척하게 다루고 있다는 점에서 '할배'들을 이해하는데 도움을 준다. 다만 면접 대상자가 두 명을 중심으로 이뤄졌고, 남성성이 과도하게 부각된 점은 아쉬운 부분이다.

3. 촛불과 태극기의 아우성

1991년 소련의 붕괴로 이데올로기 대결 시대는 종식을 고했다. 하지만 세계 유일의 분단국가 대한민국은 여전히 냉전적 대결구도를 유지한 채 '반공의 시대'를 살아가고 있다. 국수주의적이며, 전위적이고, 반공주의적 대중선동은 탈냉전·탈이념 시대에도 여전히 거리 한 켠을 가득 메우고 있다.

    2017년 봄, 대한민국은 '촛불'과 '태극기'의 아우성 속에 있었다. 광장은 '혁명'과 '파쇼'가 함께 존재했고, 대중은 '선전'과 '선동'으로 갈리었다. 박근혜-최순실 게이트 관련, 제1차 촛불집회의 시작은 2016년 10월 29일 광화문에서 시작됐다. 그리고 일주일 뒤인 11월 6일 맞불 집회 성격의 '미스바 구국기도회'가 서울역 광장에서 열렸다. 실제 '맞불 집회'로 불리던 보수집회는 얼마 뒤 '태극기 (애국)집회'로 명명됐다. 개신교 극우주의자들의 기도회로 시작된 집회는 보수단체들이 결합하면서 규모가 커졌다. 그리고 박근혜 전 대통령의 해임이 결정된 2017년 3월 집회는 절정을 이룬다.

    보수집회를 특정 짓는 핵심어는 극우와 반공이다. 여기에 합리적 이성이 개입할 여지는 없다. 한나 아렌트는 과거 전체주의 운동에 대해 "매우 광신적"(Arendt, 2006b: 106)이라고 평했다. 태극기 집회 참가자들 역시 이러한 측면에서 합리적 사고와 이성이 결여돼 있다. 지금도 이들은 박근혜 전 대통령이 탄핵 전 "계엄령을 선포했어야 한다"고 믿고 있다. 반공 국가를 건설하기 위해서는 몇몇쯤 희생되어도 괜찮다는 것이 이들의 기본 인식이다. 수백만 명의 민간인을 학살한 이승만은 적화통일을 막은 국부(國父)이며, 개인의 인권과 민주주의를 말살한 박정희는 가난을 딛고 산업화를 일군 영도자다.

이들에게 촛불혁명은 '김일성 장학생들'에 의한 정권 찬탈의 쿠데타 정도로 인식되고 있다. 실제 집회 현장에서 마주한 이들 대부분은 "문재인이 북한의 사주를 받은 빨갱이다. 김일성 장학생들이 국가기관을 모두 장악한 상태에서 박근혜 전 대통령을 불법 감금시킨 것"이라고 입을 모았다. 이들에게는 이것이 마치 신념처럼 굳어있었다. 어떤 설득과 대화도 통하지 않았다.

'위대한' 보수주의자로 불리는 칼 포퍼는 열린사회와 대립되는 닫힌사회를 전체주의 사회라고 규정했다. 포퍼는 열린사회에 대해 "우리가 인간으로 살아남을 수 있는 유일한 사회"라고 정의했다. 그러면서 "역사는 열린사회와 닫힌사회의 투쟁과정"(Popper, 2006: 601)이라고 강조했다.

열린사회는 개인주의 사회다. 물론 여기에서 개인은 스스로의 자유와 권리를 주장함과 동시에 타인의 권리 역시 인정하는 이타주의적 성격을 띠고 있다. 그렇기 때문에 합리적이다. 열린사회는 개인의 권리를 강조함으로써 궁극적으로 "계급투쟁과 같은 중대한 사회적 현상"을 일으킬 수 있다. 하지만 독자적 유기체인 전체주의는 "구성원들 간의 지위 다툼에 해당되는 것이 없다.". 때문에 "계급을 포함한 닫힌사회의 제도는 신성불가침한 금기"(Popper, 2006: 294)이다. 비판을 거부하며 따라서 진리의 독점 또한 가능한 구조인 셈이다. 개인의 자유가 인정되는 열린사회는 다수 의견에 반하더라도 자신의 견해를 얼마든지 밝힐 수 있다. 다만 그러기 위한 전제로 '비판적 논증'이 가능해야 한다고 포퍼는 믿었다. 하지만 전체주의는 이러한 논증이 필요 없다. 이미 맹목적이며 하나의 신념처럼 굳어있기 때문이다. 변화와 비판을 거부하는 전제적 성격의 태극기 집회도 이와 크게 다르지 않다.

II. 태극기 집회 현상의 담론적 구조

1. 소외된 개인과 계급 배반

"진보정책? 지들만 배불리고 있다. 절대 서민들에게 혜택 안 간다. 북한은 지주 것 뺏어서 토지든 재산이든 나눠줬다. 그런 북한이 지금 어떻게 됐나. 무상분배? 꿀단지 속에 꿀이 계속 있는 거 아니다. 나중에 다 망하는 것이다. 재벌해체까지 말하는데, 그러면 우리는 난민 된다. 젊은 사람들이 배고픈 시절 못 겪어봐서 아무 것도 모르는 것이다. 이 나라 정말 큰일이다".(2번 면접자)

2016년 12월 겨울부터 매주 빠짐없이 태극기 집회에 참석하고 있다는 2번 면접자는 하루 벌어 하루 먹고 사는 극빈층이다. 쪽방에서 생활하며 굶기도 일쑤라고 했다. 시위 도중 부러진 앞 이는 치료할 돈이 없이 그대로 방치했다. 그런 그에게 '왜 진보정당을 지지하지 않느냐'고 물었다. 재벌을 옹호하는 보수정당보다 서민정책을 내놓는 진보정당이 더 도움이 되지 않겠느냐는 이유에서다. 그는 "그렇게 하면 국가 망한다. 젊은 사람들이 다 속고 있는데, 자기들 배만 불리지 절대 혜택 같은 거 없다"고 말했다. 전형적인 계급 배반 현상의 모습이었다. 그는 2018년 6.13 지방선거에서도 보수 후보를 찍었다고 했다.

사회적 빈곤층이 보수정당을 지지하고 재벌을 옹호하며 신자유주의를 대변하는 정책에 적극 동의하는 것은 '계급 배반의 역설'이다. 비정규직 노동자나 사회 빈곤층이 자신들을 위한 정책을 내건 후보나 정당을 외면하고 재벌기업을 옹호, 대변하는 보수정당에 투표권을 행사하는 이른바 계급 배반 투표 역시 선거 정치에서 나타나는 역설적인 현상 가운데 하나다. 계급 배반 투표는 단순히 선거에서 빈곤층이 보수정당을 지지하는 것 이상의 의미를 지닌다. 지역과 세대에 이어 계층 균열이 얼마나 광범위하게 이뤄지고 있는지 보여주는 주요 증거이기 때문이다. 정치적 태도와 계급 간 종래의 유형이 중산층의 몰락과 함께 점차 붕괴되고 있다는 방증인 셈이다. 사회 안전망이 무너지고 빈곤층이 속출할 때 이러한 역설은 더 큰 힘을 갖는 법이다.

불안정한 노동계급으로 지칭되는 '프레카리아트'(precariat)의 양적 팽창에도 불구하고 사회적 불평등, 노동, 복지문제 등을 최우선 정강정책으로 삼고 있는 집단 또는 정당이 이들로 부터 외면당하는 현상은 주위에서 흔하게 나타나는 현상이다. 안으로는 민주노총과 같은 노동조합이, 밖으로는 정의당 같은 진보정당의 쇠퇴가 대표적이다. 중산층이 무너지고 저소득층이 확산되는 등 절대적 빈곤층이 늘어나는 속도에 맞춰 이 같은 현상도 증가 추세를 보이고 있다.

칼 마르크스는 일찍이 부르주아(혹은 프티 부르주아[1]) 계급 출신인 지식인이 프롤레타리아 혁명에 가담함으로써 역사의 주체인 노동자 계급과 결합한다고 설도했다. 부르주아 계층에 부역하거나 회색지대에 머물러 있는 대부분의 지식인과 달리 스스로의 계급을 배반하는 지식인을 통해 혁명 과업의 이론적 정교함이 더해질 수 있다는 설명이다.

마르크스의 주장은 훗날 루카치에 의해 정식화되는데, 루카치에 의하면 노동자들의 일상적 의식은 계급의식이 아닌 물상화된 허위의식이다. 지식인의 역할은 이러한 의식을 계급의식으로 고양시키는데 있다(전태국, 2013: 529-531). 그렇다면 자본주의 체제 안에서 물상화된 의식들, 자신의 계급인 프롤레타리아트를 부정하거나 배신하는 현상은 부르주

---

1 부르주아지와 프롤레타리아트의 중간 계급을 의미한다. 전문 지식인이 이에 해당하며 이들은 대체로 중간적 또는 부르주아지적인 의식을 갖고 있다.

아지 내지는 자본이 갖고 있는 허위의식, 사물화가 결국 체제 비판을 막거나 합리적 사고를 방해함으로써 계급의식을 저해한 결과에 따른 행동양식일 수 있다는 해석이 가능하다.

소스타인 베블런은 저서 『유한계급론』에서 "부유한 사람들이 현재의 상황에 불만을 거의 느끼지 못하기 때문에 보수적일 수밖에 없듯이 가난한 사람들은 현재 불만이 있더라도 내일을 생각할 수 없을 만큼 각박하기에 변화에 둔감한 것"(Veblen, 2012: 243)이라고 말했다. 희망이 없기 때문에 결과적으로 보수적일 수밖에 없다는 지적이다. 하류계급 제도는 가능하면 이들의 생존 수단까지도 박탈하여 하류층의 소비력과 가용에너지를 축소시킨다. 그렇게 함으로써 이들을 보수화시킨다고 베블런은 꼬집었다. 민중의 궁핍과 박탈감이 개혁을 가로막고 심각한 장애요인이 될 수 있다는 논리는 이미 상식에 가까워졌다.

또 다른 면접자(5번)를 만났다. 그는 충남 서천에서 매주 토요일 오후 집회에 참석하기 위해 서울 대한문을 찾았다. 벌써 2년째 이어온 열성이다. 78세 고령에 지칠 법도 하지만 "나라를 생각하면 집에만 있을 수 없다"고 했다. 생활보호 대상자인 그는 공과금이 밀려 가스가 중단됐다고 말했다. 핸드폰 역시 정지된 상태였다. 6월 25일 한국전쟁 기념식 대한문 집회를 마치고 집에 가기 위해 1호선 전철을 타러 간다며 불편한 다리를 이끌었다. 그는 "젊은 사람이 문재인 하는 짓거리를 잘 봐야 한다"며 마지막까지 당부를 잊지 않았다.

태극기 집회에 참여하는 이들은 대부분 노년층이다. 한국전쟁의 참상을 겪었고, 지독하게 가난한 시절을 직접 체화했다. 1970년대 산업화 역군이지만 상당수는 경제적·심리적 대비 없이 노년을 맞았다. 매년 노인 고독사가 증가하는 것도 이와 무관치 않다. 그런 그들에게 태극기 집회는 매주 동무들과 만나는 모임과도 같다.

서울 서대문에 거주하는 3번 면접자는 그런 점에서 태극기 집회가 특별하다. 그는 친구들과 어울리기 위해 더 자주 대한문을 찾는다고 했다. "바람도 쐬고, 얘기도 하고, 사람들 만나니깐 서로 참여하는 것이다. 집에 있으면 심심하고 답답하니까"라고 집회 참석 이유를 밝혔다.

그는 "오가다 친구들도 만나고, 자주 보는 사람들과 얘기도 나눈다. 그냥 놀러오는 기분으로 심심하지 않고 좋다"고 말했다. 다만, 그 역시도 전쟁 세대인 까닭에 "미국 때문에 우리가 산 것을 알아야 한다. 다른 건 몰라도 우리나라 사람들이 그건 꼭 기억해야 한다"고 당부했다. 이어 미군 철수 등을 외치는 이들을 향해 "젊은 사람들이 철이 없다"고 꼬집었다.

2. 가족 내 갈등

태극기 집회는 세대 간 갈등은 물론 가족 내 갈등도 야기하고 있다. 최호영(가명·대학생·24)씨는 이른바 세월호 세대다. 책가방에는 노란 리본이 달려있다. 그런 그에게 박정희와 새마을운동 뱃지를 옷깃에 단 아버지는 도통 이해하기 어렵다. 아버지인 4번 면접자는 1954년생으로 1976년 유신헌법 반대투쟁을 하다가 중앙정보부에 끌려가 고문을 받았다. 젊은 시절 이른바 좌파였고, 박정희 독재정권에 대한 불만도 가득했다. 하지만 이후 삶에 치이면서 생활 정치와 멀어졌다. 그러던 2016년 12월 국회에서 '박근혜 대통령 탄핵안'이 가결되면서 보수로 완전히 돌아섰다. 나라가 이대로는 안 되겠다는 것이 이유였다.

> "나도 유신헌법 반대하며 데모했던 사람이다. 그런데 지나고 보니 그게 아니더라. 박정희 전 대통령이 오랫동안 집권했지만, 김일성은 더 장기 집권했고, 정권 세습까지 했다. 박정희 전 대통령은 이 나라를 먹여 살린 분이다. 그런데 그런 분 딸인 박근혜 전 대통령이 탄핵이

됐다. 그 분은 돈을 먹고 할 사람이 아니다. 친구들, 가족들에게 설명하고 설득했는데 다 나만 미쳤다고 한다. 세월호 사건도 그냥 해상 사고였다. 그걸 왜 국가가 책임져야 하나. 아들한테도 얘기했는데, 따지기만 하고 제대로 대화가 안 된다. 노인들이 괜히 떠드는 게 아니다. 젊은 사람들이 뭘 알고 얘기했으면 좋겠다".(4번 면접자)

또 다른 면접자를 만났다. 3번 면접자는 가족 간 갈등을 묻는 질문에 "우리 식구는 갈라졌다. 가족과의 단절이 있다"고 말했다. 그는 "아들과 손자 모두 박원순 시장을 지지한다. 도대체 말을 안 듣는다"며 "얘기해봐야 싸움만 한다"고 분통을 터트렸다.

그는 "(젊은 사람들이) 문재인 대통령 시키는 것만 좋아하고 결론적으로 공산당하는 식"이라며 "어른이 얘기하면 옳은 가보다 해야 하는데, 통 듣지를 않는다. 니들 알아서 하라고 했다"고 말했다. 그는 "우리는 경험자"라며 "(젊은 사람들이) 지들만 옳다고 하는데, 입을 딱 막을 수밖에 없다"고 답답한 심경을 전하기도 했다.

서울 서대문구에 거주하는 1번 면접자는 국정교과서 문제로 24살 대학생 손녀와 얼굴을 붉혔다. 하지만 어차피 대화가 안 통할 것을 안 그는 더 이상 정치나 이념문제로 대화를 나누지 않는다. 그는 전교조가 젊은 학생들을 모두 세뇌시켰다고 믿고 있었다. 박원순 서울시장을 지지했다던 그의 아들(50)과도 사정은 마찬가지다. 이처럼 태극기 집회에 참석하는 노년층과 비교적 진보적 성향을 지닌 자녀와의 이념 차는 가족 내 갈등으로 비화되며 또 다른 문제를 야기하고 있다. 김씨는 "좌파들이 가족까지 파괴시키고 있다"며 모든 책임을 진보정권 탓으로 돌렸다. 그는 매주 토요일 오후 태극기 집회에 참석하기 위해 집을 나선다. 가방에는 태극기와 성조기가 가지런히 포개져 있다.

3. 가짜뉴스, 그리고 선전 선동

"선관위 강성노조 장악 불법대선으로 문재인 당선".
"대한민국 국가부채 사실상 2천조 육박 문 정권 1년 사이 뭐했기에 국가 채무 550조 늘었나".
"문재인 남한 정보 USB에 담아 통째 넘겨", "문재인 외삼촌 북한 고위직 문재인 조종".

태극기 집회 참석자들 사이에서 공유되고 있는 이른바 '가짜 뉴스'다. 특히 2018년 4.27 판문점 선언 때 문재인 대통령이 북한 경제개발계획이 담긴 저장장치(USB)를 북에 건넨 것을 두고 온갖 낭설이 터져 나왔다. 서울 대한문 인근에서 만난 태극기 집회 참석자들은 "군사 정보를 넘겼다", "고액의 은행 정보가 담겨 있다"며 가짜 뉴스를 공유했다. 문제는 이렇게 공유된 메시지를 액면 그대로 믿는다는데 있다.

6.25전쟁 기념집회에 참석한 6번 면접자는 "박근혜 대통령에 대해선 나도 잠깐 오해한 적이 있다. 하지만 이제는 진실을 안다. 이런 사실을 알면 다른 사람들도 모두 집회에 나올 것"이라고 말했다. 그는 "언론이 좌파에 의해 모두 장악돼 왜곡된 뉴스만 보도되고 있다"고 비판했다.

비교적 젊은층에 속한 그녀에게는 노년층이 보인 '나라 걱정'보다 '북한'과 '진보'에 대한 혐오가 더욱 짙게 느껴졌다. 그는 판문점 선언과 관련 '북한과 마냥 대립할 수 없지 않느냐'는 물음에 "자유 민주주의하고 공산주의하고 어떻게 함께 어우러질 수 있느냐"며 "그냥 남으로 지내는 편이 낫다"고 말했다. 통일에 대해 부정적 인식을 내비친 것이다. 많은 어르신들이 자유 민주주의 체제를 수용할 경우 북한과 충분히 함께 할 수 있다고 말한 것과는 대조를 보였다.

그는 또 5.18민주항쟁에 대해서도 '북한군 침투설'을 그대로 믿고 있었다. 그는 "북한이 다 그런 거다. 증거도 다 나오지 않았느냐"며 "지만원 박사가 사진까지 분석해 밝혀낸 사실"이라고 말했다. 지만원은 지난 2016년 '5.18 북한특수군 침투' 주장과 관련한 항소심에서 패소판결을 받은 바 있다. 이에 대해선 "김일성 장학생에 의해 사법부도 장악됐기 때문"이라고 반박했다. 그러면서 "증거가 다 있다. 조금만 알아보면 이 분(태극기 집회 어르신)들 말이 다 맞다"고 강변했다.

지만원의 '5.18 북한특수군 투입설'과 같이 전체주의 운동에서는 극우보수 이념을 전달하는 메시아가 등장한다. '극우 논객'으로 알려진 조갑제, 정규재, 변희재 등은 이승만과 박정희를 신격화한 대표적인 인물이다. 이들은 전체주의 운동이 대중선동으로 이어질 수 있도록 결정적인 역할을 제공했다. 한나 아렌트는 이러한 현상을 "폭민과 엘리트의 일시적 동맹"(Arendt, 2006b: 48)이라고 꼬집었다. 또 사회에 영향력 있는 인물들의 동참은 전체주의 운동의 맹목적인 충성과 전체주의 정권에 대한 대중성을 담보한다고 지적했다.

4. 반공 이데올로기와 보수 기독교의 결합

태극기 집회의 시작은 보수 기독교인들의 '구국 기도회'가 출발이 됐다. 2018년 6월 25일 서울 대한문 앞에서 열린 '한국전쟁 기념 태극기 집회'에서도 본 행사에 앞서 교회 목사와 신도들이 구국 기도회를 갖는 등 예배를 진행했다. 이른바 '아스팔트 교회'였다.

반공 이데올로기와 한국 교회의 역사는 그 뿌리가 깊다. 일제 강점기에서부터 해방 후, 그리고 한국전쟁과 군사독재 정권에 이르기까지 정권과 보수 기독교의 결탁은 많은 폐해를 가져왔다. 1948년 제주 4.3 당시 민간인들을 무참히 살육한 서북청년단(서청)의 악행은 익히 알려진 사실이다. 서청은 제주 토벌 과정에서 '인간이 얼마나 잔혹해질 수 있는가'를 여실히 보여줬다. 서청의 위세가 그만큼 대단할 수 있었던 것은 그들 뒤에 "이승만과 미군정청이 있었기 때문"(정찬대, 2017: 280)에 가능했다.

2014년 11월 '서북청년단 재건준비위원회'(현 서북청년단 구국결사대)가 출범을 선언한 이후 이들은 태극기 집회에 적극 동참하며 '아스팔트 극우' 활동에 주력하고 있다. '기독시민연대' 사무총장을 지낸 정함철씨는 현재 서북청년단 구국결사대장으로 활동하고 있다.

극우 기독교는 반공 이념을 신도들에게 지속적으로 주입시켰다. 또 일부 대형교회는 교인들을 보수집회나 보수정당 후보의 지지대열에 동원시키기도 했다. 사랑제일교회 전광훈 목사가 이끄는 청교도영성훈련원은 2018년 11월 5일 '문재인 정권 퇴진 총궐기'를 앞두고 서울 세종문화회관에서 '보수 대통합'을 위한 총궐기 사전 행사를 진행했다. 전광훈 목사를 비롯해 변승우 목사(사랑하는교회), 김문수 전 경기지사, 조갑제 대표(조갑제닷컴), 정규재 대표(정규재TV) 등 보수인사들이 대거 참석한 가운데 전 목사는 문재인 대통령을 향해 "간첩으로 의심받아도 부족함이 없다"며 '문재인 정권 퇴진 총궐기'를 앞두고 교인 총동원령을 거듭 주문했다.

'진실한 기독교인'이라고 밝힌 1번 면접자는 2016년 11월 6일 서울역 광장에서 열린 구국 기도회에 참석한 뒤 지금까지 매주 빠지지 않고 태극기 집회에 나가고 있다. 그는 "우연히 기도회를 한다는 소식을 듣고 한번 가봤다. 그런 것이 지금까지 집회에 참석하게 됐다"며 "집회 참석에 목사님 영향이 컸다"고 말했다.

무엇이 그를 집회로 이끌게 했을까? 그는 '종교적 신념'이라고 했다. "하나님이 선택한 이 나라에서 북한 빨갱이와 같은 사상을 가진 이들이 있으면 안 된다"는 것이 이유였다. 그는 "교회에 애국자가 많다"는 말도 했다. '하나님 뜻은 그런 게 아닐 것 같다'는 물음에 "모르는 소리다. 북한이 얼마나 많은 주민을 죽이고, 인권을 침해하는데 그런 소리 하느냐"

며 "하나님의 뜻이 어디에 있는지를 잘 봐야 한다"고 꼬집었다.

그는 주위 친구들에게도 태극기 집회를 권한다. "태극기 집회에 안 나오는 친구들은 진정한 친구라고 생각하지 않는다. 교인들과도 집회에 나오는데, 동참하지 않은 사람들은 나라를 사랑하지 않는 것"이라고 간주했다. 그러면서 "대전에도 친구가 있는데, 멀어서 그런지 잘 안 온다. 나는 그 친구를 진짜 친구로 생각하지 않는다"고 말했다.

태극기 집회에는 탈북자들도 상당수 포함돼 있다. 국내 전체 탈북자는 3만 명 이상으로 추산되는데, 이들 중 적잖은 수가 남한 정착에 필요한 직간접적 지원을 교회로부터 받고 있다. 남한에 안착하기 위해, 또는 사상 개조를 보여주기 위해서도 이들은 교회에 다닌다. 극우성향의 목사들은 자신들의 정치적 기획을 위해 이들을 적극 활용했다. 태극기 집회도 마찬가지다. 한국 개신교 연구자인 김진호씨는 "탈북 단체들의 다수는 개신교 교회의 후원을 받고 있다. 그런 점에서 탈북자 시위대들은 찬송이나 기도를 과장하여 드러내는 기독교적 제스처를 적극적으로 취했을 가능성이 농후하다"(김진호, 2017: 80)고 말했다. 그는 태극기 집회에 이스라엘기가 있는 것도 보수 기독교의 영향 때문이라고 강조했다.

5. 미국과 일본에 대한 인식 비교

태극기 집회에는 두 국기가 늘 펄럭인다. 태극기와 미국 성조기다. 집회 참가자 대부분은 미국의 원조를 받던 세대다. 한국전쟁 당시 미국이 없었다면 이미 대한민국은 공산화됐다고 굳게 믿는 이들에게 미국은 동맹 그 이상의 국가다. 많은 집회 참가자들도 "미국 없으면 안 된다. 대한민국 공산화된다"고 입을 모았다. 그런 그들에게 북미정상회담에 대해 물은 뒤 곧바로 남북정상회담에 대한 의견을 구했다.

표 1에서 알 수 있듯이 태극기 집회 참가자들은 북미정상회담에 대해 매우 긍정적으로 평가했다. 또 트럼프 대통령이 북한을 자유민주주의 체제로 끌어오기 위한 의도를 갖고 정상회담을 잘 이끌었다고 호평했다. 반면, 남북정상회담에 대해서는 '혐오' 일색이었다. 문재인 대통령이 북한 지령에 의해 움직이고 있다는 '가짜 뉴스'도 스스럼없이 밝혔다. 허무맹랑한 얘기지만 이들은 이것을 '진짜'로 믿고 있었다.

표 1 북미정상회담과 남북정상회담에 대한 태극기 집회 참여자들의 인식 비교

	북미정상회담에 대한 의견	남북정상회담에 대한 의견
1번 면접자	"북한을 자유민주주의와 시장경제체제로 끌어오려는 것이다. 북한의 경우 아사로 수백만 명이 죽었다. 이 불쌍한 사람들을 지원하려는 것이다. 그런 점에서 트럼프가 잘했다고 생각한다"	"굴욕적이다. 김대중, 노무현, 문재인 이렇게 만났는데, 돈 퍼주면서 회담했다. 노벨상도 사오고, 북한한테도 뭐 20조원인가 줬다는데, 이건 사실이다"
2번 면접자	"북미가 아니다. 미북이다. 미국이 회담하는 것은 문재인이 원해서 하는 거다. 또 트럼프가 그렇게 한 것은 장사꾼이기에 가능했다. 미국은 확실하게 이익을 갖고 갈 것이다. 자국민도 구출하고 유해발굴까지 약속했다. 미국 입장에서 보면 트럼프가 잘하고 있는 것이다"	"문재인은 북한 지령에 앵무새처럼 따라 하고 있다. 김정은 명령에 그렇게 움직이고 있는 것이다. 평화 어쩌고 하는데, 그건 국제적인 사기다. 이것은 트럼프와 시진핑 싸움이다. 중국이 김정은 움직이고, 김정은이 문재인에게 지시하는 식이다. 문재인 외삼촌들이 북한 고위직에 많은데, 그들 통해서 명령하고 있다"
3번 면접자	"북한을 계도하는 차원이다. 우리하고는 입장이 다르기 때문에 미국이 잘하고 있는 것 같다"	"문재인 하는 것은 공산당하고 회담하는 것이다. 문재인 이북사람 아니냐. 젊은 애들 꾀어서 대통령 됐다. 북한에서 피난왔으니 빨갱이 사상 갖고 있는 것이다. 그러니 더 신뢰할 수 없다"
6번 면접자	"뭐 여러 해석이 있는데, 일단 미국은 자유민주주의 국가다. 그런 미국이 김정은을 이쪽으로 끌고 오기 위해 회담한 것이다. 뭔가 계획이 있을 것이다. 체제 안으로 끌어오기 위한 트럼프의 생각이 있을 것으로 본다"	"문재인을 대통령으로 인정할 수 없다. 또 문재인이 북한 스파이란 얘기도 있다. 그렇기 때문에 회담 내용을 믿지 못하겠다"

1942년생인 1번 면접자도 미국에 대해선 맹신했다. 교장선생님 아버지 밑에서 비교적 부족함 없이 자란 그는 전후 복구가 한창이던 때 4년제 대학을 졸업했다. 중산층 가정에서 풍족하게 자랐으며, 현재는 두 자녀 중 아들과 거주하고 있다. 딸은 미국 시민권자로 가족 모두 생활에 큰 어려움은 없다. 그는 "미국을 붙잡고 우리가 자본주의를 이뤘다"며 "그 은혜를 모르면 벌 받는다"고 했다. 그러면서 "우리는 반(反) 중국으로 가야 한다. 미국을 끝까지 붙잡고 있어야 한다"고 강조했다. 그에게 미국은 동맹의 수준을 넘어 '구원자'로 인식되고 있었다.

그는 또 이승만을 처음부터 끝까지 '이승만 박사'라 칭했다. 박정희 역시 '박정희 대통령'이라며 존칭했다. 그는 먹고 사는 문제에 주목해야 한다고 했다. 이승만과 박정희 모두 그러한 측면에서 존경받아야할 사람이라고 평가했다. 한국전쟁 당시 민간인 학살 문제를 언급하자 "이승만이 얼마나 나라를 사랑하고 국민을 사랑했는데, 무슨 소리냐. 그런 소리 할 거면 인터뷰에 응하지 않겠다"며 일갈했다. 박정희에 대해서도 "5.16 쿠데타 때 사람 한 명 안 죽었다. 경제발전 시킨다고 그렇게 고생했는데, 무슨 사람을 죽였느냐. 대한민국 사람들 정말 천벌 받는다"고 따져 물었다.

2018년 3.1절 기념 태극기 집회에서 참가자들이 일장기를 들고 나오면서 사회적으로 큰 논란이 된 바 있다. 더욱이 그날은 3.1절 99주년이었다. 독립 운동가를 기리고, 일제의 만행을 규탄하는 행사가 거리 곳곳에서 열린 상황에서 태극기 집회 참가자들은 일장기를 손에 든 채 거리를 활보했다. 이후 집회에서도 일장기는 사라지지 않았다. 집회 참가자들은 일본에 대해서도 매우 우호적으로 생각했다. 특히 '평화의 소녀상' 건립이 중국 지원으로 전국에 세워지고 있다는 주장까지 나왔다. 그들은 중국을 견제하고 공산화를 막기 위해서도 한미일 공조가 반드시 필요하다고 인식했다.

다음의 표 2를 보면 태극기 집회 참가자들의 일본에 대한 인식이 분명하게 드러난다. 1번 면접자는 보수 집회에 일장기가 등장한 것과 관련

표 2 　태극기 집회 참가자들의 일본에 대한 인식

	일본에 대한 인식 수준
1번 면접자	"일제강점기 생각하면 가슴에 맺힌다. 내 롤모델도 유관순이다. 그런데 지금 국제 정세는 어쨌든 한미일이 공조해야 하는 상황이다. 중국은 한국과 일본이 적대관계가 되길 원하고 있다. 위안부 소녀상 설치도 중국한테서 다 돈 받아 하는 것이다. 중국은 북한 통해서 남한 먹으려고 한다. 왜 그걸 모르느냐"
2번 면접자	"일본이나 한국 모두 중국으로부터 위협받고 있다. 그런 측면에서 우호관계를 유지해야 한다. 그렇기 때문에 일장기도 드는 것이다. 공산화되느니 차라리 우리는 미국의 한 주로 편입되길 더 원한다. 어쨌든 일본 때문에 중국 속국으로부터 벗어난 계기가 됐다. 지금도 중국은 우리를 속국으로 만들려 하고 있다. 이를 막기 위해 한미일이 공조해야 하는 것이다"

해 "지금 국제 정세는 어쨌든 한미일이 공조해야 하는 상황"이라며 이를 적극 두둔했다. 자신의 "롤 모델이 유관순"이라고 밝힌 그는 "중국이 북한 통해서 남한을 먹으려고 한다. 왜 그걸 모르느냐"고 핀잔하기도 했다.

2번 면접자도 "일본이나 한국 모두 중국으로부터 위협받고 있다. 그런 측면에서 우호관계를 유지해야 한다"고 말했다. 그는 "그렇기 때문에 일장기를 드는 것"이라고 강변했다. 이 면접자는 "일본 때문에 중국 속국으로부터 벗어난 계기가 됐다. 지금도 중국은 우리를 속국으로 만들려 하고 있다"며 "이를 막기 위해 한미일이 공조가 필요하다"고 인식했다. 이어 "(한국사회가) 공산화되느니 차라리 우리는 미국의 한 주로 편입되길 더 원한다"고 말하기도 했다.

2번 면접자는 문재인 대통령을 향해 거듭 "가짜"라고 말했다. 그는 "청와대가 옮겨갔다. 진짜 대통령은 '서청'에 있다"며 "광화문은 가짜가 있는 가짜 청와대"라고 주장했다. 이 면접자가 말한 '서청'은 박근혜 전 대통령이 수감돼 있는 서울구치소를 의미한다. 그는 "박근혜 전 대통령이 계엄령을 선포하지 않은 게 가장 큰 잘못"이라며 "그걸 했다면 나라가 이 꼴이 안 났다"고 분개했다.

III. 태극기 집회와 동원된 탈북인의 유사성

1. 노인세대와 탈북인의 '선택적 유사성'

막스 베버는 『프로테스탄티즘의 윤리와 자본주의 정신』에서 '선택적 친화성'의 분석 개념을 제시한 바 있다(Weber, 2010). 사회적 행위의 상호작용은 유사성에 기초해 이뤄진다는 이론이다. 그렇다면 태극기 집회에 참여하는 노인세대와 탈북인들은 어떤 유사성을 갖고 있을까.

  태극기 집회 참여자들의 절대다수는 6070세대다. 좀 더 넓게는 5080세대가 두텁게 형성돼 있다. 6.25를 직접 경험한 전쟁세대이자 박정희 군사독재 체제 하에서 젊음을 바친 유신세대다. 개인의 자유와 인권이 보장된 민주화 대신 전 국민의 일체화를 강제하던 시대에 이들은 의식화됐다. 박정희 독재정권은 국시(國是)로 내건 '반공'을 통해 국민의 사상통일까지 꿈꿨다. 그 정책의 일환으로 국민교육헌장을 외도록 했으며, 학도호국단을 부활시켜 단체적 군사교육(교련)을 의무화했다. 그 안에서 경제발전을 이룩했고, 한국의 산업·도시화는 그렇게 건설됐다.

  국가 이익을 위해 개인은 희생을 감수할 수밖에 없다는 다분히 국가주의적 사고가 내재화된 이들에게 태극기 집회는 '정상 국가' 재건을 위한 투쟁으로 인식된다. '애국'이며 '나라사랑'의 일환이란 주장이다. 때문에 여기에 반대하는 것은 대한민국을 발전시킨 근원을 부정하는 것과 같다. 또한 젊은 시절 자신의 삶을 송두리째 부정하는 행위가 된다. 민주 정부를 좌파 독재정권이라고 색깔론을 입히고 반공 이데올로기를 끊임없이 되새김질 하는 것도 지난날 체화된 인식과 무관하지 않다. 물론 태극기 집회 참가자들은 자신의 사고와 투쟁이 잘못됐음을 인식하지 못한다. 그것은 '닫힌사회' 전체주의 특징에서 충분히 설명되어진다.

그렇다면 탈북인들 상황은 어떤가. 적으로 간주된 이들이 북한 체제를 이탈해 남으로 왔다. 경제적으로 취약하고, 사회적으로 경계인(주변인)으로 치부됐다. 그런 그들이 남한사회의 일원으로 인정받을 수 있는 공간은 유일하게 보수집회 현장이었다. 냉전 수구 세력과 결탁할 수밖에 없는 구조적 환경 속에서 탈북의 진정성을 그런 식으로 투영했다.

북한 체제를 이탈하고 남으로 온 탈북인들은 다양한 형태의 반공 행사에 동원된다. 국정원 등 정보기관이 관계한 갖가지 반공교육은 물론 보수단체가 중심이 된 태극기 집회에서도 마찬가지다. 북한의 국가 권력은 주민들을 일상적으로 동원했고, 이렇게 동원된 사람들은 지배체제에 대한 복종을 당연한 의무로 받아들였다. 이는 과거 남한의 국사독재 정권에서의 모습과 크게 다르지 않다. 군사독재 시절을 겪은 '동원 세대'가 지금의 태극기 집회로 나타났고, 수십 년 전 지배체제의 역사가 체화된 탈북인들 역시 이러한 동원 문화에 쉽게 노출됐다. 전혀 섞일 것 같지 않던 두 집단은 구조적 유사성에 기초하여, 관계를 맺는 '선택적 친화성'의 일환으로 융합이 가능해졌다. 이들은 반공 이데올로기로부터 자신의 정체성을 찾고 전체주의적 사고에서 권위주의 국가권력에 쉽게 순응했다. 소외된 개인으로서의 심리 상태 역시 집회 동원을 용이하도록 했다.

2. 탈북인, '또 다른' 신민이 되다

탈북인들이 보수집회에 동원되는 좀 더 근본적인 문제는 그들이 처한 환경을 악용하는 세력이 있다는데 있다. 목숨 걸고 북한을 이탈한 주민들은 남으로 내려온 뒤 합동신문, 하나원 등을 통해 철저히 재교육된다. 일종의 재사회화를 거치게 되는 것인데, 이때 갖가지 인권침해는 물론 손쉽게 간첩으로 조작될 수 있는 여건이 조성되기도 한다.

탈북인들은 민주시민으로서의 재교육이 아닌 철저하게 반공인으로서의 재교육을 받게 된다. 그렇게 사회에 나온 이들은 또 다시 사찰과 감시에 노출된 채 생활한다. 남한사회에서 탈북인은 철저하게 주변인으로서 살아가도록 강요된다. 그렇게 함으로써 언제든 빼먹을 수 있는 곶감이 되고 있다. 이념의 약점을 태생적으로 지닌 이들, 경제적으로 취약한 탈북인들은 남한사회에서 또 다른 신민으로 길러지고 있는 셈이다. 애초 '신민적' 사고에서 보수집회에 동원되는 것이 아니라, 신민을 강요하는 이들이 있다는 것에 우리는 더욱 주목해야 한다.

한국전쟁 당시 지리산지구 전투경찰사령관이었던 신상묵은 '보아라 부대'를 창설했다. 전향 빨치산들로만 구성된 보아라 부대는 엄청난 토벌의 공을 세운다. 그렇다면 이들은 어떤 이유에서 그렇게 군경보다 더 잔혹하게 스스로를 드러냈을까. 그것은 바로 생존을 건 분투였다. 투항하고 전향한 자신을 남한사회 일원으로 받아달라는, 아니 그렇게 해야만 일원이 될 수 있는 구조적 환경 속에서 나타난 일종의 '잘보임'이었다.

1946년 결성된 월남 청년단체인 서북청년회는 또 어떤가. 제주4.3 토벌 과정에서 보여준 서청의 잔혹함은 익히 알려진 사실이다. 그렇다면 그들의 잔인함은 어디서 왔을까. 탈북 청년들의 공산주의에 대한 강한 거부감, 그리고 남한사회 일원이 되기 위한 잘못된 형태의 '몸부림'이 학살로 나타났다. 반공을 내세운 이승만 정권 하에서 그렇게 함으로써 '빨갱이' 취급을 받지 않았다. 오늘날 탈북인들도 마찬가지다. 냉전 수구세력과 결탁할 수밖에 없는 구조적 환경 속에서 탈북의 진정성을 그런 식으로 투영했다. 그리고 정권은 이를 철저히 악용했다. 그런 점에서 70년 세월에도 보수정권(또는 정보기관)의 메커니즘은 크게 달라지지 않았다.

우리사회 주변인으로 취급됐던 탈북인은 보수집회 현장에서 남한사회 일원으로 받아들여졌다. 과거 전향자들이 그랬던 것처럼 때로는 선전됐고, 때로는 활용됐다. 이를 통해 약간의 경제적 지원과 신원 보증도 이뤄졌다. 하지만 그것이 늘 족쇄였다. 활용가치가 떨어지면 언제든 조작되고 버림받을 수 있는 신분이 탈북인들이었다.

소외된 이들, 이방인, 그리고 애초 이너서클의 대상자가 아닌 이들에게는 인정 과정 자체가 투쟁일 수밖에 없다. 탈북인들이 태극기 집회에 동원되고 보수정권의 나팔수 역할을 자임하는 것도 적대세력으로 간주된 이들이 남한사회에서 인정받기 위한 일종의 분투기일 수 있다. 그래야 늘 예의주시하는 국정원 눈에 들 수 있고, 탈북의 진정성을 보여줄 수 있다는 이유에서다.

IV. 전체주의 또 다른 변형

독일 나치의 선전장관 파울 요제프 괴벨스(Paul Joseph Goebbels)는 "거리를 정복할 수 있다면 대중을 정복할 수 있다. 그리고 대중을 정복하는 자는 국가를 정복한다"고 말했다(Reuth, 2006: 180). 그는 전체주의 선동의 핵심이 대중을 단순하게 만드는 것이라고 주장했다. 과거 군국주의 전체주의자들은 그렇게 고립된 개인을 조직하고 선전 선동을 통해 이들을 하나로 묶어내는데 성공했다. 이렇게 조직된 개인은 폭민이 되어 전체를 위한 도구로 활용됐다. 태극기 집회 참가자들의 머릿속에는 오로지 극우와 반공이 자리하고 있다. 이를 위해선 쿠데타도, 계엄령도 가능하다는 것이 이들의 인식이다.

개인은 전체 속에서 비로소 존재가치를 찾는다. 전체주의 체제 하에서 보여주는 대중 선동이 태극기 집회 안에도 그대로 녹아있다. 신념과 현실의 극단적 부조화를 겪는 이들, 변화를 거부하는 퇴행적 외침이 태극기 집회로 나타났다. 하지만 이것만으로는 충분한 설명이 되지 못한다.

국가와 민족의 엄중함 앞에 개인은 늘 부속품으로 취급돼 희생을 강요당했다. 그리고 이는 '애국심'으로 발현돼 폭력을 정당화했다. 수단이 되어버린 '애국'은 탐욕이 돼 개인을 철저하게 짓밟았다. 그게 국가주의 역사이며, 반공 이데올로기를 주입한 전체주의 역사였다. 한나 아렌트는 "나치 독일의 몰락으로 전체주의가 사라지지 않듯이 스탈린의 죽음으로 사라지는 것이 아니라는 결론은 불가피하다"(Arendt, 2006b: 255)고 말했다. 태극기 집회는 전체주의의 또 다른 변형으로 우리에게 나타났다. 민주사회를 위협하는 파쇼적 대중선동으로 태극기 집회가 이용되고 있지만 그 안에 어르신들의 삶의 농도 함께 배어있다는 사실을 잊어선 안 된다. 불운한 과거와 통곡의 역사, 하지만 달라지지 않는 오늘을 살아가는 우리가 태극기 집회를 바라보며 얻을 수 있는 교훈이 적지 않다고 여겨진다. 물론 그 교훈이 '귀감'이 되진 못할 것이다.

부표 2장-1 인터뷰 참여자의 특성

번호	이름 (성별·나이)	직업 및 거주지	결혼여부 (자녀)	소득 수준	인터뷰 장소	인터뷰 날짜 및 시간
1번 면접자	김은주 (여·77)	무직/ 서울 서대문구	기혼 (1남1녀)	중산층	서울 마포구 동교동 삼거리 인근	2018년 6월 19일 15:20분 ~ 16:20분(60분)
2번 면접자	최영희 (여·62)	노점상 (태극기판매)/ 서울	미혼	극빈층	서울 중구 대한문 인근	2018년 6월 24일 18:05분 ~ 19:00(55분)
3번 면접자	김영익 (남·83)	무직/ 서울 서대문구	기혼 (3남)	무응답	서울 중구 대한문 인근	2018년 6월 25일 16:17분 ~ 16:18분(11분)
4번 면접자	최진철 (남·65)	무직/ 충남 서산시	기혼 (1남)	무응답	서울 중구 대한문 인근	2018년 6월 25일 16:45분 ~ 17:11분(26분)
5번 면접자	남순희 (여·78)	무직/ 충남 서천군	무응답	극빈층	서울 중구 대한문 인근	2018년 6월 25일 16:56분 ~ 17:11분(15분)
6번 면접자	이도희 (여·43)	회사원/ 경기 과천	미혼	중산층	서울 중구 대한문 인근	2018년 6월 25일 17:16분 ~ 17:27분(11분)

※ 인터뷰 참여자의 요청에 따라 이름은 모두 가명처리 하였음.
※ 4번 면접자와 5번 면접자의 인터뷰 시간이 겹치는 것은 4번 면접자 인터뷰 도중 5번 면접자도 함께 인터뷰에 응해 구술을 받은 경우임.

제3장
국내 탈북민단체의 부침과 인정의 정치[1]

신난희

I. 문제제기

본 글은 1990년대 초 북한의 경제위기에 생계문제를 해결하고자 국경을 넘어 중국으로 한국으로 들어온 탈북민이 어떻게 단체를 결성하고 북한 및 한국사회의 관련 정치활동을 활발히 전개하였는가에 관하여 분석하고자 한다.

 필자가 주목하는 것은 탈북민단체 수나 단체 성장 정도가 일반 시민단체에 비하여 대단히 빨랐다는 점이다. 탈북민단체는 어떻게 그렇게 짧은 시기에 집중적으로 결성되고 활발하게 활동할 수 있었는가? 그리고 이들의 활동 내용은 왜 유독 대북한 정치활동에 집중되어 있었는가?

 본 글은 탈북민단체의 출현과 활동을 분석함에 있어서 남한사회가 놓인 정치적 맥락을 주목하고자 한다. 탈북민단체 활동을 국내외 정치

---
1 본 글은 신난희(2015)와 신난희(2019a)을 수정 보완한 글임.

적 맥락에서 분석하겠다는 것은 이들의 사회적 존재성이 일상이라는 탈정치적 공간에 기반하고 있지만, 이미 그 일상을 일상으로 구조화한 차원이 존재한다는 점을 주목한 것이다. 즉 '일상의 구조화' 과정에는 특정 집단의 욕망과 이해가 반영되어 있고 이러한 '드러나지 않는 전(前)과정', 메타 프로세스(meta-process)와 탈정치적 외연의 일상에 놓여있는 행위주체 사이에 어떤 정치적 역동이 일어나는지 분석이 필요하다는 것이다.[2]

탈북민단체 활동을 정치적 맥락에서 분석하려는 것은 분단체제인 한국사회에서 북한 관련 이슈가 일으키는 이념적 파장 때문이기도 하다. 한국사회는 북한체제와 '적대적 의존관계'를 만들었다. 이러한 상황에서 북한 관련 이슈가 현실 생활에서 일으키는 파장을 이해하기 위해서는 정치적 맥락을 중요하게 다루지 않을 수 없다.

한국사회로 들어온 탈북민 연구는 개별 행위자 분석이 먼저 시작되었다. 이때 북한 근원 문화양식은 매우 비판적으로 다루어졌다. 탈북민 출신 연구자 스스로도 자신의 문화양식을 비판적으로 인식하였다(김승철, 2006). 북한 근원 문화양식이나 탈북민을 부정적으로 인식하는 관점의 경우에, 탈북민은 철저히 한국문화양식으로 변화, 융합할 타자로 간주되었다.

본 글은 탈북민의 정치신민화 현상이 외연적으로는 북한 근원의 정치사회화와 연결되는 정치신민화 양상을 보이지만, 사실상 북한사회에서와 달리 이러한 양상을 선택하는 주체는 탈북민 개인이라는 점에서 북한사회의 정치사회화와 다른 맥락을 갖는다는 관점을 견지한

---

2 국가기구 혹은 권력집단이 일상적이고 미시적인 차원에서 일반 대중을 규율하고 통제하는 방식에 관해서는 푸코(M. Foucault)의 연구가 중요하다(Foucault, 2004). 또한 권력이 관철되는 과정에서 일반 대중이 보여주는 일상생활에서의 미시적 저항에 관해서는 미셸 세르토(M. Certeau), 제임스 스콧(J. Scott) 등의 연구가 있다(김영민 2009: 30-33).

다. 즉, 개인 행위자의 현실 인식과 판단에 근거한 주체적 의사결정과정이 매개되어 있다는 것이다. 이런 점에서 한국사회 탈북민의 정치신민화 현상은 오히려 정치신민화의 역설, 개인 행위자의 주체적이며 능동적인 자기 인식과 참여활동의 일환이라고 해석할 여지가 있다는 것이다.

한국사회에서 집단적으로 전개한 탈북민단체의 집단적 적응 양상은 대단히 전략적이고 정치적이다. 이들은 한국사회 주류 권력집단이 강제하는 종속적이고 동화주의적인 요구에 기계적으로 순응하지 않는다. 주류사회의 강력한 동화와 순응 압력에도 불구하고 대단히 주체적이고 유연하게 최적의 적응 조건을 만들기 위해 투쟁한다. 순응이 부합하다면 순응 전략을, 저항이 부합하면 저항 전략을 구사하며 매우 치밀하고 유연하게 대응한다. 본 글은 탈북민집단의 주체적이며 유연한 전략적 집단 대응 양상을 '인정의 정치' 관점에서 분석해 보고자 한다.

II. 기존연구 검토 및 연구방법

그동안 탈북민에 관한 연구는 제도, 직업, 문화, 언어, 심리 등 다양한 영역에서 꾸준히 이루어져 왔다. 연구 대상도 탈북민 일반에서 여성, 청소년 등으로 세분화되어 왔다(윤여상, 2001: 김태현·노치영, 2003: 이민영, 2004: 박정란, 2006: 김현경, 2009: 김화순, 2009: 김광웅, 2011: 김유정, 2012: 양수경, 2013: 김신희, 2012: 김중태, 2014: 신난희, 2014).[3] 그러나 기존 연구는 일반

---

3   탈북민 관련 연구 동향을 분석한 논문으로는 최대석·박영자(2011); 권해수·남명구(2011); 박정란(2012); 박광택(2014); 윤혜순(2014); 금명자

적으로 탈북민을 개별이주민 차원에서 접근한다. 집단적 차원에서 연구하는 경우에도 조사 규모를 양적으로 확대하는 방식이기 때문에 사실상 탈북민의 집단적 경향성에 관해서는 연구가 많지 않았다.

탈북민의 적응 문제를 개별이주민 차원에서 다루게 되면, 적응을 다루는 방식도 동화주의 관점에서 개인의 적응/부적응에 머무는 경향이 있다. 많지 않지만 탈북민 문제를 개별이주민 차원에서 접근하면서도 개인보다 사회의 구조적 맥락을 다룬 연구가 있다(정병호, 2004: 유지웅, 2006). 남한사회의 사회적 성격이 다문화 이주사회로 변화하고 있다는 점에서 탈북민도 단순히 남한사회에 동화될 대상이 아니라 다문화 이주사회의 소수자로, 존중되어야 할 고유한 정체성을 지닌 공존의 대상으로 인식되어야 한다는 것이다.

그러나 남한사회에서 탈북민은 소수자이고 이주민이면서도 현상적으로 볼 때 이주나 적응 양상이 대단히 독특하다. 이들의 전 지구적 이주 양상을 분석한 연구[4]에도 소개되고 있지만, 탈북민의 이주 동기와 전 지구적 확산에는 국내외 정치적 맥락이 과도하게 작동하고 있다. 또한 탈북민 자체가 자신이 다문화 이주민으로 불리는 것을 낯설어하는, 여전히 민족적 정서가 강하게 작동하는 모습을 볼 수 있다.

그러나 본 글은 탈북민에게 나타나는 민족적 경향을 북한사회에서 학습된 민족의식이 이주지사회에서 적응의 기제로 강화되어 출현한 것으로 파악하고자 한다. 즉 민족의식은 새로운 적응 상황에서 전략적으로 강화되며 재구성된다는 것이다. 이런 점에서 탈북민의 민족의식은 탈북 이주과정에서 적응의 한 자원으로 활용되며 재구성된 것이고 이러한 적

(2015) 등이 있다(신난희, 2019b: 196).

4 관련 연구로는 오원환(2011), 박명규 외(2011) 등이 있다.

응방식이 집단적으로 표출된 것이 탈북민단체의 결성과 활동이라고 보고자 한다.

탈북민의 집단적 경향성에 관한 연구는 국내보다 국외 단체에 대해 먼저 이루어졌다(신난희, 2008). 그러나 이것은 미국거주 탈북민의 적응을 조사하는 과정에 탈북민단체 활동이 발견되어 이루어진 것으로 내용과 분석이 소개 차원에 머물고 있다. 이 시기 국내 탈북민단체 연구도 단체 조사가 주 목적이기보다 북한인권 관련 시민단체를 조사하면서 함께 소개하는 정도였다고 할 수 있다(이준태, 2015: 4-8).

본격적으로 국내 탈북민단체 연구가 나온 것으로는 나경아·한석진(2009), 김한나(2010), 김영석(2011), 김기선(2013), 이준태(2015), 신난희(2015) 등을 들 수 있다. 김한나(2010)는 온라인 공간의 대북 시민단체 간 이념과 네트워크를 분석하여 탈북민단체의 이념 성향과 활동이 남한사회 보수단체의 활동과 어떤 관계를 맺고 있는지 분석하였다. 나경아·한석진(2009)은 '평양예술단'의 공연 활동과 레퍼토리를 분석하고 탈북민 예술단체의 사회문화적 정체성과 가치를 살펴보았다. 김영석(2011)은 남한사회에 대북삐라 활동이 어떻게 출현하는지 살펴보고 대북삐라와 관련된 다양한 주체의 반응과 대북삐라 발송 관련 논쟁을 분석하였다. 김기선(2013)은 국내 탈북민단체의 형성과 발전과정을 시기별로 구분하고 각 시기에 이루어진 탈북민단체의 활동을 조사하고 소개하였다. 이준태(2015)는 탈북민단체를 포함하여 남한사회의 NGO가 어떤 국내외적 맥락에서 출현하는지, 또한 어떤 국제적 행위주체가 이러한 단체의 출현과 활동을 지지하는지 분석하였다.

그동안 탈북민[5] 연구는 북한과 탈북민의 인권 문제를 중심적으로

---

5 한국으로 이주한 북한주민을 호명하는 용어는 대단히 다양하다. 필자가 본 글에서 '탈북민'이라고 하는 것은 기본적으로 탈북민 스스로 자신을 '탈북

다루어 왔다. 김기선(2011)과 이준태(2015)의 연구는 이러한 연구 경향에서 한발 나아가 이론적 분석을 시도하였다. 특히 자원과 기회(이준태, 2015: 8) 조건을 중심으로 다양한 행위 주체가 실제적으로 단체의 존속에 어떤 영향을 미쳤는가를 밝힌 이준태의 연구는 남한사회의 복잡한 정치 이데올로기적 지형을 세밀히 분석하여 탈북민단체의 정치적 맥락을 이해하는 초석을 세웠다.

　탈북민집단의 성장과 분화과정은 박근혜정부 들어서서 보다 치밀하고 역동적으로 일어났다. 특히 박근혜대통령의 탄핵과정에 부상한 '태극기집회'와 SNS 상의 '가짜뉴스의 유포와 확산' 과정에서 탈북민집단은 매우 중요한 행위집단으로 등장하였다. 이러한 양상을 통해 한국사회가 탈북민집단을 어떻게 관리하고 통치하며 권력 창출과 강화를 도모해 왔는지를 분석할 수 있다. 현재 탈북민집단의 집단 대응 양상에 관한 연구는 더 깊이 들어갈 필요가 있다. 문재인정부 이후 탈북민집단의 활동 실종과 재생 현상을 어떻게 분석해야 하는가이다.

　본 글은 이와 같이 이십여 년 가까이 지속된 시기 동안 탈북민단체의 출현과 활동 과정을 이해하기 위해서는 분단체제가 진화하며 지배구조를 재강화해 온 한국사회에서 탈북민단체가 어떻게 국내외 정치 지형을 파악하고 지배 권력의 이해와 필요에 부응하며 스스로 성장해 왔는가를 주목할 필요가 있다고 본다. 한국사회라는 정치경제적 공간에서 기존 정치세력과 탈북민집단이 어떻게 공생 관계를 형성하며 각자의 정치적 이해와 목적을 관철해 왔는지 분석할 필요가 있다는 것이다.

민'으로 부르는 경향에서 출발한다. 탈북민은 남한사회에 일반화된 '탈북자' 용어에 법률용어인 '북한이탈주민'을 접합하여 만든 것이라고 생각된다. 탈북민은 이러한 탈북민의 이름 방식에 필자의 '이주 프레임'을 접합하여 탈북민이라고 이름 하였다.

본 글은 문헌조사, 참여관찰, 집중 인터뷰, 구술생애사 방법 등을 활용하여 자료를 수집하였다. 문헌조사는 사회적, 문화적으로 오랫동안 교류가 단절되었던 북한사회의 특성으로 인하여 관련 자료 수집에 필수적인 작업이다. 문헌조사는 연구의 설계 초기에도 중요하지만, 연구 중간에 새롭게 발견된 사실을 이해하고 확인하는 작업에서도 중요하다. 탈북민과 탈북민단체에 대한 참여관찰은 탈북민단체, 정부기관, 교회단체, 개별 탈북민의 가정과 직장 등 다양한 영역에서 이루어졌다. 처음에는 탈북민이 남한출신 필자를 강하게 의식하는 경향이 있어서 또한 필자 또한 연구 대상에 대해 잘 모르기 때문에 관찰자 입장에서 조심스럽게 함께 하였다. 그러다가 점차 서로 간에 신뢰와 공감이 깊어지면서 관찰과 참여를 함께 넓혀 나갔다.

탈북민과 필자는 2006년 탈북청소년의 검정고시 준비를 도우면서 처음 만났다. 그리고 탈북민단체 실무자로 일하며 서서히 차이를 넘어 '다르지만 함께 하는' 법을 배우게 되었다. 이런 점에서 본 글은 탈북민 깊이 읽기를 통해 탈북민과 한국사회, 남북사회가 어떻게 상호 이해를 깊이 도모하며 건강한 연대성을 회복할 것인가를 성찰하는 하나의 계기를 마련할 수 있을 것이다.

III. 탈북민단체의 출현과 활동

1. 탈북민단체 출현의 정치적 맥락

2000년대 남한사회에 탈북민단체의 출현이 빈번해진 배경으로 먼저 남한사회 내에 탈북민의 수가 증가한 것을 들 수 있다. 남한사회로 유입하는 탈북민의 수는 1990년대 사회주의권의 해체 이후 점차 증가하다가 미공급기에 중국으로 월경하여 생활하던 탈북민이 남한사회로 들어오면서 급격히 증가하였다.[6] 이 시기는 중국에 흩어져 살던 탈북민이 남한사회로 들어오는 한편, 이미 남한사회에 정착한 탈북민이 북한 등지에 거주하는 가족과 친인척을 순차적으로 불러들이면서 연쇄 이주가 자리 잡은 시기이기도 하다.

탈북민이 증가한 것은 탈북민단체가 출현하는 것뿐 아니라 조직과 활동을 안정적으로 운영하는 데에도 중요하다. 이 시기에 입국한 탈북민은 대부분 여성으로 북한에서 살며 미공급의 생활고를 겪고 중국으로 들어간 경우가 많았다. 탈북여성은 자신도 살아야 했지만 삼국에 흩어져 있는 자녀와 원가족의 생계를 지원해야 하는 이중, 삼중의 고통을 안고 있었다. 이들은 탈북민단체가 집회를 조직할 때 시위에 참가하였다.

탈북민단체의 출현에는 당시 국내외 정치 지형도 영향을 미쳤다. 이 시기 한국과 미국 정부의 대북한정책은 대조적인 경향을 보였다. 국내에서는 김대중, 노무현 정부가 들어서며 대북한 화해, 협력, 평화정착의 통일정책 및 대북정책이 적극 추진되었다. 그러나 미국에서는 부시정

---

6 탈북 당시에는 한국행을 생각지 않던 중국 체류 탈북민이 한국행을 선택하게 된 배경에는 북송 등 중국 체류의 예측할 수 없는 위험과 국내외 인권단체 및 선교단체의 기획 망명 프로젝트가 있다. 국내외 인권단체 및 선교단체는 중국 체류 탈북민의 참혹한 현실에 대한 국제 여론을 환기하고 중국 거주를 합법화하기 위한 전략의 하나로 기획 망명 프로젝트를 추진하였다. 탈북민들은 방송 등을 통해 기획 망명 사건을 목격하고 스스로 중국 주재 외교 공관이나 대한민국 대사관 등으로 뛰어들었다. 이러한 망명 투쟁 방식은 2002년에서 2004년, 길게는 2006년까지 계속 이어졌다.

부가 북한을 악의 축으로 규정하고 북한주민의 참혹한 탈북 실태를 인권담론으로 비판하였다. 미국 의회에 북한인권위원회를 만들고 국내 탈북민을 북한인권 청문회의 증인으로 초청하였다. 그리고 마침내 2004년 미국 의회는 북한인권법을 통과시켰다.[7]

일반적으로 남한사회 탈북민단체의 출현과 활동은 시기별로 사회주의권의 해체 이전, 사회주의권의 해체 이후부터 2003년 유엔 인권위원회의 북한인권결의안 표결 불참 사건까지, 2003년 표결 불참 사건 이후부터 2007년 북한민주화위원회 결성까지, 북한민주화위원회 결성 이후, 2017년 5월 문재인정부 출현 이전까지, 그리고 문재인정부 출현 이후 등 5 시기로 나누어볼 수 있다.

사회주의권의 해체 이전 시기는 기본적으로 반공주의와 권위주의적 권력체제의 지원을 받는 소위 '관변적' 성격의 탈북민단체가 많았다. 탈북민단체의 활동 성격은 1989년을 시작으로 사회주의권이 해체되고 국내적으로도 탈냉전의 분위기가 확산되면서 바뀌기 시작하다가 북한의 경제위기 상황이 발생하면서 본격적으로 변화하였다. 이 시기에 탈북민단체 활동은 두 방향으로 나누어진다. 한 방향에서는 여전히 대북한 정치 지향성이 강한 활동을 전개하며 오히려 새로운 사회 분위기를 경계하고 탈북민의 결속과 조직화를 도모하였다. 또 다른 방향에서는 정부의 탈북민 적응정책에 적극 호응하며 남북주민과의 통합과 탈북민의 자립 활동을 전개하였다.

이러한 병렬 구도가 통합되는 계기는 2003년 노무현 정부가 남북관

---

[7] 북한인권법은 그 자체로도 2008년과 2012년 두 차례 법안이 연장되며 2017년까지 자금 지원의 법적 근거를 제공하지만, 정부 기구 및 민간 재단에서 북한 인권 관련 자금 지원 프로그램을 추진할 사회적 분위기를 진작하는 데에 크게 기여하였다.

계의 특수성을 들어 유엔의 북한인권결의안 표결에 불참하는 사건이 일어나면서라고 할 수 있다. 나아가 노무현 정부는 2005년 탈북민 지원정책을 이제까지 보호 중심에서 자립 자활 중심으로 전환하였다. 이 두 사건은 탈북민사회에 사실상 실존적 위기의식을 불러일으켰다. 이들은 한 목소리로 노무현 정부의 탈북민정책과 대북정책을 강력히 비판하기 시작하였다.

탈북민집단은 1997년 황장엽 비서의 탈북과 한국 입국을 계기로 탈북자동지회 등을 결성하며 탈북민 내부 연대를 정비하였다. 2000년대 들어서 정치범 수용소 등 북한 인권 관련 활동을 적극적으로 전개하는 탈북민단체가 속속 결성되었다. 그리고 마침내 2007년 탈북민단체 연합체로서 북한민주화위원회가 출범하였다.

북한민주화위원회가 결성된 2007년은 김대중 정부가 햇볕 정책을 추진하며 분출한 남남갈등이 극도로 격화되던 시기였다. 2004년부터 6.15 남북정상회담 합의에 따라 대북 방송 및 삐라살포 등 대북 선전 활동이 일체 중단되었다. 그 반면에 금강산 관광, 개성공단, 민간단체의 대북 지원 사업, 정부 차관 등 북한지원 사업은 더욱 활발해졌다. 대북 지원 사업은 민간 차원으로까지 확대되어 남한사회 전 영역에서 북한 관련 지원 및 협력 사업이 추진되었다. 노무현 정부는 여기에 그치지 않았다. 전작권의 환수 등 한미 동맹의 위상을 대등하게 정립하며 이제까지 일방적이고 종속적인 한미 관계를 변화시키고자 하였다.

그러나 이명박 정부 등장 이후 남한사회는 새로운 국면이 전개되었다. 2008년 이명박 정부는 대북포용정책을 대북강경정책으로 바꾸었다. 2008년 7월 발생한 금강산 관광객 피격 사건은 남북관계를 급속도로 경색시켰다. 이명박 정부는 마침내 2010년 5·24 조치를 시행하며 본격적으로 대북한 제재 국면을 열었다.

국제적으로도 미국을 중심으로 강력한 북한제재조치가 추진되었다. 이미 2000년대 초반부터 북한인권문제와 관련한 국회 청문회와 북한인권위원회 활동이 활발했던 미국은 NED(National Endowment for Democracy)와 미국무부 민주주의 인권 노동국(Bureau of Democracy, Human Rights, and Labor)을 통해 북한민주화 관련 프로젝트를 지원하였다. 남한 사회를 기반으로 북한인권 및 민주화 관련 활동을 벌이던 단체가 이 기금의 실제 수혜자가 되었다.[8]

미국의 기금 지원방식은 단체 자체의 역량강화를 위해 인건비와 단체 운영비까지 지원되었다. 탈북민단체는 일단 기금 지원을 받으면 생계와 단체 운영에 대한 경제적 압박에서 벗어날 수 있었다. 남한의 많은 탈북민단체가 이 기금을 바탕으로 북한사회 내부를 겨냥한 대북방송, 대북 삐라 사업, 북한 내부 지원 사업을 활발하게 벌였다. 그리고 국내 탈북민을 대상으로 각종 역량강화 프로그램과 민주주의 교육을 실시하였다.

이명박 정부에 이어 박근혜 정부로 보수 정권이 계속되면서 정부 차원에서도 북한인권의 개선을 위한 국제적 공조에 동참하였다. 탈북민 지원도 정부 주도로 제도화가 추진되었다. 이 시기에 유엔 등 국제적 차원에서는 북한인권조사위원회를 구성하며 북한당국을 압박해 나갔지만, 오히려 미국 내부적으로는 탈북민단체에 대한 직접적인 기금 지원을 지속적으로 줄이는 정책을 펼쳤다.[9]

---

8 북한의 인권과 민주주의 신장을 위한 지원은 그 명분에도 불구하고 북한사회로 직접 지원할 통로가 막혀 있기 때문에, '남한에 거주하는 탈북민을 지원하여 이들의 가족을 통해 북한의 변화를 이끌어낸다'는 논리를 적용하였다. 사실상 북한 변화에 대한 간접 효과를 기대하며 NED는 북한인권 활동을 하는 NGO를 전폭적으로 지원하였다(강명옥 2006: 116-118).

9 그러나 2014년 유엔 북한인권조사위원회 보고서가 나온 후, 미국무부 민주주의 인권 노동국은 북한 인권 개선을 위한 프로젝트 지원 규모를 다시 확대하였다. 그러나 지원 방식을 전보다 엄밀하고 까다롭게 하여 과거와 같은

박근혜대통령의 당선과 탄핵으로 이어지는 시기 동안 탈북민단체의 정치집회 참여 양상은 정점을 이루고 꺾이는 전 과정을 보여주었다. 2016년 10월부터 박근혜대통령탄핵반대총궐기 운동본부가 결성되었다. 이 단체는 대통령 탄핵무효 국민저항 총궐기 국민대회를 이끌었다. 이 과정에서 탈북민단체는 중요한 행위자로 참가하였다. 그러나 문재인정부가 출범하고 탈북민단체가 어떻게 개입되어 있는지가 속속 밝혀지면서 탈북민단체의 집단적 위축과 분열적 진화가 발생하였다.

탈북민단체의 출현과 성장 과정에는 국내외 정치적 이해와 욕망이 깊이 연관되어 있다. 국내외 정치세력은 자금과 이데올로기를 매개로 탈북민단체와 연대하며 자신들의 정치적 이해와 목적을 관철시켜 왔다. 탈북민단체는 첨예하게 대립하는 정치세력 사이에 만들어지는 틈새 영역을 전략적으로 활용하며 한국사회에서 집단적 영역과 정체성 기반 구축을 도모하였다.

2. 탈북민단체의 활동

탈북민단체는 인적 구성 및 단체결성 목적 등에 따라 세 가지 유형으로 분류해 볼 수 있다. 첫 번째 유형은 1990년대 사회주의권 변동기에 조국인 '조선민주주의인민공화국'을 포기하고 적국인 '대한민국'을 선택한 탈북민이 결성한 탈북민단체이다. 두 번째 유형은 북한의 기근을 피해 중국으로 넘어왔다가 2000년대 들어서 남한사회로 들어온 탈북민이 결성한 탈북민단체이다. 첫 번째 집단은 스스로 자유민주주의를 선택했다

방식으로는 기금을 따기 어렵게 설계하였다.

는 자부심이 강하고 자유민주주의 수호에 대한 정치의식이 높다. 두 번째 집단은 상대적으로 탈북민단체의 몸집 불리기를 가능하게 한 집단으로 국내 탈북민 정착을 활동의 주요 목적으로 내걸고 현상적으로는 국내 시민단체 규정에 따라 중립적 입장을 유지하며 정치 활동을 에돌아가는 경향이 있다. 세 번째 유형은 앞서 두 탈북민집단이 갈등하는 과정에서 자체적으로 분화, 성장한 탈북민단체이다.

1) 북한민주화활동

탈북민단체의 북한민주화활동은 2000년대 초기부터 계속되어 왔지만 본격적으로 등장한 것은 2007년 북한민주화위원회 결성 이후라고 할 수 있다. 이 시기에 남한사회 보수 세력[10]과 탈북민단체는 햇볕정책과 민주화세력에 대한 비판의식을 공유하고 있었다. 북한 당국에 대해서도 정서적인 공감대가 있었다. 많은 탈북민이 북한당국을 조롱하거나 증오하였고 보수 세력도 '공산독재체제'의 붕괴와 흡수통일을 당연시하였다.[11] 그러나 지난 십여 년의 탈북민단체 활동에는 단순히 정서적 공감대로 환원할 수 없는 전폭적인 헌신과 치열함이 담겨 있다. 보수 세력과 탈북민단체가 북한민주화활동을 매개로 연대한 이면에는 어떤 현실적, 실리적 이해가 작동하고 있는지 분석해 볼 필요가 있다.

---

10 남한사회 보수 세력은 기본적으로 반공을 국시로 하는 자유민주주의와 국가독재개발방식으로 전개된 발전주의를 근간으로 하고 있다(이준태 2015: 16-18).

11 그러나 탈북민이 북한사회를 회고하는 정서는 단일하지 않다. 북한에서의 생활은 한 개인의 개인사와 습합된 세계로 애틋하고 그리운 정서와 인정의 기억이 공존한다. 이것은 남한사회와 거리감을 두며 자신의 정체성을 생성해가는 탈북민의 경우에 특히 분명하게 드러난다.

2007년 북한민주화위원회가 결성되기 전부터 이미 탈북민단체는 북한당국과 북한 인권에 대한 노무현 정부의 입장을 비판해 왔다. 그러나 2007년 북한민주화위원회 결성 이후 탈북민단체의 대정부 비판 활동에는 조직 규모와 투쟁 강도에 있어서 전혀 새로운 차원이 담겨 있었다.

노무현 정부는 탈북민 지원 방향을 보호에서 정착으로 전환하며 현금으로 지급하던 정착지원금을 대폭 감소하고 취업과 연동된 인센티브제를 실시하였다. 초기 탈북민단체는 노무현 정부의 이러한 탈북민 지원 정책을 비판하였다(정운종 2005: 122-128). 하지만 그 비판은 학술회의 장이나 세미나 장에서 주로 이루어지며 시위의 형태로 결집되는 정도가 약했다. 그러나 2006년 북한당국이 1차 핵실험을 실시하자 탈북민단체는 김대중, 노무현 정부의 통일정책과 대북협력 사업이 김정일 체제의 목숨을 연명해 준 것이라고 비난하며 대정부 비판의 포문을 열었다. 그리고 그 정점에서 북한민주화위원회가 출범하였다.

북한민주화위원회의 출범 시기는 2007년 대선 국면이 본격적으로 시작되는 시기이기도 했다. 2005년 노무현 정부의 탈북민 지원정책의 방향 전환, 그리고 2006년 북한의 1차 핵실험으로 달궈지기 시작한 탈북민단체의 대정부 비판은 대선 국면을 맞아 강렬한 대정부 비판 시위로 변하였다. 북한 출신으로 벌이는 탈북민단체의 북한 비판은 그 강도와 선정성에서 충격과 파장이 컸다.

탈북민단체는 북한의 거듭되는 핵실험, 금강산 관광객 피격, 연평도 폭격, 한국행 탈북민의 북송 문제 등 북한관련 이슈가 발생할 때마다 북한당국을 비난하였다. 이들은 서울 광화문 한복판에서 김일성, 김정일, 김정은의 사진과 인형을 불태우고 북한 체제를 비판하는 내용을 담아 풍선을 날렸다. 이명박·박근혜 정부의 공격적인 대북정책과 암묵적인 방임에 힘입어 탈북민단체는 모든 북한 관련 사건을 시위의 소재로 활용하였다. 탈북민단체는 남한주민보다 더 강경하고 더 선동적으로 북한 체제를 비판하였다. 이들이 전개한 격렬한 북한민주화활동은 북한당국의 강경한 반응을 끌어내며 한반도를 대치와 위기 국면으로 몰아가는 데 기여하였다.

2) 통일항아리운동

통일항아리운동은 일군의 탈북민단체가 북한민주화위원회가 황장엽 비서에게 위임받은 '지도적 권위'를 부정하고 탈북민단체연합을 새롭게 결성하면서 그 정당성을 확보하기 위하여 추진한 전략적 활동이라고 볼 수 있다. 이 통일항아리운동에는 탈북민집단이 북한민주화활동을 통해 얻어낸 '종족적'[12] 성과를 어떻게 내부적으로 해체하며 탈북민단체가 분화해 가는가가 담겨 있다.

2012년 10월 북한민주화위원회 소속 탈북민단체가 '북한민주화추진연합회'라는 새로운 단체연합을 만들었다. 그리고 첫 번째 활동으로 통일항아리운동을 내걸었다.[13] 이들은 2012년 황장엽 비서 사망 2주기를 기념하면서 탈북민단체연합 발대식을 가졌다. 이들은 왜 황장엽 사망 2주기에 통일항아리운동을 내세우며 단체연합 활동을 시작하였는가?

새로운 탈북민단체연합의 출현은 2010년 황장엽 비서 사망 이후 탈북민단체 사이에 발생한 내부 갈등과 관련이 있다. 2007년 황장엽 비서를 중심으로 북한민주화위원회가 출범하던 시기부터 개별 탈북민단체

---

12 탈북민집단은 남한사회에 흡수되기보다 탈북민집단 내적인 결속과 경계가 더 공고하다는 점에서 '종족적'이라고 표현하였다.

13 탈북민단체의 통일항아리 운동은 2012년 10월에 시작됐다. 통일항아리 운동은 2010년 8.15 행사에서 이명박 대통령이 통일세 신설을 언급하고 유우익 통일부장관이 이것을 구체화하면서 등장하였다.

사이에는 활동방식을 둘러싸고 이견과 갈등이 존재하였다. 그러나 황장엽 비서의 조율과 권위에 힘입어 단체 간 갈등은 표면화하지 않았다. 그러나 2010년 10월 황장엽 비서가 사망하고 북한민주화위원회 위원장이 바뀌면서 갈등이 표면화하였다. 북한민주화위원회는 새로운 위원장을 지지하는 단체와 사퇴를 주장하는 단체로 갈라져 극심한 갈등 양상이 벌어졌다. 결국 위원장의 사퇴를 주장하던 탈북민단체가 북한민주화위원회와 결별을 선언하고 새롭게 북한민주화추진연합회(이하 북민연)를 결성하였다.[14]

북민연은 '황장엽 비서의 유지를 받든다'는 명분을 내걸고 황장엽 비서 사망일인 10월 10일에 제주도를 시작으로 12박 13일의 국토대행진 행사를 열었다. 부산, 대구, 대전, 평택, 수원, 서울에서 연이어 열린 국토대행진 행사에서 정치범수용소 관련 사진전을 열고 통일항아리 모금, 강연행사도 개최하였다. 북민연 출범 행사의 백미는 마지막 날 기획된 '임진각 대북한 풍선보내기 행사'였다. 북민연이 이 행사를 발표하자 북한당국은 풍선을 날리는 지점을 폭격하겠다며 강경 대응을 선언하였다. 또 북민연도 풍선보내기 행사를 강행하겠다며 물러서지 않았다. 그러자 임진각 주변 지역 주민과 남한사회 내부에서는 강경 행사를 주장하는 북민연의 활동 방식에 대하여 비판 여론이 일었다. 북민연의 무리

---

14 북한민주화추진연합회에 참여한 단체는 다음과 같다. 북한민주화운동본부, 북한전략센터, 북한인민해방전선, 성공적인 통일을 만들어가는 사람들, 자유북한 운동연합, 자유북한방송, 정치범수용소 해체운동본부, 탈북여성인권연대, 통일을 준비하는 탈북자 협회, 세계탈북인총연합회, 정치범생존자 유족회, 탈북난민인권연합, 평화통일탈북인연합, 탈북문화예술인 총연합회, 탈북민 자립센터, 탈북인총연합회, 탈북청년연합(자유북한운동연합, 2012).

한 활동 방식으로 인하여 남북한의 경색 국면이 심화되고 접경지역 주민의 기본생명권까지 위협받고 있다는 것이다.[15]

북민연은 '통일항아리운동'이라는 전향적 이슈를 내걸고 활동을 시작하면서 왜 비타협적인 과잉행동주의를 고수하였는가? 북민연의 풍선보내기 행사는 사실상 남북 쌍방 간에 대북 심리전으로 번역되어 남북한 당국 사이에서 쌍방적 안보 위기 국면이 조성되었다(임석훈 2013: 22-23). 왜 이들은 이와 같은 위기 국면까지 자신들의 주장을 밀고 나갔는가?

탈북민단체는 이전 시기까지 북한민주화활동의 한 형식으로 풍선보내기를 계속해 왔다. 이들에게 풍선보내기는 새로운 이슈거리가 아니었다. 그러나 2012년 10월은 김정일 사망 일주년도 채 되지 않은 시기로 김정은 체제가 아직 충분히 안착되었다고 보기 어려운 시점이었다. 북한 당국의 강력한 반발과 공세는 충분히 예상되었다. 그리고 북민연 또한 십여 년 동안 묵혀 온 '지도' 권위를 둘러싼 탈북민단체 내의 권력 투쟁을 시작하며 일전이 불가피했다.

다른 한편으로, 오마바 정부 이후 국내 탈북민단체에 대한 기금 지원이 갈수록 축소되는 상황에서 국내 보수 세력의 탈북민단체 지원은 대단히 중요한 사안이었다. 시민적 기반이 약한 탈북민단체로서 보수 세력이 내걸은 통일항아리모금운동을 지지하고 풍선을 날려 북한당국에 경고 액션을 취하는 것은 자신들이 보수 세력의 중요한 새 파트너로 충분하다는 것을 천명할, 결코 양보할 수 없는 실익을 담고 있었다.

---

15 임석훈(2013)은 2012년 10월 북민연의 풍선보내기 행사에 관하여 북민연, 인간 행위자, 풍선, 전단, 국가위기 관리기구, 언론, 북한 매체, 임진각 등 다양한 행위자들이 결합하여 어떻게 풍선보내기라는 혼종물이 탄생하며 안보 위기를 생성하는 과정을 행위자 네트워크 이론을 가지고 분석하였다.

북민연이 보수 세력의 정치적 이해를 충실히 실천하며 조직 기반을 새롭게 구축하고자 한 것은 사실상 탈북민단체가 시민단체의 형식을 하고 있지만 자생적이고 자립적인 기반이 취약한 것과도 관련이 있다. 이들은 북한민주화 관련 기금이나 보수 인사의 후원금 등 단체 외부에서 공급되는 자금에 의존하여 단체를 운영해 왔다.

　비록 앞에 시민단체로 출발하였지만, 지향하는 가치와 활동 내용이 시민 다수에게 동감과 지지를 받는 단계까지 나아가지 못했다. 기금의 중단과 축소로 단체 운영이 어려워지자 다시금 보수 세력의 정치적 이해를 실현하며 단체의 정당성과 물적 기반의 보장이 절실하였다.

　그러나 남한사회의 저항을 받고 풍선보내기 행사가 좌절되면서 탈북민단체연합은 활동의 방향이 두 갈래로 분화되었다. 한 갈래는 탈북지식인 계층을 중심으로 결집하였다. 이들은 이제까지 자신의 지지기반인 보수 세력의 탈북민 관리 질서를 문제 삼았다. 이들은 먼저 보수 세력이 주도적으로 출범시킨 탈북민지원의 허브, 북한이탈주민지원재단을 비판하였다. 탈북민 지원을 내걸고 있으면서도 오히려 조직 운영이 탈북민의 이해에 반함을 비판하며 남한정부가 자신들을 북한이탈주민지원정책의 파트너로 인정하길 요구하였다. 다른 한 갈래는 이명박 정부 이후 확대해 온 종북세력 규탄 시위를 계속 하였다. 이들은 남한사회 탈북여성 인력풀을 활용하며 격렬한 종북세력 규탄 시위를 펼쳤다.

　통일항아리운동은 탈북민단체 활동이 북한민주화위원회 중심의 단일지도방식에서 집단 지도 방식으로 전환되는 시기에 출현하였다. 그리고 이 운동이 좌절되면서 집단 지도 조직을 이루던 탈북민단체는 점차 분화되어 나갔다. 한 갈래는 지식인 중심의 단체 활동으로, 다른 한 갈래는 활동가 중심의 단체 활동으로 그 성격과 방식이 분화되었다.

3) 종북세력 규탄 시위

이명박 정부와 박근혜 정부가 들어서면서 탈북민단체는 '종북세력 규탄' 과 같은 국내 정치 관련 이슈에도 개입하였다.[16] 이 시기에 국내 정치 상황은 보수 세력에게 대단히 불리하게 전개되었다. 이명박 정부의 실정과 여당의 독주는 민심의 이반을 가져와 2011년 10월 서울시장 보궐선거에서 야당 후보가 당선되었다. 눈앞에 닥친 2012년 국회의원선거와 대통령선거에서는 여당의 참패가 예상되었다.

그런데 2012년 2월 탈북민의 강제북송 사건이 언론에 알려지면서 강제북송 규탄 시위가 국내 뿐 아니라 해외에서까지 일어났다. 대선 국면 초입에 발생한 탈북민 북송 문제는 몇 달 동안 중요한 정치 이슈로 부상하며 언론을 뒤덮었다. 강제북송 이슈가 가라앉아 가던 2012년 6월에는 임수경 국회의원과 탈북청년 사이에 대단히 민감한 충돌 사건이 벌어졌다. 탈북민단체는 임수경 의원뿐 아니라 민주당을 상대로 야권 및 종북세력 규탄 시위를 조직하였다. 그러나 탈북민단체의 종북세력 규탄 시위는 여기에서 멈추지 않았다. 임수경발 종북세력 이슈도 사그라져 가던 2012년 10월 'NLL 포기 발언'이[17] 이슈화되었다. 탈북민단체는 NLL을 포기한 종북세력을 규탄하고 NLL 수호의지를 천명하며 끊임없이 시위를 이어갔다.

이들이 대선국면을 맞아 수도 없이 많은 규탄 시위를 벌일 수 있었

---

16 이명박 정부 출범을 이후 탈북민단체의 종북세력 규탄 활동에 관한 자세한 일지는 필자의 논문(2014: 273-274)에 정리되어 있다.

17 정문헌 국회의원은 2012년 10월 통일부 국정감사, 대선유세 등에서 "노무현 전 대통령이 김정일 북한 국방위원장과 회담에서 서해북방한계선(NLL)을 포기했다는 발언록이 있다"고 말해 'NLL 포기 논란'에 불을 붙였다.

던 것은 시위에 기꺼이 참가할 탈북여성 인력풀이 있었기 때문이다. 탈북여성은 일종의 동원조직망을 구축하고 시위 오더가 내려오면 바로 동원 인력을 조직했다.[18] 탈북여성과 탈북민단체의 공생 구조가 여기에서 만들어졌다. 탈북민단체는 종북세력 규탄이라는 명분과 인정을 얻고 탈북여성은 생계의 가욋돈을 얻으며 수많은 종북세력 규탄 시위 연대가 생성되었다.

4) 박근혜대통령 탄핵기각(무효) 국민저항 총궐기 국민대회

19대 대통령 선거가 끝나고도 국정원 대선개입 사건, 서울시 공무원 간첩 혐의 사건, 2007년 남북 정상회담 회의록 유출 사건, 이석기 의원의 처벌과 통진당 해체 촉구 등 탈북민단체의 종북세력 규탄 시위는 끊이지 않았다. 탈북민단체장들은 현충원을 참배하고 국정원의 역할 강화를 촉구하는 서명운동을 벌였다. 탈북민단체의 종북세력 규탄 시위는 2014년 세월호 국면에 전교조 법외노조에 개입하였다. 그리고 2016년 10월부터 일 년 가까이 계속된 박근혜대통령 탄핵 반대, 탄핵 기각, 탄핵 무효를 위한 총궐기 국민대회에 개입하였다.

　　탈북민단체들은 2015년 박근혜정부의 반민주적이며 반인권적인 정책과 폭력적 정치 실태에 저항하며 출범한 민중총궐기 이후 태극기집회에 참가하였다. 탈북민들은 온 라인에서 2016년 국회의원 선거 기간 전

18　시위에 참가하는 인원을 동원하는 조직망은 탈북민단체 관리자, 중간 조직책, 그리고 동원 탈북여성의 피라밋 구조로 구성되어 있다. 탈북민단체에서 오더가 떨어지면 단체 관리자는 지역별로 참가인원을 정하여 각 중간 조직책에게 전달한다. 그러면 중간 조직책이 자기 지역에서 동원 인력을 조직한다.

후 자유한국당을 지지하는 동영상, 민주당을 비난하는 동영상, '가짜 뉴스'도 조직적으로 퍼 날랐다(신난희, 2019a: 95-96).

이들이 퍼 나른 유튜브 동영상은 조갑제 TV, 이춘근 TV, 뉴스타운 TV 등을 통해 유포되었다. 아래 글은 2018년 3월 1일 광화문 교보문고 앞에서 있을 3·1절 범국민대회 참여를 독려하는 동영상에 흐르는 멘트이다.

내가 존경하는 한국의 사상가 신영복선생은 ...

존경하는 1천만 성도여러분! 그리고 30만 목회자여러분, 25만 장로님, 50만 선교 가족여러분! 앞에 영상을 보셨나요? 대한민국이 조용히 해체되고 있습니다. 문제인 대통령은 통혁단 간첩 신영복을 존경한다고 평창올림픽 환영사 연설에서 원고를 써서 했으니 실수가 아니고 간첩을 존경하는 문재인도 간첩이라는 것이고, 이제 대한민국을 완전 점령했다는 선포겠지요. 그러나 착각입니다. 아직도 한국은 1천2백만 성도, 30만 목회자, 25만 장로, 50만 선교 가족이 있습니다. 134년 전 이 땅에 들어온 교회는 민족의 위기 때마다 일어나는 민족의 개화 독립운동 건국 6.25 새마을 운동 민주화 등 항상 그 중심에 있었고, 오늘의 대한민국을 세계 경제 12위로 이루어냈습니다. 그러나 잠시 교회가 잠자는 사이주사파 정부가 이 나라를 점령하여 국민을 속이고 한미동맹을 깨고, 지방정부로 개헌하여, 인민공화국을 만들려 하고 있습니다. 미국은 이미 알고 GM 자동차부터 미국으로 철수하기 시작했습니다. 한국을 버릴지도 모르는 사태에 왔음에도 국민들은 문재인 정부에 속아 모르고 있습니다. 이때 한국교회가 다시 한번 중심에 서서 해결하면 오히려 예수한국 복음통일을 이를 위하여 3·1절 범국민대회에 꼭 참석하여 주시기 바랍니다. 모이자! 나가자! 외치자! 교회

여 일어나라 지키지 못하는 자는 누릴 수 없습니다.[19]

이 동영상은 평창올림픽 사전 리셉션 환영사에서 문재인대통령이 신영복선생의 말, '겨울철 옆 사람의 체온으로 추위를 이겨나가는 것을 정겹게 일컬어서 원시적 우정이라고 했다'는 말을 인용하여 30년 만의 한파로 동계올림픽 경기 운영에 차질이 빚어지는 어려움 속에 시작하는 동계 올림픽을 오히려 '세계 각지에서 모인 우정이 강원도의 겨울 추위 속에서 굳건해질 수 있을 거'라는 말로 승화하며 풀어낸 부분을 매우 악의적으로 왜곡하여 멘트를 구성하였다. 탈북민들은 이러한 동영상을 볼 뿐 아니라 자신의 SNS 네트워크를 통해 확산시켰다. '가짜뉴스'(이상기·손나리, 2018: 521)[20]로 분류되는 아래 글은 2016년 11월 1일 작성 표시가 있는 글이다.

청와대를 점령하는 시나리오!~긴급입수! (일간베스트, 2016.11.01)[21]

먼저 이해하기 쉽게 이 글에 많이 등장하는 "간첩"이란 용어를 정리하겠다.
간첩(間諜)이란 한 국가나 단체의 비밀이나 상황을 몰래 알아내어 경쟁 또는 대립 관계에 있는 국가나 단체에 제공하는 사람을 말한다. 그러나 여기에서 간첩이란 대한민국 또는 정부를 전복하려는 주모자와

---

19 교회정보넷(2018) "모이자! 나가자! 외치자! 교회여 일어나라"(신난희 2019a: 96).
20 가짜뉴스(fake news)는 아직 그 진위여부가 판명되지 않은, 진짜 같은 거짓 뉴스를 말한다.
21 신난희, 2019a: 97.

동조자 를 지칭하겠다. 종북세력은 종북이라 표한다. 아래 글은 미국 친구로 부터 어제밤 날아 온 카톡의 유튜브 동영상 일부를 추린 글로 발설인은 한성주 예비역 장군(땅굴 탐사)이다.

이 내용으로 봐서는 대한민국은 2016년 11월 12일 전국의 종북좌파 시민단체가 주동하는 민중총궐기로 무너질 가능성이 매우 농후하다. 이 민중총궐기의 돌격 총대장은 "백기완"이라고 한다. 이를 지원하는 총사령탑은 박지원이라 한다. ...그들은 땅굴을 통해 침투할 5천 명의 북한 특공대(노동자 복장으로 위장)를 앞세 워 경찰 진입을 무력으로 부수고 신속히 청와대를 공격 점령한다. 그리고는 "전국 언론에 포진해 있는 간첩들이 언론, 방송을 장악하고 민주 국민들이 드디어 국정농단 정권을 무너트리고 새로운 대한민국을 재창조할 것이다"라고 긴급 뉴스와 호외를 뿌리면 이 나라 아무런 힘 한번 쓰지 못하고 붕괴된다. 국군에 포진해 있는 고위 장성급 간첩들은 김장수, 김관진, 이병호 등의 지시를 받고 국군은 민주 민중 세력을 지지하는 성명을 발표할 것이다.

(중간 생략)

최순실이 테블릿 컴은 "내 것이 아니다"란 말은 맞다. 그것은 행정관 김한수의 것으로 최순실이 잠시 빌려 쓴 것에 불과한데 이를 조작한 것 역시 박지원의 시나리오란 것이다. 박지원. 이 자는 사실상 북한의 대남 간첩 총사령탑으로 이제 곧 이 나라를 장악, 남북연방제를 선포할 것이라 본다. 문재인, 박원순, 추미애, 우상호 등도 간첩에 준하는 종북세력으로 박지원과 권력을 나누기로 밀약하였을 것으로 추리된다.

금년 11월 12일 대한민국 운명의 날이다. 박근혜는 모든 것을 다 내려 놓고 이 국가위기를 구해야 한다. 최순실과 정윤회를 체포 구금하고, 12일 밤 청와대를 습격할 종북세력을 군대를 동원해 막아내지 않으면 순식간에 점령 당하고 말 것이다. 비상계엄을 선포할 만반의 준비를 해야 하는데 청와대 비서진 사표를 받아 놓았고, 국무위원들 모두 복지부동하고 있으니 고립무원 대통령은 식물이다. 그러나 서둘러 국군내의 친위 지휘관을 불러 군대를 장악할 수 있게 해야 한다. ...

간첩과 종북들은 밤낮을 가리지 않고 대한민국을 침탈하려고 악을 쓰는데 어찌 국민들은 오늘을 즐기는데 눈이 멀었는가? 불쌍한 대한민국이여~ 기어이 나라 이름이 없어지려는가???!!!

보낸사람// 출처: 비공개입니다

이 글에서 언급하는 2016년 11월 12일 민중총궐기는 2015년 11월 시작한 민중총궐기 제 6차 집회로 당시 1987년 6월 항쟁 이후 가장 많은 시민이 참여한 집회로 이야기되었다. 이 글은 그 구성이 집회 참가자를 '간첩', '종북'으로 지칭하는 단어로 시작하며 박근혜 정부를 비판하는 모든 사람을 분단체제에서 한국사회가 가장 증오하고 혐오해 온 적대 세력으로 규정하였다.

탈북민들 사이에 돌아다니는 동영상 내용을 보면, 컨텐츠 구성이 매우 교묘하고 악의적으로 이루어져 있음을 알 수 있다. 탈북민 가운데 많은 수가 한국사회의 역사와 사회 현실에 관한 이해가 충분하지 않은 상태에서 개인사 속에서 출현하는 북한체제에 대한 본원적 비판의식이 실용적 생존 전략과 결합될 때, '가짜뉴스'는 매우 위험한 사실 왜곡과 변형의 소스가 될 수 있다.

　필자가 주목하는 것은 탈북민의 SNS에 떠도는 악의적 가짜뉴스가 왜 이들에게 '합리적 의심'이나 비판적 인식망을 거치지 않고 혹은 이들의 내면에 이미 형성된 기존 명제나 인식을 강화시키는 방향으로 더 쉽게 기울어지는가이다. 이것은 가짜뉴스를 접하는 수용자, 탈북민이 정보를 비판적으로 분석하고 해석하며 수용하는 과정에 관하여 논의를 제기하게 한다.

　필자는 기본적으로 자율과 이성이 작용하는 인간 존재가 특정 권력 혹은 지배에 맹목적으로 충성하는 현상이 발생하는 이면에는 억압적 구조가 작동하는 속에서 폭력에 적응해야 하는 행위 주체의 생존 압력이 존재한다고 본다. 생존 압력이 생성되는 객관적 맥락에 관한 통찰이 부재하거나 충분하지 않을 때, 행위 주체는 주관적 세계에 기초한 이해와 해석을 도출하게 되며 그 인식의 경계는 억압과 폭력 구조가 주도하는 해석 틀을 넘어서기 어렵다고 본다. 북한체제와 지배 권력의 변화 가능성에 관한 태극기집회 참가 탈북민의 부정적 해석은 북한체제와 권력이 형성되어 온 과거의 귀납적 결과로서 이들이 예측하지 못하거나 알지 못하는 사실에 의해 일어날 변화에 관해서는 담아내지 못하게 된다는 것이다.

　이런 점에서 나란 존재에 담긴 존귀한 가치와 의미는 무엇이며 현 사회구조가 이러한 나란 존재의 가치와 의미를 어떻게 관리하고 지배하는가를 이해하고 각성하는 작업은 매우 중요하다고 본다. 즉 신민화가 왜 발생하는가를 알기 위해서는 어떻게 인간의 의식과 인식이 폭력적으로 왜곡되어 내면화될 수 있는가를 함께 고려해야 한다는 것이다. 이런 점에서 각 개인이 이제까지의 관성과 관습에 미루어 다시금 자아를 억압하고 지배하는 새로운 양식의 권력에 포섭되는 회귀, 퇴행하는 것을 억제할 수 있는 '각성된 개인의식'이 어떻게 발달할 수 있는가와 관련된 탐색은 매우 중요하고 시급한 과제라고 할 수 있다.

Ⅳ. 결론 및 전망

본 글은 논의를 시작하면서 남한사회의 일상 영역이 비록 현상적으로 탈정치적 외연을 하고 있다 하여도 전 지구적 자본주의체제에서 결코 탈정치적으로 존재할 수 없다고 전제하였다. 특히 칠십 년 분단체제가 고착화된 남한사회에서 북한 관련 이슈는 그 자체로 정치적 맥락을 생성한다는 점을 주목하여 탈북민단체의 출현과 활동을 국내외 정치적 맥락에서 분석하였다. 필자가 한국 거주 탈북민단체 및 탈북민의 정치참여 활동과 정치신민화에 관해 주목하는 것은 정치신민화의 근원적 조건이라고 할 수 있는 북한사회를 떠난 탈북민이 왜 새로운 이주지 한국사회에서 여전히 과도한 정치참여 활동을 전개하며 정치신민화 현상을 보이는가를 이해하기 위해서였다.

한국 거주 탈북민의 과도한 정치참여활동과 정치신민화 현상은 매우 복잡한 맥락을 갖는다. 문제가 되는 것은 무엇보다 정치신민화가 형식으로서 선택되는 맥락이다. 바로 인격적이며 존엄한 총체적 존재인 사람을 도구성과 위계성의 측면에서 선택하고 배제할 뿐 아니라 행위 주체의 성찰적 윤리성과 자율적 의사결정을 허용하지 않는다는 점이다. 탈북민은 자신들을 알바 시위꾼으로 동원하는 한국사회 보수 세력의 요구를 성찰적 윤리성에 기초하여 반추하지 않는다. 또한, 이들의 참여를 촉발시킬 수 있는 동인은 진정성이 담보한 자율적 의사결정을 작동시키지 않는다.

본 글의 분석에 의하면, 탈북민단체와 보수 세력 사이에는 '보수 정권의 창출과 지속', 그리고 '탈북민 정치세력화'라는 공생적 이해관계가 구축되었다. 보수 세력은 탈북민단체의 '충성'을 기폭제로 사회의 보수적 지형을 공고히 하며 정권의 창출과 지속이라는 목적을 달성하고자 했다. 탈북민단체는 탈북여성이라는 시위 참가 인력이 넘치는 국내 상황을 활용하여 국내 보수 세력의 정치 노선과 긴밀히 연대하며 단체의 명맥과 권위를 유지해나갔다. 그러나 또 다른 한편으로는 보수 세력이 탈북민을 관리하는 방식 자체를 비판하였다. 이들은 남한사회 탈북민이 현 체제에서 도구적으로 활용되는데 그치는 한, 남한사회에서 이들이 바라는 안정과 권리를 결코 얻어낼 수 없다고 보았다. 탈북민단체 또한 남한사회 2등 국민으로 폄하되며 경계와 차별의 대상으로 치부되던 남한사회 내의 탈북민 위상을 해체하고 시민적 권리와 안정을 얻어내는 '탈북민 정치세력화'의 목적을 달성하고자 했다.

시민단체로서 탈북민단체가 직면하는 어려움은 이들이 남한사회 일반 시민의 후원을 기반으로 성장한 것이 아니라는 점이다. 그러나 이들의 입지를 더욱 어렵게 하는 것은 탈북민단체의 출현과 성장의 기반인 남한사회 보수 세력도 근본적으로 탈북민집단과의 친화를 정치공학적으로 인식한다는 점이다. 보수 세력이 탈북민집단을 동반하는 것은 이들이 보수 정권의 창출과 지속이라는 목적에 기여할 수 있다고 보기 때문이다. 이런 구도에서 탈북민집단은 기본적으로 조직의 존속과 유지를 위한 도구적이고 수단적인 존재 이상이 될 수 없다. 체제의 이해와 배치되는 탈북민집단의 주체화된 욕망과 요구, 기존 관리 방식에 대한 비판적 목소리는 결코 허용될 수 없다.

탈북민집단이 남한사회 보수 세력이 구축한 질서를 향해 자신의 목소리를 내고 권리를 주장하기 시작한 것은 보수 세력의 이중대로서가 아니라 스스로를 위하여 '인정의 정치'를 구사하기 시작했다는 것을 의

미한다.[22]

　정치행사 등의 참여활동이 생성된 한국사회의 맥을 통찰하고 자신에게 보다 유리하고 이익이 되는 '영리한 결정'으로 정치집회 참여활동을 선택한다는 의미에서 탈북민의 정치집회 참여활동은 오히려 행위 주체의 주체적이며 전략적인 의사결정행위라고 볼 수 있다. 이러한 맥락을 좀 더 확장하면, 정치집회 주체기관 혹은 단체가 자신들의 정치적 이해와 목적에 따라 탈북민을 도구적으로 이용함에도 불구하고 그 지향하는 바, 북한체제와 권력집단의 붕괴를 열망하는 탈북민에게 있어서 이러한 정치집회 참여활동은 오히려 자기희생과 헌신의 의미를 생성한다. 즉, 정치집회 참여활동을 통하여 이들은 주체적 자아로서 정체성을 재구성하며 해방과 충만함을 경험하게 된다는 것이다.

　정치신민화가 분단 디아스포라의 경험 속에 성장하는 자율적이며 주체적인 개인의식의 활동 결과로 선택되는 측면이 있다고 할 때, 다시금 제기되는 것은 자아에 눈을 뜨고 각성된 탈북민이 왜 여전히 정치신민화의 형식 안에 머무는가이다. 이에 관하여 아직 많지는 않지만 새로운 이주지 한국사회에서 지난 수십 년 동안 발전해 온 시민성 및 대안사회의 가치와 문화양식을 접한 탈북민 가운데 남과 북의 양 사회가 발달시켜 온 다름의 양식이 오히려 특정 행위 주체 안에서 새로운 양식으로 변화, 융합해가는 탈북민이 존재한다는 것은 매우 시사점이 크다고 할

22　호네스에 의하면, 개인은 사회적 상호작용이 이루어지는 영역에 따라 자기 믿음, 자기 존중, 자기 가치부여의 정체성을 형성한다. 그러나 학대, 폭력 경험, 차별과 배제의 경험, 특정한 생활방식과 신념을 열등하고 결함이 있는 것으로 평가 절하 하는 등 사회적 동의 부재에 대한 경험은 개인의 정체성을 침해당하는 체험이자, 사회적 인정투쟁의 동력을 형성하게 되는 매개가 될 수 있다(Homneth, 1996; 이희영 2010: 213).

수 있다.

　탈북민단체의 현재 상황은 남한사회가 보다 상호적인 차원에서 이들과 소통하고 관계를 맺어가는 것이 시급하다는 것을 보여준다. 이들이 시민단체로서 안정된 기반을 구축하고 건강한 활동을 전개하도록 지원하기 위해서는 무엇보다 현재 이들에게 강제하는 남한사회의 냉전적 대립 프레임과 동화주의 인식을 재고할 필요가 있다. 새로운 행위주체로서 탈북민단체와 탈북민이 자신의 존재성과 사회의 역사적, 정치경제적 맥락에 눈을 뜬 새로운 행위주체로, 독자적인 시민, 시민단체로 새로운 삶의 형식을 나갈 수 있도록 함께 고민하고 모색해 가야 할 것으로 생각된다.

제4장
탈북인들의 신민적 정치참여[1]

전태국 · 김화순

I. 탈북인은 어떻게 국가권력의 동원에 부응하게 되었는가?

문재인대통령의 당선 이후 탈북인 사회는 깊은 불안감에 빠진 채 침묵을 지키고 있다. 새 정권의 탄생과 함께 전개될 남북관계의 급변으로 혹시 강제북송이 추진되지 않을까 불안해서 외국으로 떠나야 한다는 생각을 가진 탈북인도 있다고 한다. 실제로 필자도 새 정부 구성 이후 문재인 정부가 불안해서 외국으로 떠나야겠다는 탈북인을 만난 적도 있다. 민주적 절차를 통해 박근혜대통령을 파면하고, 세상을 바꾸어나가는 과정에서 일반시민사회가 성취감과 기쁨을 누렸던 것과는 달리 탈북인 사회는 충격과 후유증에 시달리고 있다. 국내에 거주하는 탈북인 수는 2016년

---
[1] 이 글은 『통일과 평화』에 실린 제10집 1호에 실린 김화순/전태국(2018)의 "탈북인의 신민적 정치참여"를 수정·보완한 글이다.

11월에 3만 명을 넘었으며 2017년 9월 현재 3만 890명에 달한다.[2] 경험 연구를 통한 검증이 필요하겠으나 탈북인의 상당수는 한국의 좌-우 이념갈등 구도 속에서 우파에서 자신의 정치적 정체성을 확인하고 있는 것처럼 비추어진다. 우파가 내세우는 반북주의에서 자신의 탈북을 정당화하는 이데올로기를 발견하고, 친북으로 의심을 받는 좌파에 대해 거리를 두는 것으로 보인다. 일부 탈북인 단체들은 대북전단을 살포하여 북한인권운동이나 김정은 정권을 비판하고 미사일시험발사를 규탄하는 반북운동에 앞장서 왔으며, 박근혜 정부 들어서 탈북인들은 극우적 성향의 정치집회에 조직적으로 참여하는 일이 잦았다. 세월호와 같이 일반 시민들의 깊은 공감과 지지를 받아온 사안에 대해 일부 탈북인은 정반대편의 대열에 앞장서왔다.

역대 정부는 탈북인에 대해 각별한 관심을 보였다. 본격적인 탈북 이주가 시작된 지난 20여 년동안 탈북행위는 남북한 체제경쟁에서 '귀순'으로 해석되어 북한 체제의 불안정성을 증명하고, 남한 체제의 우월을 증명하는 증거로 활용되었고, 선거나 정권 위기 상황에서 국면 전환과 선거승리를 위한 효과적 수단으로 이용되었다. 특히 2016년 들어 탈북은 아주 중요한 소재가 되었다. 2016년 4월 총선직전, 북한음식점 종업원 집단탈북 사건의 경우 이례적으로 통일부가 공개발표를 하여 일반 국민들의 주의를 환기시켰고, 동년 10월 1일 국군의 날 기념사에서는 대

---

[2] 통일부에 따르면 2017년 6월 현재 탈북인 수는 30,805명이다. 그 중 여성의 비율이 70%를 넘는다. 2001년에 탈북인 수가 처음으로 1천명을 넘었고, 2006년부터는 매년 2천명을 넘었고, 2008년에는 2,803명으로 절정에 달하였다. 그러다가 김정은이 권좌에 오른 2012년에는 탈북인 수가 급감하여 1,502명으로 줄었고, 2015년에는 1,275명으로 최저점을 찍었다. 그러나 2016년에는 다시 증가하여 1,418명에 달하였고 여성의 비율은 79%이었음.

통령이 직접 나서 북한주민의 탈북을 권유하기도 하였다. 탈북인들의 극우보수적 정치참여는 2016년 겨울부터 2017년 봄까지 이어지는 탄핵국면에서 극적으로 표출되었다. 많은 탈북인들이 태극기 집회에 참가 혹은 동원되었다. "대한문 앞에는 대통령 탄핵과 파면에 반대하는 사람들이 태극기를 들고 모였는데, 이들 대부분은 독재자 박정희의 권위주의 체제와 그의 딸 박근혜의 무책임-무능 체제를 맹목적으로 지지하고 충성을 보내는 전근대적 '신민' 의식에 젖은 고령의 세대였다(전태국, 2016)." 여기에는 고령의 한국인들 외에도 여러 부류의 사람이 참여하였는데, 그 중의 하나가 탈북인이었다. 탈북인들은 북한인권과 김정은 독재규탄을 주제로 하여 지속적으로 시위를 벌여왔기 때문에 그들이 시위를 하는 모습이 이미 낯설지 않게 되었지만, 태극기 집회에의 지속적이고 조직적인 탈북인 참여는 특별히 시선을 집중시켰다.

박근혜 전 대통령의 탄핵국면에서 많은 탈북인들이 태극기집회에 참가했는데 그 중에서도 가장 극적인 장면은 대선 일주일 전인 2017년 5월 3일에 있었던 '탈북인 3,000인 망명' 기자회견이었다. 문재인후보가 대통령이 되면 안보가 불안해서 자신들은 외국으로 망명을 하겠다는 것이다.[3] 이같은 망명발표는 탈북인에게 무관심했던 일반국민들에게 탈북인에 대한 광범위한 거부감이나 우려를 확산시키는 계기가 되었다. 탈북인들이 탄핵이나 대선국면에서 보여준 반민주적 언행이나 호전적 통일의식은 일반국민들에게 깊은 인상을 남기면서 사회적 거리감을 더 크게 하는 후유증을 남겼다. 촛불민주화 이후 소수자인 그들에게 부쳐진 '탈북자'라는 꼬리표는 일종의 '비시민(非市民)'의 징표가 되면서 향후 한국

---

[3] 일부 탈북인들은 2017년 5월 3일 문재인 후보가 대통령이 되면 안보가 불안하니 자신들은 외국으로 망명하겠다는 기자회견을 국회 정론관에서 발표한 바 있음(조선일보, 2017.05.03.).

시민사회에서 배제되는 역설적 상황에 처하게 되었다.

물론, 한국 정치에서 집회와 선거에서 알바동원은 이미 1990년대부터 광범위하게 나타나기 시작한 현상으로 탈북인에 국한된 일은 아니었다. 총선과 지방선거 등 각종 선거에 대학생들이 일당을 받고 선거운동원으로 동원되는 일이 많았다. 그러나 공식적인 선거운동이 아니라 국민들을 대상으로 여론을 조작하고 반대파를 음해하기 위해 은밀하게 진행되어온 범죄행위에 탈북인들이 연루되었다는 점에서 보다 충격적이다. 예를 들어, 탈북인들은 세월호 반대집회의 경우에는 5개월 동안 39회에 걸쳐 연인원 1,259명이 동원되었던 것으로 드러났다. 시위동원시 탈북인 1인당 2~3만원의 수당이 제공되었다.[4] 이러한 뒷면의 거래들은 '탈북어버이연합'과 '어버이연합'의 주도권 싸움에서 불거진 결과 어버이연합-전경련-청와대 간의 내밀한 관계가 적나라하게 밝혀지게 되었다.

탈북인들이 일당을 받고 집회에 참여하는 '알바 시위꾼'으로 혹은 국정원 산하의 '댓글부대'로서 일반국민의 여론을 조작하는 하수인으로 전락한 것에 여론의 뭇매가 뜨겁다.[5] 물론 이 사태의 가장 근본적이고 무거운 책임은 국가권력에게 있다. 국가권력이 직접 탈북인을 돈으로 매수하고 정치공작의 수단으로 삼는 범죄를 저질렀다. 이는 검찰수사를 통해 샅샅이 밝히고 책임자를 처벌해야 할 중대한 '국가범죄'의 영역에 속한다. 국가 권력기관인 국정원은 탈북인들을 동원하여 일반시민들을 대

---

[4] 2016년 JTBC 뉴스룸을 중심으로 4.19일부터 28일까지 어버이연합관련 기사들이 매일같이 보도되었음.

[5] 칼럼 "누가 탈북자를 '알바시윗꾼'으로 만들었나?"에서 김연철(2016)은 '어버이연합'에 동원된 탈북자들은 정착지원정책의 실패를 의미하며 북풍 공작이나 어버이연합의 정치동원의 책임자를 조사해서 엄벌에 처해 탈북자인권을 재정립해하는 계기로 삼아야 한다고 주장함.

상으로 집요하게 정치공작을 자행하였다. 이를테면 탈북인 지식인단체인 'NK지식인연대' 중 고위임원에게 특수활동비를 지급하여 인터넷상에 북한 문제뿐 아니라 4대강 사업과 세종시 이전 등 정치현안에 대해 정부를 두둔하는 글을 올리게 하였으며, 탈북인들은 국가정보원의 댓글 조작에 동원되어 활동비를 받았다는 의혹이 제기되었다. 이 의혹에 대해 국정원 적폐청산 태스크포스(TF)가 조사에 들어갔고, 통일부도 조사를 진행하고 있다고 보도되었다(연합뉴스, 2017.08.18.). 이는 국정원과 국가권력이 사회적 약자인 탈북인들을 정치적으로 이용하여 일반국민들을 대상으로 저지른 국가범죄라고 규정할 수 있다. 이러한 국가범죄에는 이에 준한 처벌이 따르고 국가적 차원에서 조사와 책임소재의 규명이 밝혀져야 할 중요한 사안이며 연구의 영역을 포함한 법적 국가적 차원에서 다루어야 할 사안이다. 이 시점에서 우리가 물어야 할 질문은 남북통합의 미래와 관련된 보다 근본적인 질문이다.

반세월호 집회나 태극기 집회에 조직적 참여로 표현되는 탈북인의 극단적 우파로의 정치적 쏠림현상과 관제데모에의 참여, 일당시위로 나타난 탈북인의 신민적 정치지향은 북한에서 초기 정치사회화의 효과로 북한주민의 특성으로 일반화할 수 있는가? 아니면 탈북인을 국가권력의 도구로 활용해온 남한사회화의 영향 때문으로 탈북인이 한국에서 생존하기 위한 선택의 결과로 보아야 할 것인가? 아니면 분단체제에서 남북한 주민 양자에게 배태되어진 분단인 고유한 정치지향성의 분출로 보아야 할 것인가? 이러한 질문들은 남북 주민 통합과정에서 중요한 정책적 이론적 함의를 지닌다.

분단정치의 한국 상황에서 탈북인 스스로의 생존을 위해 선택의 결과라면, 시민성에 기반한 정착정책으로의 전환이 요구될 것이며, '탈북'이라는 경험을 공유한 탈북인 집단에 나타나는 고유한 정치지향성의 분출이라면 단순히 정착정책 뿐 아니라 탈북추이의 관측과 이들 이주가 한국사회에 주는 영향, 북한인권 전반에 걸친 폭넓은 검토가 필요하다. 탈북인 고유한 특질의 반영이 아니라 남북한을 막론하고 분단체제하 주민들이 가졌던 정서나 정치지향성의 분출이라고 한다면 이러한 현상의 쇠퇴는 분단체제 극복과 운명을 같이 할 것이다.

가장 우려되는 경우는 이 현상이 북한출신 주민 일반에게 잠재된 신민적 지향성의 발현이었을 경우이다. 이는 남북한 통합과정에서 남한인들이 그간 민주화운동의 역사 속에서 쌓아올린 '시민성'과 북한인들이 생존을 위해 선택했던 '신민성'이 남북한 통합과정에서 충돌하게 될 가능성이 높아지며 이로 인해 내적통합의 길은 더욱 요원해질 것을 예고한다.

이같은 질문들에 답하기 위해 칼 마르크스(Karl Marx)가 제기한 캐릭터 가면'(Charaktermaske) 개념에 기반하여 탈북인의 유형을 분류하고 '신민 문화' 문화 가면과 '권위주의' 문화 가면의 개념을 분석도구로 탈북인과 남한인을 비교하는 것으로부터 시작한다.

II. 탈북인의 '캐릭터 가면'과 '문화 가면'

여기서 탈북인은 남한사회에 정착하면서 맞닥뜨리는 사회적 관계에 구속되어 독특한 '캐릭터'의 '가면'을 쓴 사람으로 고찰한다. '캐릭터 가면'(Charaktermaske)이란 말은 칼 마르크스에게서 유래한다(MEW 23: 91). 마르크스(Karl Marx, 1867)는 『자본론』 제1권 초판본 서문에서 자본주의적 사회관계 속에서 살아가는 인간을 사랑과 윤리의 장미 빛 속에서 묘사하는 것이 아니라 "경제적 범주의 인격화"로서 고찰하였다(MEW 23:

16). 인간은 개별적으로는 아무리 주관적으로 사회관계를 초월하고 있다 하더라도 사회적으로는 의연히 이 관계의 산물이다. 사람들은 "특정한 사회관계와 이해관계의 담지자"이다. 그들은 '자본가'나 '노동자' 혹은 '토지소유자'의 '캐릭터 가면'을 쓴다.[6]

마르크스의 '캐릭터 가면'은 탈북인의 사회적 성격을 이해하는 데 유용한 도구이다. 대부분의 탈북인은 남한사회에 적극적으로 동화하려는 생각을 가지고 있다. 최근의 탈북인 조사(김수암·김화순 외, 2016)에 의하면, "나는 진정한 남한 사람이 되려고 노력하고 있다"는 의견에 탈북인 응답자의 77.2%가 동의하였고('매우 동의' 47.7%, '다소 동의' 29.5%), 4%만이 동의하지 않았다. "나는 남한에서 잘 살기 위해서라면 무엇이든지 해보겠다"는 의견에 85.6%가 동의하였고('매우 동의' 58.5%, '다소 동의' 27.1%), 3%만이 동의하지 않았다. "나는 남한사회에서 고유하게 발전된 생활양식을 받아들이겠다"는 의견에 80%가 동의하였고('매우 동의' 44.1%, '다소 동의' 35.8%), 동의하지 않은 응답자는 2.4%이었다. 또한 자녀들에게 남한의 문화를 받아들이도록 할 것인지에 대한 질문에는 87.3%(매우 동의: 65.6% + 다소 동의: 21.7%)가 동의하였고, 2.3%만이 동의하지 않았다. "나는 남한사회에 대한 지식들을 즐거운 기분으로 배우려고 한다"는 의견에 85.6%가 동의하였고(매우동의: 55.2% + 다소 동의: 30.4%), 0.3%의 응답자만이 동의하지 않았다. 이처럼 탈북인들은 남한사회에 적극적으로 적응하고자 한다.

---

6 호르크하이머와 아도르노에 의하면, 사람을 가리키는 "Persona"는 원래는 "고대 극장의 가면을 가리키는 로마의 표현이었으며, 키케로(Cicero)에게서 이 말은 누군가가 타인에게 나타날 때 쓰는 캐릭터마스크의 의미로 승화되었다."(Institut für Sozialforschung, 1956: 42).

1. 탈북인의 캐릭터 가면 유형: 소수자, 주변인, 방랑인

그러나 적응은 쉽지 않다. 탈북인들은 차별과 편견 속에서 소외된 존재로 살기도 하고, 북한에서 보낸 자신의 삶의 시간을 나름대로 소중하게 여기려하기도 하고, 혹은 암울한 삶을 털어버리고자 남한을 떠나고 싶어 하기도 한다. 따라서 탈북인이 남한사회에 적응하는 과정에서 쓰게 되는 '캐릭터 가면'은 세 가지이다.

하나는 '소수자'의 캐릭터이다. '소수자'(Minderheiten)란 생활조건과 일상적 생활태도의 면에서 그리고 집단 전형적인 규범과 가치의 면에서 다수자와 구별되는 집단을 가리킨다(Scherr, 2001: 518). '소수자'는 사회적 차별과 편견에 시달린다. 탈북인은 자신을 '외부인'으로 느끼며, 편견과 차별 속에 주눅들어 살고 있다. 조사에 의하면 탈북인 열 명중 절반 가량은 '소수자' 캐릭터의 가면을 쓰고 있다. 표 1에서 보는 바와 같이, "남한사회는 북한이탈주민을 편견에 찬 시선으로 바라본다"는 의견에 63%가 그렇다고 응답하였고, "탈북인은 이등국민이다"는 의견에 48%가 동의하였다. 더욱이 최근의 한 다른 조사에서 밝혀진 바와 같이, 탈북인은 남한인과 접촉이 거의 없이 분리된 삶을 살고 있다. "친구나 동료, 알고 지내는 사람 중에 북한이탈주민이 있습니까?" 라는 질문에 '있다'고 응답한 남한인은 5.7%에 불과했고, 지난 1년 동안에 "북한이탈주민과 직접 대면하여 만나거나 이야기를 나눠본 경험"이 있는 남한인은 6.6%이었다(윤인진 외, 2014).

두 번째 캐릭터는 "주변인"이다. 주변인'(marginal man)이란 파크(Robert Ezra Park)가 말한 바와 같이, "두 개의 세계에서 살고 있지만, 그 어느 곳에서도 정도의 차이는 있지만 이방인인 사람"(Park, 1950: 356)을 가리킨다. 탈북인은 남한 사회에 동화를 지향하고 있지만 동시에 북한 사람으로서 자신의 정체성을 유지하려는 생각을 갖고 있어, 두 개의 상이한 문화적 명령의 압력에 시달린다. 조사에 의하면 탈북인 열 명중 네 명 정도는 '주변인'의 캐릭터 가면을 쓰고 있다. 아래 표 1에서 보는 바와 같이, "남한에서 살고 있지만 나의 정신적 뿌리는 북한이라는 생각을 잊지 않으려고 노력한다"는 의견에 탈북인 응답자의 40%가 동의하였고('매우 동의' 18.4%, '다소 동의' 21.7%), "북한에 남아 있는 전통적인 미풍양속은 계속 발전시켜야 한다고 생각한다"는 의견에 50%가 동의하였다 ('매우 동의 20.4%, '다소 동의' 29.4%).

세 번째 캐릭터는 '방랑인'이다. '방랑인'(Wanderer)이란 소속감이나 정체성이 종속적 역할밖에 갖지 못하는 사람을 가리킨다. 이들은 취업기회나 생활여건의 개선을 위해 국경을 넘어 주거를 바꾼다. 탈북인들은 자신의 문화, 유산, 정체성을 탈가치화하는 편견과 차별에 불만을 품고 남한에 온 것을 후회하며 북한으로 되돌아가거나 제3국에 가기를 원한다. 근간에 북한으로 되돌아갔거나 유럽으로 간 탈북인은 여기에 속한다. 조사에 의하면 탈북인 열명중 한 두 명 정도는 한국을 떠나고 싶다는 생각을 가지고 있다. 아래 표 1에서 보는 바와 같이, "나는 남한을 떠나 다른 나라로 가고 싶다"는 의견에 매우 그렇다고 응답한 탈북인이 16.7%를 차지하였다.

표 1 탈북인의 '캐릭터 가면'의 유형

유형	의견	동의	반대
소수자	"남한사회는 북한이탈주민을 편견에 찬 시선으로 바라본다."	63.3%	35.7%
	"탈북인은 이등국민이다."	48.3%	51.3%
주변인	"남한에서 살고 있지만 나의 정신적 뿌리는 북한이라는 생각을 잊지 않으려고 노력한다."	40.1%	30.5%
	"북한에 남아 있는 전통적인 미풍양속은 계속 발전시켜야 한다고 생각한다."	49.8%	19.4%
방랑인	"나는 남한을 떠나 다른 나라로 가고 싶다."	16.7%	82.7%

출처: 김수암 외, 2016. 조사자료를 근거로 필자가 재구성.

여기서 우리의 중심문제를 조명한다. 탈북인들의 극우적 정치행태는 자신의 소외 처지를 떨쳐버리려는 '인정투쟁'에 기인한다고 볼 수 있다. 한국사회에서 탈북인들은 가치와 존중이 박탈된 '비대칭적 인정'(asymmetrische Anerkennung)의 어려움에 처해 있다. 위의 조사에 의하면 탈북인의 과반수(54.7%)가 자신이 '북한출신'이라는 점 때문에 차별받고 있다고 생각하였다. 탈북인의 극우적 정치행태는 '소외'와 '차별'을 극복하고 시민의 지위를 획득하기 위해 남보다 더 두드러지게 국가에 충성하는 행동을 감행하여 국가와 사회로부터 인정받고자 하는 일종의 '인정투쟁'을 전개한 것이라고 볼 수 있다. 사회적 인정을 받지 못한다는 것은 사회생활에서 동등한 참여가 방해된다는 것을 의미한다. 존중되지 못하는 개인적 경험이 탈북인 전체에 일반화됨에 따라 인정관계의 확대를 바라는 집합적 요구가 태극기 집회에 대한 적극적 참여행위로 표출되었다고 볼 수 있다. 국가에서 그들을 동원했다는 주장과는 달리, 정치적 소수자로서 '소외'의 캐릭터 가면을 쓴 탈북인이 스스로 자발적 주체로서 남한사회에서 그들 스스로의 가치를 인정받고 높이기 위한 전략적 선택을 한 일종의 '인정투쟁'으로 설명할 수 있다.

그러나 본질적인 문제가 여전히 남는다. 북한에서 습득한 초기 정치사회화의 효과가 그 후 남한사회에서 삶을 영위하는데도 사라지거나 약화되지 않고 계속 유지되는 것은 무슨 까닭인가? 탈북인은 북한사회에서 정치사회화를 통해 독특한 세계상과 이념을 내면화한 사람들이다. 그들이 체화한 이념이나 세계상은 일찍이 막스 베버가 지적한 바와 같이, 그들의 행동의 방향을 규정하는 '전철수'(轉轍手, Weichensteller, Switchman)의 역할을 수행한다(전태국, 2013a: 232).

"인간의 행동을 직접적으로 지배하는 것은 이념이 아니라 물질적 혹은 관념적 이해관심이다. 그러나 이념에 의해 창출된 세계상(Weltbilder)이 '전철수'로서 이해관계의 동학에 의해 추진되어온 행동의 궤도를 규정했던 경우가 매우 빈번하였다."(Weber, 1915).

탈북인들이 형성하고 있는 세계상 혹은 이념은 그들의 문화적 정체성을 형성한다는 의미에서 '문화 가면'이라 부를 수 있다. '문화 가면'(cultural masks)은 허프만(Terry Huffman)이 정의한 것처럼, "한 개인이 주류문화와 접촉하는 과정에서 형성하는 개인적 인종적 정체성"을 가리킨다(Huffman, 2001: 6).

2. 신민 문화 가면

조사에 의하면 탈북인들이 형성하고 있는 '문화 가면'은 두 가지 유형이 있다. 하나는 '신민 문화' 가면이고, 다른 하나는 '권위주의' 문화 가면이다. 북한의 국가권력은 북한 주민들을 일상적으로 동원해왔고, 주민들은 신민으로서 지배체계에 대한 복종을 의무와 미덕으로 받아들였던 수십 년간의 역사가 탈북인들에게 체화되었다. 이런 점에서 탈북인의 정치문화는 아몬드와 버바(Almond · Verba, 1963)가 말하는 '신민 문화'(Subject Political Culture)에 의해 특징지워질 수 있다. '신민 문화'에서 주민들은 자신을 정치의 수동적 객체로 보고 권위에 순종적이다. 주민과 정부의 관계는 "본질적으로 수동적 관계"이다(Almond · Verba, 1963: 19f.). 주민들은 그들의 편에서 정치를 바꾸고자 하는 능동적 충동이 결여되어있다. 그들은 아주 제한된 범위의 정치적 지식과 정치적 교육을 갖고 있을 뿐이며, 자기 자신을 정치적 행위자로 보지 않는다. 아몬드/버바는 '신민적 정치문화'에 더하여 두 가지 정치문화 유형을 제시한다. 하나는 '교구적 정치문화'(Parochial Political Culture)이고, 다른 하나는 '참여적 정치문화'(Participant Political Culture)이다. '교구적 정치문화'의 예는 종교적, 가족적, 혹은 씨족적 유대가 지배적인 아프리카 부족사회와 유럽 중세 봉건문화이다. 여기서 지배자는 무제한적 권위를 가지며, 주민은 정치에 일반적으로 관심이 없고, 정치적 지식이 빈곤하고 비능동적이고 어떤 정치적 역할도 갖지 않는다. 정치체계에 대해 어떤 기대도 갖지 않으며 정부의 의도를 아무런 숙고 없이 수행한다. 주민들은 오직 직접적 환경만을 본다. 이에 비해 '참여적 정치문화'에서 주민들은 능동적 참여가 특징적이다. 주민은 광범위한 지식과 교육을 갖고 있으며, 정치생활의 형성에 구성적 비판적으로 개입한다.

아몬드/버바가 제시한 교구적, 신민적, 참여적 정치문화는 이론적으로 구성된 이념형이다. 현실에서는 혼합된 형태로 존재한다. 아몬드와 버바가 이상적인 정치문화로 상정한 것은 '시민적 정치문화'(Civic Culture)라고 하는 일종의 '혼합된 정치문화'이다. 강력한 '참여문화'는 타협이 어렵고 고도의 과민한 과정에 처하기 때문에 안정적이지 않다. '시민문화'가 가장 체계안정적이다. 왜냐하면 '시민문화'는 '참여적', '신민적', '교구적' 지향을 대체하는 것이 아니라 이 지향들과 융합되어 있기 때문이다. "이러한 보다 전통적인 태도의 유지와 '참여적' 지향과의 융합은 하나의 균형적인 정치문화를 낳는다. 이 균형적 정치문화에서는 정치적 활동, 개입, 합리성이 존재하지만 수동성, 전통, 교구적 가치에의 헌신에 의해 균형을 유지한다."(Almond·Verba, 1963: 30). '시민적 정치문화'에서는 강력한 '참여' 지향이 있고, 동시에 '신민 문화'의 요소도 존재한다. 비참여적 요소들이 지배자의 결정에 대해 적어도 기본적인 수용과 복종을 통해 정치체계의 통치가능성을 보장한다. 아몬드와 버바가 이상적인 것으로 제시한 '시민문화'는 미국과 영국의 민주주의와 강력한 유사성이 인식될 수 있다.

아몬드와 버바는 19세기의 독일 빌헬름 제국을 '신민 문화'의 전형적 예로 들었지만,[7] 오늘의 21세기 북한이 전형적 예에 해당한다고 볼 수 있다. 북한의 독재체제에서 형성되었던 탈북인의 '신민 문화'가 남한에 정착한 후에도 국가권력에 의한 정치적 동원에 순응하는 행위로 표출되었다라고 설명할 수 있다. 남한에 온 이후에도 탈북인의 신민적 속성은 변하지 않아 국가권력에 의해 비공식적으로 호명 당했을 때 그들은 국가의 부름에 순응했다고 볼 수 있다. 탈북인이 쓴 '신민'의 문화 가면은 남한인의 것보다 훨씬 더 강고한 것으로 보인다.

'신민 문화'는 두 가지 의견에 대한 동의 여부에 의해 측정하였다. 하나는 "남한에 가장 필요한 것은 국가 지도자를 잘 따르는 국민들이다"는 의견이고 다른 하나는 "정부 권력에 비판적인 사람들은 대부분 국민들을 쓸데없이 혼란스럽게 만들 뿐이다"는 의견이다. 아래 표 2는 '2016년 한국종합사회조사'와 상술의 김수암 외 조사(2016)에서 '신민 문화' 관련 질문에 대한 응답 결과이다.

표 2 신민 문화: 남한인과 탈북인 비교

	남한인		탈북인	
	찬성	반대	찬성	반대
1. 정부 권력에 비판적인 사람들은 대부분 국민들을 쓸데없이 혼란스럽게 만들 뿐이다	35.1	43.7	43.5	23.8
2. 남한에 가장 필요한 것은 국가 지도자를 잘 따르는 국민들이다	29.9	49.4	36.6	26.9

출처: 남한인 조사는 김지범 외(2017)에 의거하고, 탈북인 조사는 김수암 외(2016)에 의거하여 필자가 재구성.

---

[7] 아몬드와 버바가 독일에 대해 예측한 비관적 전망은 현실과 맞지 않았다. 전후 독일에서 가치와 태도의 변화, 상대적으로 안정적인 경제상태는 자유민주주의 제도를 바이마르 공화국 시절보다 훨씬 덜 불안정적으로 출현케 하였다. 실로 독일은 "안정적 민주주의 모델"로 전진하였다(Fenner, 1993: 514).

첫 번째 의견, 즉 "국가 지도자를 잘 따르는 국민"에 대해 탈북인은 찬성이 36.6%'이고 반대가 26.9%로, 찬성이 반대보다 10%포인트 가량 더 많다. 같은 질문을 남한인에게 던진 조사를 보면, 남한인은 찬성이 29.9% 정도이고, 반대가 절반(49.4%)에 달하여, 반대가 찬성보다 20.5% 가량 더 많다. 신민 문화가 남한인에게서도 적지 않게 존재하지만, 탈북인에게서 훨씬 더 강하게 나타나고 있다. 두 번째 의견 "정부 권력에 비판적인 사람들은 혼란스럽게 만든다"는 의견에 대해 탈북인은 찬성이 43.5%를 차지하고 반대는 23.8%에 불과하여 찬성이 반대보다 20.5% 가량 더 많다. 남한인의 경우 찬성이 35.1%, 반대가 43.7%로 반대가 찬성보다 훨씬 더 많다. 여기서도 탈북인의 신민 문화는 남한인보다 훨씬 더 강하게 나타나고 있다.

이러한 조사결과에서 보면 탈북인들은 반정부적 촛불시위는 사회를 혼란에 빠뜨릴 뿐이고, 남한사회에 가장 필요한 것은 국가지도자를 잘 따르는 국민이라고 생각하는 '신민 문화'를 남한인보다 훨씬 더 강하게 갖고 있다고 말할 수 있다. 그렇지만 탈북인은 열 명중 네 명이지만 의외로 남한인 중에 '신민 문화'의 가면을 쓴 사람도 열 명중 세 명이나 된다. 즉 남한인과 탈북인은 신민 문화의 면에서 본질적으로 큰 차이가 없고 다만 탈북인이 더 강하게 갖고 있을 뿐이다. 따라서 탈북인의 극우적 정치행태는 북한사회에서 습득한 초기사회화인 '신민 문화'의 필연적 효과이며, 남한 국가권력의 정치적 동원에 별다른 저항 없이 따른 것이라 볼 수 있다. 더욱이 신민 문화에 있어서 남한인과 탈북인 간 이질성은 크지 않다. 오히려 동질적이다. 이는 분단체제하에서 신민 문화가 남북한 주민 양자에게 배태되었기 때문이라고 해석할 수 있다. 탈북인에게 국가권력의 동원이라는 점에서 남한과 북한은 '친화성'을 가졌기에 '신민 문화' 가면은 아무런 방해받지 않고 계속 쓸 수 있었다.

3. 권위주의 문화 가면

또 하나의 문화 가면은 '권위주의'이다. 탈북인은 일찍이 마르크스가 1877년 한 편지에서 말한 "일체의 인물숭배의 혐오"(Widerwillen gegen allen Personenkultus)와 "권위미신"(Autoritätsaberglauben)(Marx, 1877: 308)의 배척을 경험할 기회를 갖지 못했다(전태국, 1998: 33). 오래 동안 공산독재 체제에서 베버가 말하는 "주술적 인간숭배의 궤도"(die Bahnen einer magischen Anthropolatie)(Weber, 1915: 262)에 길들여졌기 때문이다(전태국, 2013a: 37). 권위는 호르크하이머가 1936년에 발표한 '권위와 가족 연구'(Studien über Autorität und Familie)에서 정의한 바와 같이, 간단히 "시인된 의존"(bejahte Abhängigkeit)(Horkheimer, 1936: 24)을 말한다. 여기서 시인의 근거는 자신의 의존과 복종을 정당하다고 믿는 권위주의 인성에 있다. 오늘날 경험적 연구에서 말해지는 '권위주의 인성'은 아도르노와 그의 동료들이 미국에서 1945~1946년에 실시한 조사연구를 아도르노가 미국망명을 끝내고 독일 프랑크푸르트 대학교에 귀환한 후인 1950년에 출간한 저작 『The Authoritarian Personality』(Adorno et al., 1950)에서 처음으로 체계적으로 제시되었다. (1)인습을 완고하게 고수하려는 인습주의(Conventionalism), (2)인습적 가치를 손상하는 사람들을 몰아 대고, 그들에게 화를 내고 비난하고 처벌하려는 권위주의적 공격심(Authoritarian Aggression), (3)자기 집단의 이상화된 권위에 무비판적으로 복종하는 권위주의적 복종(Authoritarian Submission), (4)강력한 지도자와 동일시하고 힘과 강인함을 과시하는 힘과 강인함(Power and Toughness), (5)모든 인간적인 것에 대해 적대적이고 경멸적인 태도를 보이는 파괴성(Destructiveness and Cynicism), (6)무의식적인 감정적 충동을 외부 세계에 투사하는 성향(Projectivity), (7)비밀스런 힘이 개인의 운명을 결정한다는 미신과 고정관념(Superstition and Stereotype), (8)주관적인 것,

상상력, 심미적인 것을 거부하는 반 내면성(Anti-Intraception), (9)성(Sex)에 대한 과도한 우려와 집착 등이 권위주의 인성의 전형으로 들어졌다(Adorno et al., 1950: 226).

오늘날 사회학에서 권위주의란 "상투적인 틀에 박힌, 편견에 의해 각인된 비합리적 태도"를 가리킨다. 권위주의의 전형적인 성격특징은 (1)"가르치기 힘든 완고한 태도", (2)"흑-백 채색"의 색깔론 경향, (3)사회적 환경을 "친구와 적"으로 난폭하게 구분, (4)확고한 가치를 고수하는 "인습주의", (5)전통적 가치를 손상하는 사람들을 찾아내서 비난하고 처벌하려는 "공격성" 경향, (6)다양성에 대한 "불관용", (7)"강력한 지도자"와 동일시, (8)"단단함과 힘셈"의 강조, (9)자신의 잘못을 타인에게서 찾는 "투사" 등이다(Hartfiel·Hillmann, 1972: 57). 여기서 권위주의는 국가와 관련해서 파악된다.

본 연구에서는 '권위주의' 문화 가면은 네 가지 의견에 대한 동의 여부에 의해 측정하였다. 표 3은 김수암 외(2016)조사에서 권위주의 관련 질문에 대한 탈북인의 응답 결과이다.

(1) "남한에 진정으로 필요한 것은 더 많은 '국민의 권리'가 아니라 좀 더 강력한 법질서이다"는 의견에 찬성한 탈북인은 무려 62.1%에 달하고 반대는 15.1%에 불과했다. 같은 해에 동일한 의견을 남한인에게 물어본 바에 의하면, 남한인은 찬성이 42.1%, 반대 36.6%이었다(김지범 외, 2017).

(2) "사회 범죄를 뿌리 뽑기 위해서는 법이 충분치 못하다면 비상조치라도 사용하여야 한다"에 대해 찬성한 탈북인은 무려 80%에 달하였다 (매우 동의 50.2%, 다소 동의 29.8%).

(3) "우리 사회의 효율성을 향상시키기 위해 엄격한 통제와 질서가 필요

표 3 탈북인의 권위주의 경향

	매우 동의	다소 동의	보통	별로 동의 하지 않음	전혀 동의하지 않음
1. 국민의 권리가 아닌 강력한 법질서가 남한 사회에 필요하다.	29.9	32.2	22.8	10.4	4.7
2. 사회 범죄를 뿌리 뽑기 위해서는 법이 충분치 못하다면 비상조치라도 사용하여야 한다.	50.2	29.8	15.4	4.0	0.7
3. 우리 사회의 효율성을 향상시키기 위해 엄격한 통제와 질서가 필요하다.	43.5	28.1	18.7	8.0	1.7
4. 위대한 지도자가 시대를 만든다.	49.3	23.8	16.2	5.7	5.0

출처: 김수암 외(2016)

하다"에 대해서도 탈북인의 71% 이상이 동의하였다.

(4) "위대한 지도자가 시대를 만든다"에 대해 탈북인의 73% 이상이 동의하였다.

위의 조사결과에 비추어 탈북인 열 명중 여덟 명 가까이가 권위주의 경향을 갖고 있다고 말할 수 있다. 남한인은 권위주의 문항 즉 강력한 법질서의 필요성을 강조하는 문항에 열 명 중 네 명(42.1%)이 찬성을 표하였다.

탈북인의 강력한 권위주의 성향은 다른 연구에서도 드러났다. 현인애(2013: 94)에 의하면, "나라와 집단이 발전하려면 강력한 지도자가 있어야 한다"는 의견에 탈북인들은 강력한 동의(전적으로 동의 1, 전혀 동의하지 않음 4로 보았을 때 평균 1.5)를 표하였고, "범죄를 뿌리 뽑기 위해서 법이 충분치 못하다면 비상조치라도 사용해야 한다"는 의견에 대해서도 강력한 동의를 나타내었다(동의하는 정도가 최고 1, 최하 4인 조건에서 1.58로 나타났다).

따라서 대부분의 탈북인은 '권위주의' 문화 가면을 쓰고 있다고 말할 수 있다. 그들은 시민 민주주의를 실현하고 있는 남한사회의 민주적 정치문화에 적응하기 보다는 남한사회에 구시대의 유물로 잔존하고 있는 '권위주의' 문화와 친화성을 가져, 북한 초기사회화에서 습득한 권위주의 문화 가면을 방해받지 않고 계속 쓰고 있는 것이라 볼 수 있다. 탈북인의 이러한 강력한 '권위주의' 문화 가면이 태극기집회와 댓글알바에 아무런 저항감 없이 동원될 수 있게 하였다고 볼 수 있다. 이는 동시에 남한사회의 새로운 시민 민주주의 환경에 탈북인들이 적응하는데 실패한 증거라고 볼 수 있다.

4. 왜 북한 초기사회화의 효과가 남한사회화에 의해서도 사라지지 않는가?

여기서 한 가지 확인되는 점은 북한에서 습득한 초기 정치사회화의 효과가 남한사회에 와서도 사라지거나 약화되지 않고 계속 유지되고 있다는 사실이다. 북한 초기사회화의 효과가 유지되고 있는 이유는 그것이 남한사회에 구시대의 유물로 남아있는 문화 가면—'신민 문화'와 '권위주의 문화'—과 '선택적 친화성'(Wahlverwandtschaft)을 가졌기 때문이라고 분석할 수 있다. '선택적 친화성'은 막스 베버에서 유래하는 개념으로(Weber, 1904b: 83), 한 편이 다른 한 편에 대해 인과적 우위성을 갖는 것이 아니라, 양자가 특정한 구조적 유사성에 기초하여 서로 능동적 관계를 맺어, 서로 끌어당기고 상호 영향을 주고 상호 강화하는 것을 말한다.[8]

---

8 베버에 의하면 프로테스탄트 윤리와 자본주의 정신은 현세 내적 금욕주의의 형태로서 양자 간에 '선택적 친화성'이 존재한다. 마찬가지로 자본주의와 관료제는 도구적으로 합리적인 사회조직의 두 가지 유형으로서 서로 '선

남한사회에도 구시대의 문화 가면이 적지 않게 존재한다. 남한인 열 명 중 신민 문화의 가면을 쓴 사람이 세 명이고, 권위주의 가면을 쓴 사람이 네 명에 이른다. 탈북인은 이들과 친화성을 가져 극우적 정치행태를 벌이고 댓글알바에 동원되는 데 아무런 저항감을 갖지 않는다고 말할 수 있다. 탈북인의 국정원 댓글 알바와 시위알바 현상, 2016년 겨울과 2017년 겨울 태극기집회 참여로 나타났던 극우행동대로서 보여주었던 탈북인의 반민주적인 혹은 비시민적인 정치행태는 북한 초기사회화의 필연적 결과이자 이들이 한국에 온 이후 한국사회에 강력하게 잔존하고 있는 구시대의 비민주적 권위주의 정치문화와 친화적 결합을 보인 것이라 볼 수 있다.⁹ 그러나 '선택적 친화성' 만으로는 우리들의 본질적 문제가 충분히 대답되지 않는다. 왜 북한 초기사회화의 효과가 남한사회화에 의해서도 사리지지 않는가 하는 문제는 우리들의 분석 시야를 이주자 정치사회화 이론에 향하게 한다.

택적 친화성'에 의해 결합된다. 베버는 '반영론'을 배척한다. "한 종교심의 특징은 그 종교심의 특징적인 담지자로서 등장한 특정 계층의 사회적 상태의 단순한 기능을 나타낸다든가, 오직 그들의 이데올로기에 불과하다든가 혹은 그 계층의 물질적 또는 관념적 이해관계의 상태를 반영한다"(Weber, 1915: 240)고 보는 시각은 베버에 의하면 "시대에 뒤진 믿음"(veralteten Glauben)이다(Weber, 1904a: 166).

9 탈북인들의 비시민적 행동을 촉발시킨 또 하나의 요인으로 들 수 있는 것은 남한 정부가 이들에게 부여한 '신통일역군'의 역할이다. 탈북인의 비민주적 극우적 정치행태는 이 역할에 충실하게 부응한 '남한사회화'의 증거로도 해석될 수 있다. 이런 점에서 남한정부가 그간 해왔던 탈북민 정책은 근본적으로 검토되어야 하며 정권 차원에서 이들에게 부여한 '신통일역군'의 이데올로기적 측면을 철저히 분석하여 이같은 역기능이 발생하지 않도록 정착 정책을 근본적으로 재설계해야 할 것이다.

5. 탈북인의 정치지향의 특징

조사에 의하면 탈북인들은 남한인과 다른 독특한 정치지향을 보인다.
    첫째로, 탈북인의 정치적 무력감은 남한인보다 훨씬 더 크다. 아래의 표 4에서 보는 바와 같이, "나 같은 사람들이 정부가 하는 일에 대해 말을 하는 것은 큰 의미 있는 영향을 주지 못한다"는 의견에 동의한 비율은 탈북인은 62.2%인데 남한인은 2014년 한국종합사회조사에서 53.3%이었다. "정치는 너무 복잡해서 나 같은 사람은 어떻게 돌아가는지 정확하게 이해할 수가 없다"는 의견에 탈북인은 63%가 동의하였는데 비해 남한인은 2014년 한국종합사회조사에서 34.1%가 동의하였다. "공

표 4   정치적 무력감(효능감)[10]

	탈북인	남한인	
	2016	2004	2014
1) 나 같은 사람들이 정부가 하는 일에 대해 말을 하는 것은 큰 의미 있는 영향을 주지 못한다	62.2% (37.1%)	59.9% (16.9%)	53.3% (18.8%)
2) 정치와 정부는 너무 복잡해서 나 같은 사람들은 때로 일이 어떻게 돌아가는지 정확하게 이해할 수가 없다.	63.0% (37.0%)	49.0% (11.5%)	34.1% (19.1%)
3) 공무원들은 나 같은 사람들이 생각하는 바에 신경을 쓴다고 생각하지 않는다	66.3% (32.7%)	63.9% (15.4%)	59.2% (14.7%)

자료: 김지범 외(2017); 김수암 외(2016).

---

10   비율은 정치적 무력감을 나타내며, 괄호안의 수치는 '동의하지 않음'(매우 동의하지 않음 + 다소 동의하지 않음)의 비율로서 효능감을 나타낸다. 한국종합사회조사에서는 질문이 약간 다르다.
    "나 같은 사람들은 정부가 하는 일에 대해 어떤 영향도 주기 어렵다"
    "대부분의 한국 사람은 정치나 행정에 대해 나보다 잘 알고 있다"
    "정부는 나 같은 사람들의 의견에 관심이 없다"

무원들은 나 같은 사람들이 생각하는 바에 신경을 쓴다고 생각하지 않는다"는 의견에 탈북인은 66.3%가 동의하였는데 비해 남한인은 2014년 한국종합사회조사에서 59.2%가 동의하였다. 이처럼 북한인의 무력감이 남한인보다 더 크다.

그러나 효능감을 무력감의 부정으로 이해할 때 탈북인의 정치적 효능감은 오히려 남한인보다 두 배 이상 높게 나타난다. 탈북인의 정치적 효능감은 표 4에서 보는 바와 같이 32.7%~37.1% 이상을 차지하는데 비해, 남한인의 경우는 11.5%~19.1%로 20%미만이다. 따라서 탈북인의 무력감은 남한인보다 크지만 효능감도 남한인보다 더 높다. 이러한 우리의 발견은 현인애의 연구(2013)를 반박한다. 현인애에 의하면 탈북인의 정치적 효능감은 낮은 반면에 정부에 대한 신뢰도는 높다. 그녀의 조사에 의하면, "내가 남한 정부나 국회에 찾아가 건의해도 그들은 반응을 보이지 않을 것이다"는 의견에 최소치 1과 최대치 4 사이의 동의점수에서 응답자들이 보인 점수는 1.88이었고, "나는 남한의 정치가 너무 복잡해서 잘 모른다"는 의견에 대해서는 2.30이었다. 현인애는 이 점수에 의거하여 탈북인의 정치효능감이 매우 낮다고 보았다(현인애, 2013: 91). 그러나 이는 잘못된 진단이다. 남한인과 비교하면, 탈북인의 정치적 효능감은 오히려 더 높다.

둘째로, 탈북인들은 정치적 성향이 보수적이다. 20대 국회의원 선거에 참여한 탈북인 응답자 중 새누리당 지지는 71.8%에 달했는데 비해 남한인은 33.5%로 절반에도 못 미쳤다(김수암 외, 2016). 탈북인은 남한인에 비해 높은 보수당 지지를 보인 것이다. 상술의 현인애의 연구에서도 탈북인의 보수당 지지가 높았다. 2012년 4월 조사된 176명의 선거참가자 중 보수당인 새누리당과 자유선진당에 투표한 북한이탈주민은 154명으로 87.2%를 차지하였다. 남한인이 새누리당과 자유선진당을 지지한 비율이 55%에 그친 것과 비교하면 탈북인들의 보수당 지지가 두드러지게 높았다(현인애, 2013).

셋째로, 탈북인들은 남한인과는 달리 정부에 대해 높은 신뢰도를 보인다. 현인애의 조사에 의하면, 탈북인의 정부 신뢰도는 최솟값 1점에서 최댓값 4점까지의 구간에서 3.05점, 법원 신뢰도는 2.94, 국회 신뢰도는 2.5로서, 2010년 세계가치관조사에서 나타난 한국인의 국가 신뢰도(정부 신뢰도 2.4, 법원 신뢰도 2.71, 의회 신뢰도 2.08)보다 훨씬 높다(현인애 2013: 127). 남한인은 정부에 대해 거의 신뢰하지 않는다는 점이 국내외 자료에 의해 널리 증명된다. 2014년에 실시된 한국종합사회조사에 의하면 정부에 대한 불신의 비율이 67.1%를 차지하고(전혀 믿지 않는다 19.3%, 별로 믿지 않는다 47.8%), 신뢰는 32.9%(매우 믿는다 1.3%, 약간 믿는다 31.6%)에 그쳤다. UNDP에 의하면, 한국의 중앙정부신뢰도는 2014~2015년에 28%이다. 이는 OECD 국가 중에서 27위로 최하위권에 속한다.

한편 청소년의 경우에, 탈북청소년은 남한 청소년과는 달리 정치적 효능감도 높고 정치적 신뢰도도 높다는 점이 조사에서 나타났다.

박정서(2011)에는 의하면, 정치효능감을 측정하는 질문 "정치는 복잡하고 어렵다고 인식"함에서 탈북 청소년과 남한 청소년 사이에는 별로 차이가 없었지만, "건의하면 정치인이 반응을 보일 것이라는 믿음"에서는 큰 차이가 났다. 탈북청소년은 3.23, 남한 창소년은 2.37이었다. 정치 신뢰감에서는 탈북청소년의 점수가 남한 청소년보다 월등히 높았다.

넷째로, 탈북인의 선거참가율이 매우 높다. 2016년 4월에 실시된 제20대 국회의원 선거에서 탈북인 응답자의 69.6%가 투표에 참가하였는데, 이는 당시 남한인 투표율이 58%였던 것에 비해 월등히 높은 투표율이다. 상기 현인애의 연구에서도 탈북인의 선거참율이 압도적으로 높았다. 2012년 4월의 제19대 국회의원선거에서 조사대상 북한이탈주민의 선거참가율이 76%로 남한인의 54.2%보다 20% 더 높았다. 현인애는 그 까닭을 북한에서 체득한 초기사회화의 효과 때문이라고 보았다. 북한

표 5 탈북청소년과 남한청소년의 정치신뢰감과 정치효능감

구분	내용	탈북 청소년 (173명) 평균점수	남한 청소년 (180명) 평균점수
정치 신뢰감	1) 국민을 잘 살게 해주는 정부의 능력	3.51	2.51
	2) 정부가 모든 국민의 이익을 위해 활동	3.39	2.46
	3) 정부가 국민의 의견을 반영함	3.32	2.49
정치 효능감	1) 정치는 복잡하고 어렵다고 인식	3.17	3.12
	2) 건의하면 정치인이 반응을 보일 것이라는 믿음	3.23	2.37

출처: 박정서(2011)

이탈주민은 선거에 참가하는 것을 당과 국가에 대한 충성심의 표현이고 공민으로서 마땅한 의무라고 보는 북한의 논리를 남한에서도 바꾸지 않고, 다만 충성해야 할 국가를 북한에서 대한민국으로 바뀌었을 뿐이다는 것이다(현인애, 2013: 141).

여기서 억압정치의 경험을 가진 이주민이 새로운 호스트 이주 국가에서 얼마나 정치참여에 적극적인가는 일의적으로 말하기 어렵다. 오랜 정치적 억압의 역사를 가진 체제로부터 도망친 사람들은 정치체계에 불신적일 수 있고, 따라서 선거에 투표하려 하지 않을 수 있다. 또는 그 반대로 그들은 경쟁 후보자들 중에서 선택하는 자유를 즐기고 따라서 투표할 확률이 오히려 더 많을 수 있다. 포르테스와 모초(Portes·Mozo, 1985)는 미국 마이애미 선거구(precinct)의 데이터에 기초하여 공산국가 쿠바에서 온 이민자와 멕시코인 이민자들에게서 이전의 정치적 경험이 미국 이민 후 투표참여에 유의미한 영향을 갖는지를 조사하였다. 그들의 연구에 의하면, 공산 쿠바 출신 이민자들이 히스패닉 집단들보다 투표참가율이 더 높다는 것을 발견하였다. 이에 반해 콜렛(Collet, 2000)은 공산주의로부터 탈출한 베트남계 이민자 집단들에게서는 정치체계에 대해 불신이 강해 정치참여율이 낮다는 점을 발견하였다. 라마크리시난과 에

스펜세이드(Ramakrishnan·Espenshade, 2001)는 이전의 억압정치 경험이 투표참여에 일관된 효과를 갖는다고 보기 어렵다고 주장한다. 미국의 인구조사(CPS) 1994년, 1996년, 1998년 자료를 이용하여 백인, 흑인, 아시아계, 라틴계 이민자들의 투표참여를 비교 분석하였는데, 이에 의하면, 각 선거 해에서 1세대 표본의 경우, 공산주의 국가나 억압적 국가에서 이민 온 사람들은 민주국가에서 이민 온 사람들보다 더 높은 투표율을 갖지 않았고, 또한 부모가 억압적 체제에서 이민 온 2세대 시민들은 부모가 민주국가에서 이민 온 사람들보다 투표할 가능성이 더 많지 않았다. "1세대와 2세대의 쿠바계 이민자들의 높은 투표참가 수준은 다른 억압적 국가 출신의 이민자에게는 적용되지 않는 예외 현상인 것으로 보인다."(Ramakrishnan·Espenshade, 2001: 895)고 분석하였다.

III. 이주자 정치사회화 이론에 비추어 본 탈북인 정치참여 행위

이제 우리의 분석 시야는 이주자 정치사회화 이론에 향한다. 이주자의 정치사회화에 관한 설명인 저항 이론, 노출 이론, 전이 이론에 대한 이론적 경험적 검토를 통해 탈북인들의 정치참여 중에서 왜 보수정당 지지율이 높은지 그 원인을 규명하여 그간의 탈북인의 정치사회화와 정치행태에 대한 시사점을 얻고자 한다.

　이주민의 정치사회화에 대해 처음으로 체계적인 분석을 제출한 것은 화이트와 그의 동료들의 연구(White et al., 2008)이다. 그들은 원주민의 조사연구에 뿌리를 둔 정치사회화 이론의 세 가지 모델, 즉 저항(resistance), 노출(exposure), 전이(transferability)의 모델들을 이민자의 정치사회화의 결과를 예측하기 위해 사용하였다. 이 모델들 간의 상이는 초기 청소년기에 학습한 핵심적인 정치적 성향이 새로운 호스트 환경에서 어느 정도로 변화하는가에 집중한다. "정치사회화 이론들은 이민자의 정치적 재사회화의 잠재력에 관해 상이한 기대를 갖게 한다. 이민 이전에 가졌던 신념과 행동이 변화에 저항적일 수 있고, 새로운 정치체계에 노출이 적응을 수월하게 할 수 있고, 혹은 이민자는 신념과 행위를 한 정치체계로부터 다른 정치체계에 전이하는 방도를 발견할 수 있다."(White et al., 2008: 268) 화이트는 이 세 가지 재사회화 이론을 경험적으로 검증한 결과, '전이'와 '노출'이론은 지지되며, 이민 이전의 신념과 행동이 변화에 '저항적'이라는 증거는 없다고 주장하였다."(White et al., 2008: 268).

1. 저항 이론(Resistance Theory)의 접근

이민자의 적응은 고전적인 정치사회화 이론에 입각해서 보면 전망이 비관적이다. 정치적 성향은 형성기 동안에 획득되고 형성기가 끝나면 안정화되어 변화에 저항한다고 보기 때문이다. 이주 이전에 가졌던 신념과 행동이 변화에 저항적이라고 보는 저항 이론에 따르면, 사회적 정치적 성향은 일찍이 성인 이전(pre-adult)의 생활에서 발전하며, 이러한 형성기가 지나면, 정치적 관심과 습관의 변화는 일어날 가망이 없다. 정치적 성향은 유년과 청소년기 동안에 가족과 학교에서 일어나는 사회화에 의해 형성, 발생한다. 미시적 수준의 사회경제적 배경과 거시적 수준의 정치문화의 양 요인이 이 과정을 형성한다. 형성기 동안에 획득한 지향과 일치하지 않은 환경 메시지는 회피하거나 거절하는 경향이 있으므로, 이민자들은 새로운 정치체계에 적응이 어려울 것이라고 예상되며, 이민자의 정치지향은 자신의 출신국에서 보낸 시간이 길수록 변화에 저항적

일 것이라 기대된다(White et al., 2008: 270). 이주 이전과 이후의 정치환경이 다르기 때문에, 그리고 이전의 학습이 새로운 정치규범의 내면화를 어렵게 하기 때문에, 재사회화는 쉽지 않다. 간단히 말해서 저항 이론은 이전의 태도, 관행, 가치, 지향이 계속 남아있어 새로운 환경에 적응하는 것에 저항한다는 것을 말한다. 이는 부르디외(Bourdieu, 1987: 238)가 말하는 "아비투스의 이력 효과"(Hysteresis-Effekt des Habitus)를 가리킨다. 탈북인들은 전근대적 신민 의식에 젖어 있으면서 남한의 첨단적 세계화 시대를 살아가는 비동시성이 그들의 삶이 특징이 된다. 만하임(Mannheim, 1958: 48)이 말하는 "비동시성의 동시성(die Gleichzeitigkeit des Ungleichzeitigen)"이다. 전근대, 근대, 탈근대의 특징이 공존한다.

그러나, 외국의 경험적 증거들은 저항 이론을 반박한다. 정치사회화가 성인기에서 잘 일어난다는 점이 드러나기 때문이다. 2002년부터 2010년까지 European Social Survey(ESS)의 자료에 기초하여 16개국을 비교한 프로키츠-브로이어 등(Prokic-Breuer et al., 2012)의 연구에 의하면, 이민자의 정치참여는 도착지 호스트 국가에서 더 오래 거주한 이주민에게서 더 높다. 이 점은 인습적 참여(정치가나 정부관료와 접촉, 정당이나 행동그룹에서 활동, 기타 조직이나 단체에서 활동, 정당의 당원)와 비인습적 참여(캠페인 뱃지를 달거나 과시, 청원서에 서명, 합법적 대중시위에 참여, 특정 생산물의 거부)의 두 가지 참여 형태에 다 해당하며, 저항 이론으로부터 도출된 가설, 즉 이주자의 정치적 행동주의는 호스트 국가에서의 거주기간에 상관없이 변화하지 않을 것이라는 가설을 배척한다.

탈북인의 초기사회화를 규정하였던 북한의 정치문화는 다음과 같이 특징지워질 수 있다. 2차 대전 이후 남북한에 들어선 근대국가는 전승된 봉건적 "신민 문화"(Untertanenkultur)를 파괴하였지만, 북에서는 '공산주의적' 신민 문화에 의해, 남에서는 '권위주의적' 신민 문화에 의해 대체되었다. 신민들에게는 독자적인 정치적 판단이 승인되지 않았다. 사람들은 자신의 이해관계를 조직하고 정치적으로 관철하고자 하는 요구를 제기하지 못했다. 국민의 정신생활을 통제하는 각종 제도들이 고안되었고, 검열과 일체의 정보 흐름에 대한 엄격한 규제가 실시되었다. 뒤쫓기, 구금, 숙청은 북한에서 오늘날까지도 유지되는 정치의 도구이다. 신민 문화는 오랜 권위주의의 산물이다. 권위주의 체제하에서 주민은 정치에 대해 전혀 이해(理解)를 갖지 못하거나 오직 수동적 이해만을 가졌다. 자신의 "세계"의 중심에는 가족, 촌락, 정치종교(예: 주체사상, 반공주의)가 위치하고 있다. 주민은 자신을 정치적 객체, 신민으로 이해한다.

　남북한이 공통분모로서 "신민 문화"를 가지고 있었지만, 남한에서는 민주화의 성취와 함께 신민 문화는 본질적으로 극복되었고, 이 극복은 최근의 촛불집회에서 단적으로 표현되었다. 이에 반해 북한에서는 신민 문화가 여전히 지배적이다. 북한은 오랜 대중동원의 역사를 가지고 있는 나라이며 식량난이후에는 더욱 과제해결차원에서 주민 동원을 활발하게 해왔다. 북한주민들 중 상당수가 배급이 주어지지 않는 상태에서도 집단적 생산 노동에 꾸준하게 참여해왔는데, 주민들은 "국가가 나에게 생존하는데 필요한 충분한 배급을 주지 않을지라도 나는 생산에 참여해야 한다는 생각을 가지고 있다."(탈북인. 2014년 탈북, 기술자. 2017년 1월 3일 면접). 국가에게 순절과 충성을 다하는 북한주민의 신민적 정치의식은 남한에 온 뒤에도 지속되는 것으로 보인다. 한 탈북인과의 인터뷰는 이러한 신민적 의식을 그대로 보여준다.

　　"나는 이 한국이 무서운 나라라고 생각했어요. 이 사람들이 너무 야비하달까... 고거 남은 기일 얼마 안되는 걸 박근혜라는 여자가 나쁘긴 나쁘지만 그래도 한 나라의 원순데."(2017.4.15. 필자인터뷰, 탈북인, 50대 남성, 당세포비서 출신, 현재 생산직 노동자)

위의 50대 남성 탈북인은 이번 최순실 국정농단에 대해 "나쁘기는 나쁘지만" 박근혜 대통령에 대해서는 '(대통령 임기)기한이 얼마 남지도 않았는데 내쫓는 남한주민의 태도를 야비하다고 느낀다. 이런 감성의 근저에는 국민으로서 최고 권력자에게 순종해야 한다는 신민적 윤리가 존재한다.

> "북한은 대통령이 한번 되면 죽을 때까지 대통령이잖아요. 그런데 대한민국에는 북한은 한마디로 말하면 신처럼 모시잖아요. 그 대통령에 대한 비난을 요만큼도 할 수 없고 요만큼만 하면 죽이잖아요. 그런데 대한민국에도 대통령이 수령이랑 같은데 그 사람을 떠받들진 못할망정 사람들이 막 대통령을 비난하고 비방하고 저도 처음에는 이해를 못한 거에요. 그래도 한 나라 대통령인데 왜 대통령 비방하고 무시하고 그것을 이해를 못하는 거에요."(2017년 6.21. 필자 인터뷰, 40대 여성, 2006년 탈북).

생애 초기에 형성된 정치적 태도인 신민(臣民)적 태도는 이주 이후 한국에서도 마찬가지로 발현하면서 시민의식의 형성을 저해하고 제약한다. 이런 점에서 저항 이론은 탈북인들이 북한에서 신민으로 살다가 남한으로 와서 다시 신민으로 살고자 하는 이유를 설명한다.

> "국가는, 개인도 중요하지만, 국가가 있기 때문에 내가 있다는 생각을 많이 하거든요. 국가 없으면 개인도 있을 수 없다고 봐요. 그래서 저는 여기내용에도 있지만, 나이 드신 분들하고 현재 신세대 사람들 비교해볼 때 참 많이 차이가 있어요. 자기 개인의 이익만을 생각할 때 국가라는 존재는 잊히거나 하나 생각하면 되냐, 과연 애국심 교육을 무시해도 될까, 이런 생각을 많이 해보거든요."(사례 35, 여자, 48살, 2008

년 입국, 현인애. 2013 인용)

탈북인들은 독재국가를 탈출하여 남한에 왔지만, 그들의 이전의 심성과 태도, 즉 수십 년간 독재체제에서 관습화된 사고 모형과 행동방식은 국경을 넘어왔다고 해서 하루아침에 폐기되지 않는다. 더욱이 탈북인들은 남한 국민들과 거의 접촉 없이 분리되어 살고 있다. 탈북인과 친구로 지내거나 만나 이야기를 나누는 남한국민은 소수에 불과하다. 남한 국민들은 탈북인에 대해 친근하게 느끼기 보다는 멀게 느끼고 있다. 한국종합사회조사에 의하면 "한국에 거주하는 북한이탈주민이 얼마나 친근하게 혹은 멀게 느껴지십니까?"라는 질문에 '멀게 느껴진다'는 응답이 2011년 조사 이래 줄곧 과반수를 차지했다. 이러한 거리감은 가족관계 맺는 것에 대한 거부에서도 표현된다. 2010년 조사에서 "북한이탈부민이 내 자녀의 배우자가 되는 것"에 응답자의 60.7%가 반대했다(김지범 외, 2017).

이러한 분리된 삶과 거리감으로 인해 탈북인들의 이전의 신민 문화는 남한사회에서 살고 있으면서도 여전히 온존한다. 하나원을 비롯한 국가기관이 탈북인들을 '교육'시키고 있지만, 탈북인들은 시민으로 '개선' 되기 보다는 신민적 속성을 그대로 간직한다. 국민으로부터 거부당한 박근혜 대통령에 대해서도 탈북인들은 비운의 대통령이라고 깊이 동정한다. 만약 청와대나 국정원으로부터 집회 참가 지시를 받았을 때 탈북인 누가 감히 거절할 수 있었겠는가? 오히려 영광이라고 생각했을 것이다. '교육'은 니체(Nietzsche, 1889)가 『우상의 황혼』에서 말하는 "길들이기"와 '사육'의 차원을 넘어서지 못하고 있다.

만약 저항 이론이 타당하다면, 이주민의 정치참여 수준은 출신국에서의 정치 학습에 의해 조건지워질 것이다. 한국사회의 사회적 차별과 배제, 사회적 추락, 인정 결여, 자부심 손상 등의 경험에 기초하여 탈북인들은 남한사회에 대항하는 '저항적 정체성'을 형성할 가능성이 있다(전태국, 2013b: 86). 이주하기 전의 경험이 핵심적이기 때문에 새로운 정치환경에서 재사회화는 어렵다. 성인 시기에 호스트 사회에서 새로운 패턴의 정치행위를 형성하기 위해 할 수 있는 일이 별로 없다. 따라서 이주민들에게서 보이는 변이는 단지 그들의 개인적 사회경제적 특성과 그들의 출신국의 정치문화에 의해서만 조건지워질 뿐이다. 초기 정치사회화에서 습득한 정치적 정향이나 태도가 이후의 변화를 방해하기 때문에, 남한의 새로운 정치환경에 노출되는 기간은 남한에서의 정치참여의 수준과 어떤 유의미한 관계가 없을 것이다. 탈북인들은 북한에서 형성한 이전의 인식의 틀을 남한에 와서도 고수할 것이다. 이주 이후의 남한 거주기간이나 정치사회화는 탈북인들의 정치참여의 수준이나 민주주의 규범에 대한 동의에 별 영향을 미치지 않을 것이다. 현인애(2013)의 연구는 북한에서 형성한 국가에 대한 충성심이 대한민국으로 그 대상이 바뀔 뿐, 북한에서 형성된 사고의 틀은 바뀌지 않고 있다는 사실을 발견하였다.

그러면 저항 이론의 시각에서 볼 때 탈북인의 관제시위참가는 어떻게 해석할 수 있을까? 탈북인들은 과거 북한에서 국가의 동원령에 강제로 응하도록 사회화 되었는데, 만약, 이런 특성은 남한에서도 지속되면서 국가기관으로부터 동원이 지시되면 이를 따를 가능성이 높을 것으로 예측할 수 있다. 남한에서 집회 시위에 동원을 하도록 국가권력기관에서 지시를 했을 때는 거절하기 힘들며 북한에서 청소년기와 아동기에 이같은 경험이 있는 사람일수록 거절하기 힘들었을 것이라고 예측할 수 있다.

요약하자면, 저항 이론에 비추어 볼 때 청장년 이상 탈북고령자들이 국가권력의 동원 요구에 더 잘 응할 것으로 생각된다. 또, 과거 북한에서 당 생활이나 당정치교육을 많이 받은 탈북인들은 국가권력의 동원 요구에 더 잘 응할 것이다. 반면, 탈북청소년이나 청년층은 국가권력의 정치적 동원요구에 성인보다 상대적으로 적게 응할 것으로 생각된다. 또, 이같은 저항 이론의 관점은 태극기집회에 왜 탈북고령층이 주로 참여했는지 선거 시에도 고령자층을 포함한 탈북인 집단이 집권여당에게 투표할 가능성이 높은지를 설명하는데 유용하다.

2. 노출 이론(Exposure Theory)적 접근

노출 이론(the theory of exposure)은 이주민의 적응은 새로운 정치환경 노출에 크게 의존한다고 가정한다. 호스트 국가에서의 거주기간이 열쇠 변수이다. 정치행위를 결정하는 것은 이전의 초기사회화이기 보다는 호스트 국가에서 획득한 경험이라고 본다. 노출 이론과 저항 이론의 대립은 초기경험 대 후기경험(early-life versus later-life experiences)의 상대적 중요성과 지속성에 대한 경험적 논쟁으로 표출된다. 저항 이론은 사회화의 일차적 에이전트의 역할과 출신국의 정치문화를 강조한다. 이에 비해 노출 이론은 성인 정치학습의 역할을 강조한다. 노출 이론의 관점에서 보면, 개인의 지역사회에 편입, 정치참여를 격려하거나 위축시키는 사회적 정치적 맥락 등에 대한 최근의 혹은 동시대의 경험이 이주민 정치참여의 핵심적 결정인자이다. 새로이 갓 두착한 이주자들은 언어장벽, 문화장벽, 그들의 정치지향 때문에 참여할 가망이 별로 없다. 그들의 정치지향은 출신국의 정치제도와 긴밀하게 연결되어 있기 때문이다. 새로운 호스트 국가에 도착하면, 이민자는 거의 백지상태(tabula rasa)로 간주된다. 중요한 것은 새로운 환경이다. 이민자가 새로운 호스트 국가의 정치환경에 얼마나 잘 적응하는가는 새로운 환경에 노출의 길이에 좌우된다. 정치참여에서 보여지는 애초의 차질은 시간이 지나면 약화할 것이라고 예측한다. 원주민과 이주민 간의 사회적 연결이 증가하고, 호스트 국가에 대한 소속감이 커지고, 새로운 정치체계에 대한 익숙이 증가하기 때문이다.

미국의 많은 경험적 연구들은 선거참여와 당파성(partisanship)이 이주자들에게서 거주기간에 따라 증가한다는 것을 발견하였다. 웡(Janelle S. Wong)은 미국의 최대의 이주자 집단인 아시아계 미국인(Asian Americans)과 라틴계 사람들(Latinos)에게서 당파성(partisanship)의 발전을 조사하였다. "이주자가 미국에 살았던 기간과 당파성(partisanship)의 획득 간에는 강력한 상관관계가 발견된다. 귀화, 영어구사력의 획득, 미디어 사용도 이주자의 당파성 획득에 기여한다는 점이 드러났다. 정치체계에 대한 노출을 통한 강화(reinforcement) 과정이 다양한 이주자 집단을 가로지르는 정치적 태도의 발전의 기초가 된다"(Wong, 2000: 341)는 점을 보여주었다.

라마크리시난와 에펜세이드는 미국의 인구조사(CPS: Current Population Survey) 1994년, 1996년, 1998년 자료를 이용하여 백인, 흑인, 아시아계, 라틴계 이민자들의 투표참여를 비교 분석하였는데, 미국거주 기간이 외국출생자들에게 미국 정치제도에 통합되는(incorporated) 정도를 나타내는 한 중요한 지표일 수 있다는 것을 발견하였다(Ramakrishnan·Espenshade, 2001: 876). 그리고 모든 인종집단에게서 세대별로 투표 확률의 차이가 유의미하게 나타난다는 사실을 발견했다. 특히 2세대 백인은 3세대 이상의 다세대 백인보다 투표할 확률이 22-34% 더 많으며, 장기거주 이민자보다 30~40% 더 많았다(Ramakrishnan·Espenshade, 2001: 885). 흑인의 경우에는 1세대에서 다세대로 단계별로 투표참가가 증가하였으며, 유사한 직선 패턴이 아시아계에게서 발견되었다. 특히 아시아계의 경우에는 이민자 세대에 따라 투표참여의 진보적 증가가 나타나 3세대 이상에게서 투표율이 가장 높았다. 이와는 달리 라틴계의 경우에는 최고의 투표참가 확률은 20년 이상 미국에 거주한 1세대 시민에게서 나타났고, 2세대 라틴계에게서 참가확률이 감소하였고, 3세대이상에게서는 더욱 낮아졌다. 그리하여 "직선적" 동화주의 이론("straight-line" assimilationist theories)은 맞지 않다는 점이 확인되었다(Ramakrishnan·Espenshade, 2001: 888).

프로키츠-브로이어 등(Prokic-Breuer et al., 2012)은 2002년부터 2010년까지 '유럽사회조사'(European Social Survey, ESS)의 자료에 기초하여, 독일, 프랑스 영국 등 유럽 16개국에서 원주민과 1세대 이주민 간의 정치참여의 차이를 분석하였다. 그의 연구는 노출 이론에서 도출된 가설, 즉 이주민의 정치적 행동주의는 시간이 지나면 원주민의 행위와 닮아가게 변화할 것이라는 가설의 강력한 지지를 발견한다.

첫째로, 인습적 참여의 경우, 원주민과 이주자 간의 갭은 초기단계(거주기간 5년 이하)에서는 62%였는데, 후에는 35%로 감소하였다. 이에 비해 비인습적 참여의 수준은 원주민과 목적지 국가에서 20년 이상 거주한 이주자 간에는 거의 수렴하고 있다. 따라서 거주 기간은 정치참여와 유의미하게 결합되어 있으며, 비인습적 참여의 경우 가장 강력하다.

둘째로, 인습적 참여의 경우 노출 이론의 강력한 지지가 발견된다. 인습적 정치참여는 새로운 정치환경의 맥락에 의존하며, 출신국 보다 호스트 국가가 더 중요하게 작용한다. 민주국가 출신 이주자와 비민주국가 출신 이주자 간에 어떤 차이도 발견되지 않는다. 인습적 참여에서는 노출 이론을 위해서만 증거가 발견된다. 원주민의 정치참여 수준과 이주민의 정치참여의 수준 간에 강력한 유의미한 긍정적 관계가 관찰된다. 이를테면 원주민의 인습적 정치참여에서 1%의 증가는 이주자가 정치참여할 가능성을 4% 증가시킨다. 이주자들 사이에 참여의 차이는 주로 호스트 국가에서 보낸 시간에 의해 좌우된다. 그러므로 '저항' 가설은 배척되지 않을 수 없다.

셋째로, 초기 정치적 타성(initial political inertia)은 새로운 정치환경에서 재사회화를 통해 점차로 극복되어, 시간이 지나면서 이주자와 원주민 간에 정치활동 수준의 점차적 수렴이 나타난다는 사실이 발견되었다. 인습적 정치참여의 경우에 호스트 국가에서의 정치사회화가 이주자의 정치적 행동주의를 위해 핵심적 역할을 수행한다. 효율적인 정부와 높은 수준의 원주민 정치참여를 가진 나라에서는 이주자의 정치참여율이 더 높다. 이것은 노출 이론의 강력한 지지를 말한다. 즉 호스트 국가에서의 정치적 맥락과 사회화가 이주자의 인습적 행동주의의 수준을 위해 핵심적 역할을 수행한다.

요컨대, 노출 이론의 핵심은 이주자들이 새로운 정치적 환경에서 오래 노출될수록 더 많이 적응한다는 것이다. 박정서의 경험적 연구는 노출 이론을 지지한다(박정서, 2011: 111). 국내의 탈북이주자에 대한 연구에서도 노출 이론을 지지하는 연구가 있다. 박정서(2011)의 연구에 의하면, 탈북청소년의 정치신뢰감과 정치적 효능감에 남한 거주기간과 주관적 계층의식이 유의미한 영향을 미쳤다. 남한 거주기간이 1년 길어질 때 정치적 신뢰감은 평균적으로 .238점 낮아지며 주관적 계층의식이 1단위 낮아질수록 정치신뢰감은 .202점 높아졌다. 정치적 효능감에도 정치사회화 경험이 영향을 주는 것으로 나타났다. 정치사회화 접촉빈도가 1단위 높아질수록 정치효능감은 .189 낮아지는 경향이 있었다(박정서, 2011: 97). 이 연구에서 흥미로운 사실은 거주기간이 증가할수록 정치적 신뢰감은 낮아지고, 정치사회화 접촉빈도가 증가할수록 정치적 효능감도 낮아지는 경향을 보였다는 점이다. 남한에서 정치사회화경험이 축적되고 거주기간이 증가할수록 탈북청소년들은 남한 정치에 대한 효능감이나 신뢰감은 낮아져(박정서, 2011: 116), 남한청소년과 비슷한 양상을 보였다. 이는 거주기간이 길어질수록 탈북청소년의 동화현상이 진행된다는 것을 의미하는 것으로 노출 이론을 지지한다. 즉 이들의 정치적 태도형성에 북한 초기 정치사회화의 영향보다 남한 재사회화의 영향이 더 강력하다는 노출 이론의 주장이 지지된다. 이러한 탈북청소년의 정치적 태도의 변화는 그들의 복합적인 경험, 즉 북한우상화 교육의 수용과 이중의식, 남북한 양 체제 경험이 낳은 비교의식, 남한사회에 대한 기대와 실망과 같은 복합적인 경험이 반영된 결과임을 보여준다.

그러나 상기의 두 가지 탈북인 연구는 일치하지 않는다. 박정서의 탈북청소년 연구는 노출 이론을 지지하고, 현인애의 탈북성인 연구는 저항 이론을 지지한다. 세대별로 이론의 타당성이 달라진다는 것은 분석의 불충분성을 말한다.

여기서, 탈북인들이 남한에 이주한 이후 탈북인 사회가 어떤 정치적 환경에 노출되었는지 구체적인 정황을 살펴볼 필요가 있다. 여기서 노출은 '만남을 거듭할수록 호감을 가지며, 정책을 대중에게 자주 알리고 노출시킴으로써 대중을 설득한다'고 하는 로버트 자이언스(Zajonc, 1968)의 '단순노출효과'를 말하는 것이 아니라, 요셉 클라퍼(Klapper, 1960)의 선택적 노출 이론(selective exposure theory)을 의미한다. 인간은 자신의 기존의 견해를 강화하는 정보는 애호하고, 모순적인 정보는 외면, 회피하는 경향을 갖는다. 노출된 정보의 특정 측면을 선택하며, 이 선택은 전망, 신념, 결정 등에 기초하여 내려진다. 매스미디어와의 관계에서도 청중은 미디어의 정치적 상업적 프로파간다의 수동적 과녁이 아니다. 개인은 종전에 가졌던 확신을 지지하는 매스미디어 메시지에 강하게 끌린다. 미디어는 이전의 확신을 강화시킨다. 개인들은 이러한 내적 여과에 기초하여 매스미디어 메시지를 수용 혹은 거부한다.

노출 이론에 근거하여 보면, 탈북인의 관제시위 참여는 아래와 같이 해석할 수 있다. 이명박/박근혜 정부에서 한국의 국가권력은 북한에서 탈북한 이들에게 공식적으로는 정착지원법에 의거한 각종 보호와 지원을 제공하는 한편, 비공식적으로는 정치적 동원을 요구했다.

통일부는 일차적으로는 탈북인에게 남한주민보다 훨씬 높은 수준의 보호를 제공하였다. 예를 들어 입국이후 초기에 국민기초생활보장법

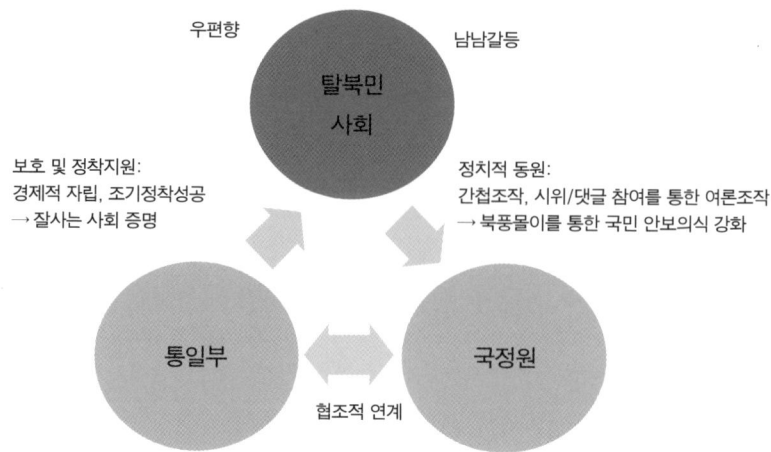

그림 1 이명박/박근혜 정부시기 탈북인 사회를 둘러싼 정치지형

을 적용하여 보호하였으며 이때 남한주민에게 주는 수준보다 한 단계 높은 수준의 생계급여를 주었다거나, 35세 미만에게 대학 특례입학의 기회를 주고, 무상으로 대학교육을 제공하였다. 탈북인들에 대한 특별한 지원을 주었던 이유는 그들이 한국에 조기정착하기를 원했기 때문이다. 이처럼 국가가 탈북인의 정착성공에 대해 거는 기대가 컸던 근본적인 이유는 탈북인집단의 존재 자체가 근본적으로 체제경쟁의 승리의 증거로 간주되었기 때문이다.

　그동안에도 탈북인들은 경찰이나 국정원 등 안보관련 부처 공무원에게 지속적으로 노출되어왔다. 모든 탈북인들은 신변보호담당관(경찰)들의 관리에 놓여 일상적으로 그들과 접촉해야 했다. 특히, 탈북단체의 임원들은 국정원과 자주 접촉하였다. 이같은 안보관련 요원들과의 잦은 접촉과 노출을 통해 무엇을 느꼈을까? 한 탈북청년단체의 임원은 한국에서 초기 허니문 기간이 지나면서 남한에서 거주기간이 길어질수록 정말 남북한이 비슷하구나 라는 생각이 들었다고 한다(2017. 5. 3. 필자 인터뷰. 30대 대졸출신 탈북청년). 마치 남한의 국정원은 북한 보위부인 듯하고,

남한 경찰관은 북한 보안원처럼 탈북인들을 둘러싼다. 이것은 선택적 노출 이론이 탈북인 사회에 적용되고 있음을 말해준다. 문제는 북한에서 일반백성이었던 탈북인들조차 이러한 신변보호담당관(경찰)들의 관리(혹은 보호)가 한국에 온 지 십 년 아니 그 이상이 지나도 끝없이 계속된다는 사실에 있다(2017. 6. 21. 필자인터뷰. 40대 탈북여성).

탈북인이 집중적으로 노출되고 있는 한국의 정치지형은 국가권력의 보호와 동원을 포함할 뿐만 아니라, '비동시적인' 정치문화를 구성한다. 한편에서는 국정원의 민간 감시, 국가가 모든 것을 해주기를 기대하는 국가주의, 권위에의 복종을 미덕으로 강조하는 권위주의, 학연과 지연을 중시하는 연고주의가 한국 정치문화의 전근대적 축을 이루고 있고, 다른 한편에서는 개인의 인권과 다양성을 중시하는 시민민주주의, 사회지도층을 비리와 부패의 담지자로 보고, 정치가와 정당을 불신의 눈으로 보는 대중의 깨어있는 차가운 시선이 한국의 정치문화의 근대적 축을 이루고 있다.

전근대적인 축과 근대적 축이 동시에 공존하는 한국의 정치문화 속에서 탈북인들은 유독 구시대적인 것에만 노출되고 있는 셈이다. 국정원 합동보호센터(대성공사)부터 하나원, 지역사회에 이르기까지 입국이후 초기 1년간 집중적으로 국가보호시설에 노출된다. 보호기간 동안 탈북인 사회는 일반 시민사회에 들어가지 못한 채로 분리되고 고립되어진다. 한국사회에 들어온 이후에도 탈북민 독자적인 맞춤형 정착지원체계라는 명분으로 '하나원-하나센터-탈북민사회'로 이어지는 고립된 섬을 형성한다. 입국직후 이런 환경에 노출되어질 경우 한국사회에 들어와 시간이 경과한다 할지라도 이들은 경로적 의존성에 의해 그들만의 세계를 형성해서 살아가는 처지에 놓이게 될 것이다. 따라서 거주기간 변수의 정착효과가 분명하게 나타나지 않을 수 있다. 그렇지만, 한국시민사회의 중요한 축을 이루는 대학사회에 들어간 탈북인들은 단지 인적자본의 효과만 얻는 게 아니라 한국사회에 깊이 들어가 사회적 연결망을 갖게 되며 이로 인한 사회적 자본의 효과가 나타날 것으로 기대된다.

3. 전이 이론(The theory of transferability)의 접근

전이 이론은 저항 이론과 노출 이론의 중간에 위치하며, 평생학습(life-long learning)의 요소를 가정한다. 초기사회화를 통해 획득한 행동특징들이 후기 재사회화에 적응할 수 있다. 초점은 이민자의 생활경험의 연속성에 놓여진다. 적응은 출신국에서 초기사회화가 호스트 국가에서의 재사회화와 얼마나 상이한가에 의해 조건지워진다. 한 맥락에서 다른 맥락으로 이동은 저항 이론이나 노출 이론이 함축하는 것보다 훨씬 더 유동적이다. 이주자는 이주 이전의 출신국에서 습득한 정치적 기술과 지식을 새로운 호스트 국가로 이전하고 새로운 나라에서 자신의 정치적 경험을 계속 발전시킬 수 있다. 이러한 전망에서 보면, 정치적 지식의 '번역'(translation)은 출신국과 호스트 국가의 정치적 환경이 유사할 때 수월하다. 이에 반해 이주하기 전에 권위주의 출신국에서 많은 해를 보낸 이주자는 비록 많은 교육을 받았다 하더라도 호스트 국가의 민주주의 사회에 참여하는 데 필요한 정치적 능력을 결여하고 있다(Bilodeau et al., 2010). 비민주 국가에서의 초기사회화가 민주주의 원리를 배우는 능력을 방해하는 것은 아니지만, 호스트 사회에서의 정치적 참여는 이주민에게 상당한 량의 새로운 학습을 요구한다(Black, 1987: 753). 환언하면, 이주 이전의 경험이 정치적 행위를 조건 짓지만, 그러나 재사회화를 방해하지 않는다.

북미와 유럽에서 나온 많은 경험적 연구들은 전이 이론을 지지한다. 소득, 교육, 거주기간, 연령과 같은 요인들이 고려된 후에도 출신국이 정치적 통합(political incorporation)의 한 중요한 결정인자이라는 사실이 발견되었다. 이 연구들은 출신국이 이주자의 이전의 정치적 지식과 경험의 대리인(proxy)이며, 그리고 정치적 통합에 직접적 영향력을 갖는다는 점을 주장한다.

가장 통찰력 있는 경험연구는 빌로도우와 그 동료의 연구(Bilodeau et al., 2010)이다. 빌로도우는 2004년 호주선거 연구(2004 AES: Australian Election Study)와 2005년 세계가치관조사(2005 WVS: World Values Survey)의 호주 부문 자료를 이용하여, 권위주의 체제를 떠나 호주에 정착한 이민자들이 얼마나 민주주의 지지로 이행하는가, 선거활동에 참여하는가, 이민 이전의 권위주의 경험이 민주주의에 적응하는 것을 얼마나 방해하는가를 분석하였다. 이 연구는 다음의 두 가지 사실을 확인하였다.

첫째로, 권위주의를 경험한 이민자들에게서 비민주적 체제에 대한 지지가 나머지 구성원들에 비해 월등히 높다는 사실이다. AES 자료에서 보면, "강력한 지도자" 체제("strong leader" regime)에 대한 지지가 호주 태생의 응답자는 18%, 민주주의 체제에서 온 이민자는 19%였는데, 권위주의 체제에서 온 이민자들은 40%가 지지하였다. WVS에서도 마찬가지였다. 호주 출신 응답자와 민주주의 국가 출신 이민자는 20%가 지지하였는데, 권위주의 체제 출신 이민자의 지지는 40%에 달하였다. 그리고 비민주적 정치 체제의 또 하나의 유형인 "군부 통치"(army rule)에 대해서도 권위주의 체제에서 온 이민자들의 지지가 그렇지 않은 사람에 비해 월등히 높았다. AES 자료에 따르면, 호주 태생 응답자의 5%, 민주국가 출신 이민자의 2%만이 "군부 통치"를 지지하였는데, 권위주의 체제 출신 이민자들은 17%가 지지하였다. WVS의 자료도 마찬가지였다. 호주 태생 응답자와 민주주의 국가 출신 이민자 모두 "군부 통치" 지지가 6%인데 비해 권위주의 체제에서 온 이민자들은 13%로 두 배 이상 높았다(Bilodeau et al., 2010: 148).

둘째로, 이민 이전의 권위주의 체제 경험이 오히려 선거 활동에 참여를 격려한다는 점이다. 권위주의 출신 이민자들이 호주 태생 인구 또는 민주주의 국가 출신 이민자에 비해 선거 활동 참여가 훨씬 더 많았다(Bilodeau et al., 2010: 151). 선거 캠페인 중 지인들과 '투표 의사를 논의'한 사람은 호주 태생 인구는 31%, 민주주의 국가 출신 이민자는 32%였는데 비해, 권위주의 체제 출신 이민자의 경우 이 비율은 54%로 올라갔다. '정당이나 후보자를 위해 일'한 사람은 민주주의에서 사회화된 두 그룹의 경우 15%였는데 비해, 권위주의 체제 출신 이민자들의 경우 그 비율이 28%로 거의 두 배나 높았다. '정치적 모임에 참석'과 '정당이나 후보자에게 돈 기부'에서도 동일한 패턴이 나타났다. 권위주의 체제 출신 이민자는 인구의 나머지 부분에 비해 약 두 배나 더 많았다.

그리하여 빌로도우 등(Bilodeau et al., 2010)은 권위주의 체제를 떠나 호주에 정착한 이민자들의 정치관의 변화에 대해 다음과 같이 설명한다. (1)호주로 이주하기 전에 이민자들이 축적한 경험의 포트폴리오가 출신 국가와는 완전히 다른 정치 체계에 살아도 오랫동안 그들의 정치관을 각인하며, 출신국에서의 정치 관행이 더욱 권위주의적일수록, 그들의 민주주의 지지는 더 약해진다(Bilodeau et al., 2010: 154). (2)그러나 이민 이전의 권위주의 경험이 강력하게 지속되어 민주주의 적응을 방해한다고 하더라도, 이민자의 정치적 학습은 그들이 출신국을 떠날 때 멈추는 것이 아니다. 선거와 같은 정치 활동에 광범위한 참여는 이민자의 정치 사회화에서 변화와 새로운 학습을 시사한다. (3)정치 사회화는 학습 경험의 새로운 "층"(layers)이 이전의 "층"에 지속적으로 추가되는 과정이며, 개인의 시각은 예전의 경험의 "층"과 새로운 경험의 "층"의 반영이다. 권위주의 체제에서 온 이민자들이 민주주의를 지지하고 선거 활동에 적극적으로 참여하는 것은 새로운 경험의 "층"을 반영하는 반면, 권위주의적 대안의 지지는 예전의 권위주의 "층"을 반영한다. 이 두 개의 "층"

이 동시적으로 이민자의 정치관에 영향을 미친다(Bilodeau et al., 2010: 156).

이러한 빌로도우와 그의 동료의 연구는 탈북인의 정치행태를 설명하는데 많은 시사점을 준다. 탈북인의 권위주의적 지향과 높은 투표율은 권위주의 체제를 떠나 호주에 정착한 이민자들과 비슷한 양상을 보이기 때문이다.

블랙(Black, 1987)은 전이에 대해 매우 낙관적인 주장을 편다. 그는 캐나다에 거주한 지 5년 이하의 다양한 인종출신(영국인, 서인도인, 남유럽인과 동유럽인)에 대해 1983년 토론토 지역에서 실시한 한 조사를 데이터베이스로 하여 이주자의 이전의 정치적 경험과 캐나다에 이주한 이후의 캐나다 정치에 참여 간의 관계를 분석하였다. 분석결과, 이주자들은 과거의 정치적 경험을 '전이'하기가 어려울 것이라는 가설은 지지되지 않으며, 또한 출신국의 정치체계가 캐나다 체계와 유사한 사람들, 즉 영국인만이 전이를 성취할 수 있다는 가설도 지지되지 않았다. 그의 연구는 출신국의 정치체계와 관계없이 전이의 가능성을 시사하는 낙관적인 전망을 지지하였다(Black, 1987: 731).

저스트와 앤더슨(Just·Anderson, 2012)은 2002-2003년에 19개 유럽 민주주의에서 수집된 유럽사회조사(European Social Survey)의 데이터를 분석하여, 외국출생(being foreign-born)과 반대되는 의미에서 "시민권(citizenship)이 정치참여를 높이고 정치참여에 불리한 사회화 경험들을 극복하도록 돕는 원천"이라고 주장하였다. 특히 비민주적 국가에서 사회화된 개인들에게 시민권은 비제도화된 정치적 행동(uninstitutionalized political action)의 강력한 결정인자이다"는 점이 확인되었다(Just·Anderson, 2012: 141).

또 하나의 통찰력있는 경험적 연구는 전술한 프로키츠-브로이어(Prokic-Breuer, 2012)이다. 프로키츠-브로이어는 전이 이론이 '비인습적'

정치참여에서 강력하게 지지된다는 점을 발견한다. 그에 의하면, '비인습적' 참여는 비민주국가 출신 이민자보다 민주국가 출신 이주자에게서 더 강력하고 신속하게 일어난다. 출신국에서의 민주적 사회화가 참여의 차이를 가져오는 것은 오직 '비인습적' 정치참여의 경우만이다. 비록 일반적으로 행동주의가 시간이 지남에 따라 증가하지만, 부분적 민주국가 혹은 독재국가 출신 이민자의 참여는 민주국가 출신 이민자에 비해 느리게 진행된다. 그들은 거주기간이 5년 이하이든 10년 미만이든, 20년 미만이든, 어떤 거주기간에서도 '캠페인 뱃지 달기', '청원 서명', '합법적 시위에 참가', '제품 보이콧'을 할 가능성이 민주국가 출신의 이민자에 비해 적었다. 5년 이하의 초기이민단계를 제외하면, 완전한 민주주의 국가출신 이민자는 그러한 '비인습적' 정치활동에 참여할 가능성이 20% 더 높았다. 20년 거주 후에 그들의 참여수준은 원주민의 그것과 완전히 수렴하여, 민주적 국가 출신 이민자와 원주민 간에 차이가 더 이상 나타나지 않았다. 따라서 '비인습적' 참여의 경우, 전이 이론은 강력하게 지지된다. 이는 초기 정치사회화 경험이 정당이나 이해결사체에 관계된 활동 보다는 시위참여나 보이콧과 같은 '비인습적' 활동의 참여에 더 강력하게 영향을 미친다는 것을 말한다. 이민자와 원주민 간에 '비인습적' 정치참여의 수준은 시간이 지나면서 원주민의 수준으로 수렴하며, 이 수렴은 정치사회화의 초기 맥락에 의해 조건지워진다. 이 경우, 비인습적 정치참여는 이주 이전의 정치사회화 경험에 의해 영향 받으며, 원주민의 비인습적 정치참여의 수준에 영향 받지 않는다.

전이 이론의 핵심은 이민자들이 과거 경험을 이용하여 새로운 환경을 학습한다는 것이며, 이민자들의 주체적 능력을 강조한다. 탈북인의 반세월호 집회와 태극기 집회의 참여를 전이 이론에 비추어 해석해보면, 탈북인들은 과거 수령에 대해 가지고 있던 무조건적인 충성심이 한국상황에서도 안타까운 마음으로 발현된 이후 다시 물질적 유인이라는 새로운 기제에 끌려 집회에 반복적으로 참가하게 된다. 이들은 집회에 반복적, 일상적으로 나오는 과정에서 이슈에 더욱 몰입하게 되고 박근혜대통령 지지를 표방한 후보에 대한 지지로 발전하는 인식의 변화과정을 밟게 된다. 시위 실천을 통한 몸으로 체득한 학습효과로 나타나게 되었다. 즉 시위로 인한 학습효과를 일으켰다고 추론할 수 있다.

탈북인들이 스스로 시위에 나가게 된 동기를 '돈을 위해서'라고 말하기도 한다. 만약 그렇다면, 정치적 쟁점에 대한 알바시위 참여는 한국의 이중노동시장 구조 하에서 저임금노동시장 안에 갇혀 더 이상 상향이동이 되지 않는 탈북인 빈곤의 문제가 될 것이다. 현 탈북인 노동시장은 단순 노무직에 해당하는 단순 일자리 즉 외국인 노동자 대체인력으로만 가능할 뿐 기술을 배워서 상향 이동할 수 있는 길은 막혀 있는 분단노동시장 구조를 보이고 있다. 특히, 고령자들의 경우 시위참가를 통해 얻는 하루의 일당이 더욱 절실해진다. 북한의 수령에 대한 충성심, 나라에 대한 충성심이라는 초기사회화 경험 위에 이제 남한에 와서 '현금의 필요성'이 추가된다. 실업이나 생계비 수급상황에서 돈벌이를 위해 나가기 시작한 집회 참석과 시위동원과정을 들여다보면 알 수 있다. 필자의 탈북인 면접에 의하면, 수령중심적 신민의식에 집회 시위 동원수당과 같은 물질적 유인이 더해지면서 집회에 나가고자 하는 동기는 더 강력해진다. 여기에 탈북인 특유의 집단주의적 연대의식이 더욱 동기를 강화하는 요인으로 작용한다. "그러면 이 박대통령에 대해서는 다들 불쌍하게 생각하고 억울하다는 마음이 많아서 태극기 집회 쪽으로 많이 가시게 된 것인가요?"라는 질문에 탈북인 여성은 설명한다.

"아 그런 의미에서 간 사람도 많아요. 돈 받고 가서 그 집회에 참가하다 보니까 그런 감정이 조금 있었는데 거기 가다보니까 더 많아졌겠죠. (아 그 얘기가 맞네.) 그렇게 된거죠. 저도 티비를 보면서 박근혜가 안됐죠. 제가 커피숍에 일하면서 손님들 말을 많이 해요. 아 그러니까요 속상해요. 저도 안타까워요. 저도 그렇게 얘기를 해요 손님들하고…가서 진짜 지켜보니까 안됐더라 이렇게 얘기하는 사람도 있어요(돈을 받고 다니면서 학습이 되었겠네요. 그래서 홍준표한테 표를 던지게 되었다?). 그렇죠."
(2017. 6. 21일 필자인터뷰. 40대 탈북여성, 2005년 탈북, 2006년 입국)

전이 이론에 비추어 본 탈북인의 시위참여를 비롯한 정치참여행위는 북한의 수령의식과 남한의 돈이 결합된 "수령의식과 돈의 화학적 결합"이라고 정식화할 수 있다. 부연하면 처음에 국민으로부터 탄핵당한 비운의 수령, 박근혜 최고지도자에 대해 가졌던 연민은 동원수당이라는 물질적 요인에 힘입어 박근혜 대통령을 옹호하는 특정 정당 혹은 특정 후보에 대한 지지로 점차 강화된다. 수령의식과 돈의 화학적 결합이다. 탈북인들의 행동의 규정근거는 신민의식, 국가권력, 돈이다. 이는 하버마스(Jürgen Habermas)가 말하는 '내적 식민화'의 논리에 충실한 적응을 의미한다. 핍박과 궁핍에서 벗어나고자 탈북하였지만, 자유, 품위, 안전과 같은 생활세계적 가치는 뒷전으로 물러나고 북한 초기사회화에서 획득했던 신민의식은 남한에 온 후 다시 '돈과 권력의 체계 논리'와 결합한다.

IV. 결론 및 함의

이 연구는 국가권력이 수년 동안 탈북인들을 동원하여 행했던 국정원 댓글공작과 알바시위 사건에 초점을 맞추어 탈북인의 신민성과 정치참여 행태를 이론적으로 탐구하는 것을 목적으로 하였다. 중심적으로 논의한 질문은 다음과 같다. 탈북인들의 신민적 정치지향은 그들이 북한체제에서 겪은 초기 정치사회화의 효과인가? 아니면, 한국에 온 이후 탈북인들이 생존을 위해 선택한 결과라고 보아야 할 것인가? 또는 분단체제에서 남북한 주민 양자에게 배태된 분단인 고유한 정치지향성이 특정한 계기를 만나 표출된 것인가?

본 연구에서는 분단체제의 남북한 주민의 정치지향성을 맑스(Marx)의 캐릭터 가면에 기반한 '문화 가면'의 개념을 사용하여 탈북인과 남한인 양자의 정치지향성을 비교해보고자 하였다. 신민 문화 가면을 쓴 탈북인이 열 명 중 네 명이라면, 남한인은 열 명 중 세 명이다. 권위주의 문화 가면을 쓴 탈북인이 열 명 중 여덟 명이라면, 남한인은 네 명이었다. 비록 탈북인의 신민성이나 권위주의가 남한인보다는 상대적으로 높았지만 남한인의 신민성이나 권위주의 수준 역시 결코 낮지 않았다. 이는 분단체제에서 탈북인과 남한인 모두 신민적 문화와 권위주의 문화에 젖어 있었음을 의미한다. 이러한 결과는 남북한주민들은 적대적 분단체제와 환경에서 비롯된 동질성을 예상보다 많이 공유하고 있음을 시사한다.

탈북인의 신민적 정치참여를 이주자 정치사회화이론에 비추어 이주이전의 북한사회화의 영향, 탈북이주 이후 남한사회화의 영향, '남북한사회화의 전이'로 설명하려고 할 때, 저항 이론, 노출 이론, 전이 이론들은 탈북인의 신민적 정치지향성을 설명하는 이론적 틀을 제공한다. 탈북인의 신민적 문화 가면은 정치사회화 이론에 의해 그 성격이 더욱 분명해진다. 탈북인들이 쓰고 있는 신민과 권위주의 문화 가면은 남한 입국 후 벗겨지기 보다는 오히려 강력하게 씌워지고 있음을 저항 이론과 노출 이론은 설명한다. 전이 이론도 탈북인들이 전근대적 문화 가면 위에 새로운 근대적 시민의 문화 가면을 덧쓰기 보다는 그들의 특수한 경로적 의존성으로 인해 전근대적 문화 가면만이 강화되고 있음을 말한다.

첫째, 저항 이론의 시각에서 볼 때 탈북인의 반세월호 집회와 태극기 집회의 참여를 어떻게 해석할 수 있을까? 탈북인들은 과거 북한에서 국가의 동원령에 강제로 응하도록 사회화 되었는데, 만약, 이런 특성은 남한에서도 지속되면서 국가기관으로부터 동원이 지시되면 이를 따를 가능성이 높을 것으로 예측할 수 있다. 남한에서 집회 시위에 동원을 하도록 국가권력기관에서 지시를 했을 때는 거절하기 힘들며 북한에서 청소년기와 아동기에 이같은 경험이 있는 사람일수록 거절하기 힘들었을 것이라고 예측할 수 있다. 또, 과거 북한에서 당 생활이나 당정치교육을 많이 받은 탈북인들은 국가권력의 동원 요구에 더 잘 응할 것이다. 반면, 탈북청소년이나 청년층은 국가권력의 정치적 동원요구에 성인보다 상대적으로 적게 응할 것으로 생각된다. 또, 이같은 저항 이론의 관점은 태극기집회에 왜 탈북고령층이 주로 참여했는지 선거 시에도 고령자층을 포함한 탈북인 집단이 집권여당에게 투표할 가능성이 높은지를 설명하는데 유용하다.

둘째, 노출 이론이 시사하는 바는 탈북인의 관제시위 참여는 아래와 같이 해석할 수 있다. 이명박/박근혜 정부에서 한국의 국가권력은 보호와 댓가를 동시에 요구하였다. 정착지원법에 의거한 각종 보호와 지원을 제공하는 한편, 정치적 동원을 요구했다. 한국의 정치지형은 국가권력의 보호와 동원을 포함한 '비동시적인' 정치문화를 구성한다. 전근대적인 축과 근대적 축이 동시에 공존하는 한국의 정치문화 속에서 탈북인들은 유독 구시대적인 것에만 노출되고 있다. 탈북인들은 한국에 입국후 초기 1년간 국정원 합동보호센터(대성공사)부터 하나원, 지역사회에 이르기까지 집중적으로 국가보호 하에 있고, 이 보호기간 동안 탈북인들은 일반 시민사회에 들어오지 못한 채 분리되고 고립된다. 이후에도 탈북인들은 경로적 의존성에 의해 그들만의 세계를 형성해서 살아가는 처지에 놓인다. 그리하여 그들은 남한에서 거주기간이 길어질수록 정말 남북한이 비슷하구나 라는 생각을 갖게 된다. 마치 남한의 국정원은 북한 보위부인 듯하고, 남한 경찰관은 북한 보안원처럼 탈북인들을 둘러싼다. 그들의 신민가면은 계속 유지된다. 이러한 선택적 노출로 인해 그들의 신민적 지향은 방해받지 않고 계속 유지된다.

셋째, 탈북인의 반세월호 집회와 태극기 집회의 참여를 전이 이론에 비추어 해석해보면, 탈북인들은 과거 수령에 대해 가지고 있던 무조건적인 충성심이 물질적 유인이라는 새로운 기제에 끌려 집회에 반복적으로 참가하게 된다. 되고, 이들은 집회에 반복적, 일상적으로 나오는 학습과정을 거쳐 이슈에 더욱 몰입하게 된다. 따라서 탈북인의 신민적 정치참여는 북한의 수령의식과 남한의 돈이 결합된 "수령의식과 돈의 화학적 결합"이라고 정식화할 수 있다. 부연하면 처음에 국민으로부터 탄핵당한 비운의 수령, 박근혜 최고지도자에 대해 가졌던 연민은 동원수당이라는 물질적 요인에 힘입어 박근혜 대통령을 옹호하는 특정 정당 혹은 특정후보에 대한 지지로 점차 강화된다. 수령의식과 돈의 화학적 결합이다. 탈북인들의 행동의 규정근거는 신민의식, 국가권력, 돈이다. 핍박과 궁핍에서 벗어나고자 탈북하였지만, 자유, 품위, 안전과 같은 생활세계적 가치는 뒷전으로 물러나고 북한 초기사회화에서 획득했던 신민의식은 남한에 온 후 다시 '돈과 권력의 체계 논리'와 결합한다.

이 세 가지 정치사회화 이론은 4.27 판문점 선언 이후 평화체제로 전환하는 데 있어서 사회통합적 문제를 제기한다.

먼저, 저항 이론에 의하면, 탈북인들의 신민적 정치참여는 독재체제에서 살아온 북한주민의 특성과 동일화된다. 이같은 경우, 향후 남북통합과정에서 갈등이 예고된다. 오랜 민주화투쟁을 통해 위해 쌓아온 남한 시민들의 시민의식과 시민적 정치문화는 북한주민의 신민의식과 일상에서 충돌할 것이 우려된다.

둘째로, 노출 이론에 의하면, 탈북인의 신민적 정치참여는 분단정치의 한국 상황에서 탈북인 스스로의 생존을 위한 선택의 결과로, 정착

환경 자체가 극단적인 비시민적이고 신민적인 정치참여가 이루어지도록 방치 내지는 부추겼다고 할 수 있다. 이는 탈북인 정착정책의 심각한 정책적 실패를 의미하며 향후 정착정책 전반에 대한 재검토와 전환을 요청한다.

셋째로, 전이 이론에 의하면, 북한 초기사회화에서 획득했던 신민의식에 기초하여 남한에 온 후 다시 '돈과 권력의 체계 논리'와 결합하는 재사회화가 겹겹이 쌓이는 전이가 이루어졌음을 의미한다. 만약, 탈북인의 신민적 정치참여가 이주자로서의 탈북인 고유한 특질이 반영된 것이 아니라 남북한을 막론하고 분단체제하 주민들이 가졌던 공통된 정치참여행태였다고 한다면, 이는 분단체제의 쇠락과 운명을 함께 할 것으로 전망된다.

여기서 가장 우려되는 경우는 저항 이론이나 전이 이론에서 설명하는 바와 같이 이러한 정치참여행태가 이주이전 북한출신 주민 일반에게 잠재되어 있었던 신민적 지향성의 발현이었을 경우이다. 이는 남북한 통합과정에서 남한인들이 그간 민주화운동의 역사 속에서 쌓아올린 '시민성'과 북한인들이 생존을 위해 선택했던 '신민성'이 남북한 통합과정에서 격돌할 가능성과 이로 인해 내적통합의 길이 요원해질 것을 예고한다.

배제와 통합: 탈북인의 삶

II

사회적 분리와 차별

제5장 식량난민에서 직행탈북이주민으로: 탈북원인의 변화 – 김화순
제6장 저임금노동시장에 갇힌 탈북민들 – 박성재
제7장 탈북여성의 일과 자녀돌봄의 고군분투 경험 – 김유정
제8장 탈북청소년 교육: 언제까지 분리교육인가? – 한만길
제9장 탈북민의 분리된 적응과 지역사회 서비스 – 이민영

제5장
식량난민에서 직행탈북이주민으로: 탈북원인의 변화[1]

김화순

I. 식량난민에서 직행탈북이주민으로

2000년대 이전 식량난 시기, 북한주민이 탈북하게 된 원인은 아주 단순하고도 자명했다. 1990년대 북한의 식량위기는 수많은 식량난민들을 배출하였고, 식량을 구하러 중국 등지에 나왔던 탈북주민의 일부가 한국에까지 오게 되었다. 이처럼 고난의 행군시기 식량을 구해 국경을 넘었던 북한주민의 탈북행위는 그 이후 20여 년 동안 지속적이고 집단적인 탈북이주의 흐름을 끌어내는 결정적 계기가 되었다. 미증유의 기아사태가 북한주민들이 죽음을 무릅쓰고 두만강을 건너지 않을 수 없게 만들었던 탈북 원인이었음이 자명하다. 북한에서 식량난민이 발생하기 시작한 시기는 1994년경이다. 1972년 이후 1993년까지 거의 한 자릿수에 머물던

---

[1] 이 글은 2017년에 김화순이 『통일정책연구』 제 26권 1호에 실었던 "직행 탈북이주자의 노동이동과 탈북결정요인"을 수정·보완한 글이다.

한국에 입국한 북한이탈주민 입국자의 수는 1994년에 갑자기 52명으로 급격한 상승을 보였는데, 이는 연이은 대량 식량난민의 입국을 예고하는 지표가 되었다.

2001년 1,043명이 한국에 오면서 북한이탈주민 입국자 수가 년 1,000명을 돌파했고, 2009년도 2,914명으로 한 해 입국자 수로 최고의 기록을 세웠다. 한 때 입국자수가 점차 증가했으나 2010년 김정은 정권이 등장한 이후에는 탈북규모가 눈에 띄게 줄어들어 2019년 6월 북한이탈주민 입국자 수는 현재 546명으로 한 해 1,000여 명대로 줄어들었다. 1999년에서 2006년까지 입국한 6,467명의 탈북동기를 조사한 통일부 자료를 살펴보면 탈북의 원인이 식량부족에 있었다는 증거는 보다 뚜렷하게 드러난다. 입국하는 북한이탈주민들을 대상으로 통일부가 직접 조사한 결과, 탈북동기 1위는 생활고(3,368명)였다. 이는 전체 인원수의 절반을 넘었으며 탈북동기 2위 가족연계 동반탈북(1,236명), 북한당국의 처벌을 우려(444명), 체제불만(419명), 가정불화(256명), 중국정착 목적(207명), 자유 동경(33명), 기타(504명)로 분류된다(김화순, 2009: 17~18).

위의 탈북사유들을 Chiswick(2000)의 분류기준에 따라 이주유형을 구분해보면 다음과 같은 흐름이 나타난다(김화순, 2009: 17~19).[2] 1990년대 초반까지의 소규모 월남자들은 북한체제를 반대하여 이탈한 이념적 이주자가 주류를 이루었으나 1990년대 중후반 이후에는 대규모 북한이탈주민의 입국은 북한의 식량난으로 인한 배고픔을 피해 대한민국으

---

2 치즈윅(Chiswick, 2000)은 이주자를 이주 동기에 따라 정치적 동기에 의해 이주한 '이념적 이주자'(ideological migrants), 더 높은 소득을 얻기 위한 경제적 동기로 이주한 '경제적 이주자 및 난민'(economic migrants and refugees), 가족을 따라 이주하는 '동반이주자'(tied-mover)의 세 가지 범주로 나누었다.

로 입국하는 경제적 이주자 및 식량난민이 주류를 이루었다. 그러다가 2000년대 들어와서는 먼저 입국한 북한이탈주민이 자신의 가족과 친지 등을 불러들이는 불러들이는 사례가 늘면서 2000년대 중반부터는 '직행탈북이주자'의 증가현상이 두드러지는데, 이들은 북한시장화이후의 이주세대라고 할 수 있다.[3]

그런데, 고난의 행군시기 식량위기에 발생한 식량난민과 "북한시장화 이후의 이주세대"와는 탈북동기와 체류기간에서 상당한 차이를 보인다. 이들의 제3국 체류기간을 보면 2010년으로 접근할수록 체류평균기간은 점차 더 늘어나고 있는 반면, 체류기간 6개월 미만의 직행탈북이주자의 비중이 갈수록 높아지는 현상을 보인다.

식량난 세대는 1990년대 중반의 북한의 식량난과 기아사태로 인해 탈북한 고난의 행군세대로서, 이들은 중간경유지에서 긴 시간을 체류하고 오랜 기간 내적 갈등 끝에 한국으로 이주를 결정하기에 이른 사람들이다. 반면에, 시장화이후 등장한 직행탈북이주자는 지난 십수 년간 북한사회의 시장화와 잡종형 경제로의 변화를 경험하면서 등장한 "북한시장화이후의 이주자"라는 점에서 식량난민과 상이한 존재이다. 이들은 제3국을 지나가는 경유지로 인식하며 가능한 한 빠른 시간 내에 통과하여 한국 혹은 서방선진국가에 가고자 하며, 제3국 단기체류를 특징

---

3 가족 단위로 기초생계비 급여액이나 주거 급여를 지원받게 되면 개개인이 받는 것에 비해 총지원액 규모가 줄어들게 된다. 이러한 문제점으로 인해 가족동반 이주사실을 은폐하는 경우가 있어 가족통합형 동반 이주자의 규모가 얼마나 되는지 추정하기는 쉽지 않다. 본 연구자는 제3국에서 체류하는 북한이탈주민이 대한민국에 먼저 와 있는 가족의 물질적 조력 없이는 단기간 내 대한민국에 입국하기 어렵다는 점을 감안한다면 6개월 미만의 단기 체류를 거쳐 입국한 집단을 가족 및 친지통합형 동반이주자 유형으로 볼 수 있다고 생각한다.

으로 한다. 여기서 6개월 미만의 단기체류자를 직행이주자라고 조작적으로 정의해보면, 직행이주자들이 23.3%로서 2010년말 현재 입국자 수 19,152 명 중 4,462명이며, 1년 미만의 제 3국 체류자까지 직행이주자라고 정의하면 31.1%로서 약 5,956명에 달한다. 2010년 말 현재까지 입국한 북한이탈주민 전체 1만 9천명 중 약 4~6천 명이 직행탈북이주자라고 볼 수 있다.

6개월 체류기간 미만의 입국자들이 전체 입국자에서 차지하는 비중은 2010년으로 올수록 더욱 증가하는 경향을 보인다. 2000~2002년도 입국자 비중은 12.5%이지만 2003~2004년도는 17.5% 2005~2006년도는 20.7%, 2007~2008년도 입국자 46.5%, 2008~2010년 입국자 비중은 30.1%이다. 6개월 미만의 제 3국 단기체류 입국자들은 자신이 탈북한 이유를 '새로운 미래를 찾아서'라고 설명하는 이들이 많다.

식량난민들은 당초에 북한에 기아로 식량을 구하러 중국으로 나온 사람들이다. 이들은 대부분 중국에 나와 생활하다가 한국이 잘 살다는 소식을 접하게 되고, 수년 간의 갈등 끝에 일부는 북한으로 돌아갔고 일부는 한국으로 왔다. 그들은 북한을 탈북할 당시에는 한국으로 올 생각이 없었던 사람들이다. 이와 달리 직행이주자들은 북한을 탈출하는 시점부터 대한민국을 도착국으로 정하고 출발한 사람들이다. 그래서 직행이주자들은 식량난민들과 달리 제 3국을 빠르게 경유해서 어서 한국에 도착하기를 원한다.

이들 직행탈북이주자들은 시장화이후 변화하는 북한사회가 낳은 새로운 이주세대라고 할 수 있다.

이 글은 김정은정권의 등장이후 급격하게 감소하고 있음에도 불구

---

4 2010년 이후 남북하나재단이 탈북인 자료관리를 맡았으며 자료접근이 차단되면서, 2011년부터 2019년 현재까지 탈북인의 체류기간은 파악할 수 없었다.

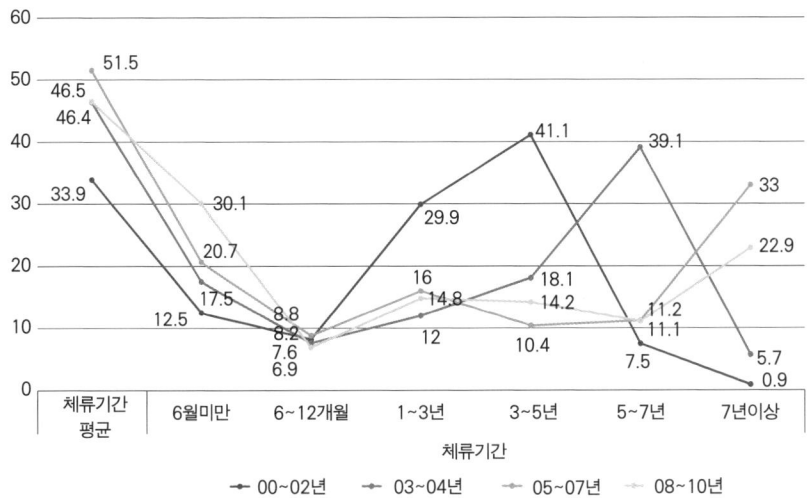

그림 1　2000~2010년 입국한 북한이탈주민 제3국 체류기간[3]
출처: 김화순, 2012a: 20.
2010년 12월 말 현재 전체 입국자 수=19,152명

하고 아직 지속되고 있는 탈북이주현상을 국제이주이론에 비추어 북한 사회의 구조적 변동과 연계하여 설명하려는 시도이다. 특히 기존의 식량난민과는 다르게 2000년대 이후 탈북이 지속되고 북한에서부터 한국을 목적지로 해서 이동하는 새로운 직행이주자에 주목한다. 2001년부터 연 1,000여 명을 넘기 시작한 북한이탈주민의 수는 2010년경까지 가파르게 증가한다(그림 1 참조). 이제 국내로 입국하는 북한출신주민들은 1990년대처럼 식량부족으로 인해 중국에 체류하게 된 식량난민에 그치지 않는다. 북한 내부에서 시장화를 경험했던 새로운 직행이주자들이 새로이 탈북대열에 합류한 결과 이로 인해 한국에 입국하는 북한주민의 수가 2010년경까지 꾸준히 증가하게 되었다.

II. 북한사회의 변동과 활성화된 노동이동

시장화와 북한사회의 구조변동과정에서 활성화된 노동이동(labor mobility)은 1990년대 고난의 행군이전에는 보이지 않던 새로운 현상이라고 할 수 있다. 분단이후 북한사회에서 노동이동은 극도로 억제되어왔다. 국가가 노동력 배치를 다시 하고자 할 때 노동자들에게 이동하도록 지시하였던 반면, 개인의 의사에 따라 직장을 옮기는 일은 극히 드물었다. 그러나, 고난의 행군 이후 시장과 비공식부문이 형성되면서 사람들은 소득이 생기는 이 곳으로 노동이동을 하기 시작한다. 이제 사람들은 생존을 위해 국가가 제공한 직장보다 나은 일자리와 소득을 기대하면서 국가에서 제공한 자신의 직장을 8·3노동자, 결혼퇴직, 병을 빙자한 사회보장 등 여러 가지 방식으로 벗어나서 이동해나간다. 본 글에서 관심을 갖는 것은 바로 이 두 번째 노동이동이다.

'노동이동'이란 노동력의 집단적 흐름을 가리키는데, 경제활동참가와 더불어 노동공급의 양과 규모를 결정해 주는 요소이다(Sullivan, 1999: 457-484).[5] 시장경제에서 노동이동은 생산활동에는 신축성을 제공하고 노동시장에서 노동의 분배를 효율적으로 이루어지게 해주도록 기능한다. 노동이동은 근로자들의 지역간 이주나 산업간 이동, 직종간 이동, 직업간 이동 및 기업간 이동까지를 포함하는 개념이다. 노동이동에는 동일 기업내의 직업상 상향 이동 및 전직에 의한 직업상의 상향이동이 있는데, 근로자 개인을 주체로 보면, 시장경제하에서 근로자가 생애에 걸쳐 경력을 추구하는 과정에서 상향이동을 지향하게 된다(전재식, 2002).

---

5 직업이동이나 일자리 이동은 개인의 근로생애과정에서 일정한 조직내 그리고 조직 간의 이행을 말한다.

북한에서는 근로자 개인이 생애경력을 추구하는 과정에서 직업을 선택하는 것이 아니라 국가가 개인에게 직업을 배치하는 방식으로 이루어졌기 때문에 개인이 직장을 이동하거나 직업을 바꿀 수 없었으며 국가의 명령으로 직장을 옮기는 것 외에는 직장을 이동할 수 없다. 이같은 국가의 강압적인 직업 배치제도가 강고하게 존속할 수 있었던 데에는 직장과 연동된 강력한 배급제도와 사회보장제도의 존재, 일터를 '제2의 집'으로, 직장동료를 가족처럼 여기는 특유한 사회경제 공동체적 분위기가 중요한 역할을 하였다. 그러나, 2000년대 이후 시장화가 진전되면서 남녀별 차이가 더욱 뚜렷해지게 되었다. 국가정책으로 남녀별로 다른 진로가 제시된다. 여성은 결혼과 동시에 국가로부터 강제되는 집단노동 참여의 강제성으로부터 벗어나 가구원의 생계유지를 책임지게 된다(김화순, 2015: 41). 이에 따라 여성들은 남성과 다른 진로를 밟아가게 된다.

　기업에 따라 노동자들에게 주는 배급도 차등적으로 작동되며, 배급량에 따라 개인들의 노동이나 행태는 달라지게 된다. 개인의 사적경제활동이 증가하면서 배급제도도 공식부문에 속한 기업인가 아니면 외국과의 합영기업인지, 시장에 속한 기업인지에 따라 차별적으로 작동하게 되었다. 이제 사회주의 근로자들도 국가가 준 직장에서 일하지 않고 개인의 사적이익을 추구하면서 보다 수입이 나은 직장으로 상향이동하려는 경향을 보이며 음성적인 노동이동행위가 활발해지고 있다. 그렇다면 북한에서 구체적으로 노동이동은 어떻게 발생하며 이동의 흐름은 어떻게 전개되는가? 북한주민의 노동유형을 공식일/비공식일/이중일로 구분한 연구에 따르면(김화순, 2012b; 2013), 이같은 일자리유형별 구분으로는 시장활동을 위주로 하는 정권기관들의 활동과 국영경제부문에서의 활동은 명료하게 식별되지 않는다.

　이 점에서 조한범 외(2016: 23)의 북한 경제부문 구분은 매우 유용하다. 그는 월러스(Wallace, 2004)의 구분을 기초로 아래와 같이 북한사회

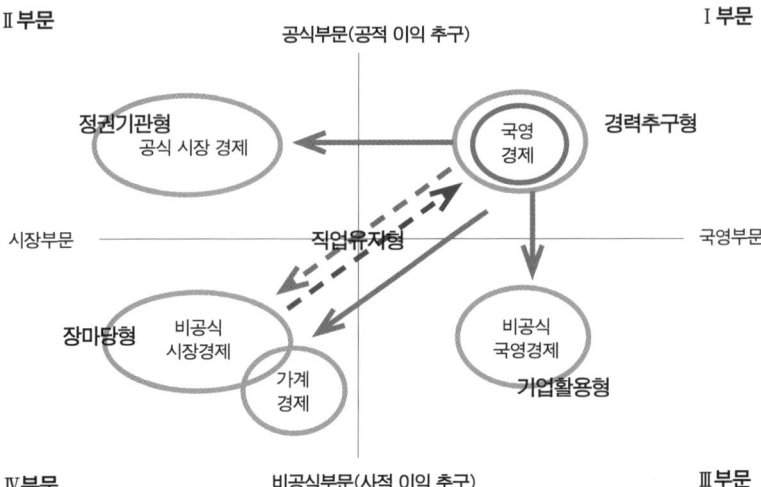

그림 2 북한내 경제부문에서 노동이동의 방향 및 유형

의 경제를 다섯 개로 구분한 바 있다(Wallace, 2004: 5에서 간접인용). 공식 경제부문으로 국영경제와 공식시장경제를, 비공식경제부문으로 비공식 시장경제, 비공식 국영경제, 가계 경제이다(조한범 외, 2016: 23)[6] 이를 도표화하면 그림 2와 같다.

국영경제란 협동농장, 국영농장, 군수산업, 선행부문과 기초공업(에너지, 석탄, 금속, 화학, 철도운수 등) 등을 가리키며, 공식 시장경제는 종합시장을 통한 유통, 시장에 판매하기 위한 텃밭 경작, 시장판매를 위한 국영

---

6   국영경제란 협동농장, 국영농장, 군수산업, 선행부문과 기초공업(에너지, 석탄, 금속, 화학, 철도운수 등) 등을 가리키며, 공식 시장경제는 종합시장을 통한 유통, 시장에 판매하기 위한 텃밭 경작, 시장판매를 위한 국영기업의 생산활동 등을 포함한다. 또, 비공식 시장경제는 가내 생산(식품 및 옷 등)과 가내부업(미용 등 각종 기술 제공), 메뚜기장 영업, 개인 숙박업 등이 포함된다. 비공식 국영경제는 국영경제에 대한 사적투자 활동(개인경영, 생산, 판매) 등으로 구성된다. 가계 경제는 자체 소비를 위한 텃밭 경작 등 자가소비용 생산활동들을 중심으로 이뤄진다(조한범 외, 2016: 23).

기업의 생산활동 등을 포함한다. 또, 비공식 시장경제는 가내 생산(식품 및 옷 등)과 가내부업(미용 등 각종 기술 제공), 메뚜기장 영업, 개인 숙박업 등이 포함된다. 비공식 국영경제는 국영경제에 대한 사적투자 활동(개인 경영, 생산, 판매) 등으로 구성된다. 가계 경제는 자체 소비를 위한 텃밭 경작 등 자가소비용 생산 활동들을 중심으로 이뤄진다(조한범 외, 2016: 23).

북한내부에서 있었던 노동이동을 살펴보기 위해 북한을 탈북한 남자 11, 여자 12명 총 23명의 이동형태를 분석하였다(부표 5장-1과 2 참조). 이 때 사용한 틀은 조한범 등(2016)이 제시한 북한 경제활동 구분이다. 여기서 노동이동을 가능하게 만드는 영역은 4가지로 구분된다. 공적이익을 추구하는 공식부문과 사적이익을 추구하는 비공식 부문 간 노동이동이다. 또 하나의 차원은 국영경제와 시장경제간 영역간 이동이다. 이 글에서는 직장 간, 부문 간의 경계를 넘는 자발적인 노동이동의 활성화가 탈북에 영향을 미쳤다는 가정 하에 부문별(국영기업/공식국영기업/시장공식부문/비공식부문), 일유형별(공식일/비공식일/이중일 종사자)로 이들의 노동이동과 탈북에 이르는 과정을 살펴보았다.[7]

III. 노동이동 유형과 탈북

북한의 노동이동에는 크게 두 가지 유형이 있다. 첫째, 고난의 행군 이전

---

7 탈북행위가 매우 다양하다는 점을 고려할 때, 본 연구에 참가한 23사례로는 부족한 감이 있어 2012년도 1~3월 사이에 필자가 조사책임자로서 인터뷰했던 직행파 30인의 연구자료를 참고하여 다양한 탈북행태를 파악하고자 하였다.

에는 북한 국영기업의 노동자들은 국가의 명령 없이 함부로 이동할 수 없었으며, 국가의 명령에 의한 직업이동만이 존재했다. 국가의 명령에 따라 노동자가 이동하는 경우는 '조동(調動)한다'고 표현하는데, 개인이 좀더 좋은 일자리로 이동하기 위해서 간부들에게 청탁을 해서 이동하는 경우도 없지는 않았지만, 기본적으로는 국가의 명령으로 이동하는 형태를 취한다. 그런데, 고난의 행군시기를 지나 시장화가 이루어지면서 새로운 형태의 노동이동이 나타났다. 개인이 자발적으로 시장경제 부문으로 노동이동하는 것이다.

국영기업에 남아 간부를 할 수 있거나 적어도 '먹을 알 있는 자리'를 차지할 수 있는 사람은 국영 공장과 기업소에 남았다. 그렇지만 공장 기업소에서 일하더라도 이에 따르는 보상을 얻을 수 없는 사람들은 자신의 생계를 위해 혹은 보다 나은 삶을 위해 이동하게 된다.

이러한 노동이동의 양상을 파악하기 위해 탈북이주민 남성사례 12사례, 여성사례 11사례 총 23사례를 분석하였다. 소수를 제외한 대다수의 북한 주민들은 공식부문 국영경제에 속한 영역(Ⅰ)에서 첫 직장을 시작한다. 그러나, 일정기간이 경과하면, 이들 부수입이 좋은 직업지위를 가진 경우를 제외하고는 국영경제 영역에서 벗어나 공식시장경제부문(Ⅱ), 비공식 국영경제(Ⅲ), 비공식 시장경제(Ⅳ)영역을 향해 일제히 부채살처럼(p. 162 그림 2 참조) 이동한다. 어떤 사람이 이동하는가? 바로 공식부문 국영경제에 속한 영역(Ⅰ)에서 소득을 얻지 못하거나 적게 얻는 사람들이다. 당연히 공장기업소의 간부나 '먹을 알'이 있는 자리에 있는 사람들은 이동하지 않는다.

이처럼 공식 국영경제(Ⅰ)내에서 관리자형을 제외한 다른 사례들은 공적 시장경제부문(Ⅱ), 비공식국영경제(Ⅲ), 비공식 시장경제(Ⅳ)영역을 향해 노동이동을 하게 된다(Ⅰ→Ⅱ, Ⅰ→Ⅳ, Ⅰ→Ⅳ→Ⅲ, Ⅰ→Ⅲ). 당간부나 행정간부를 맡아 뇌물을 받는 선택된 극소수 외에는 국영경제 영역에 속한 근로자들은 배급없이 생활비로는 생물학적인 생명을 유지하기 어렵기 때문이다.

이제 북한사람들은 국영기업 조직 내에 남아 집단노동에 참여할지 아니면 개인 노동자(자영업자)로서 살아갈지 선택하게 되었다. 집단노동에 참여할지 개인노동자로 살아갈지를 결정하는 가장 중요한 요인은 젠더이다. 남성들은 국가로부터 노동의 의무가 강화되었으며, 여성들에게는 가족의 생계를 책임지는 일이 맡겨졌다. 결혼한 여성들은 대부분 장마당(Ⅳ, 비공식시장경제)으로 가는게 당연시되며 사회적으로도 용인되는 분위기로 바뀌게 되었다. 여성은 가족의 생물학적 생존을 위해 일하고 남성들은 가족의 정치사회적 생명을 책임지는 세대주로 분업화된다. 그러나 모든 여성들이 장마당에 가서 자영업을 하는 것은 아니다. 능력이 있거나 집안에 권력이 있는 여성들은 또 다른 기회가 있다. 공장이나 기업소에서 '먹을 알'이 있는 자리를 차지한다. 물자를 취급하는 창고장이 되는 여성들은 주로 권력이 있는 집안 출신으로 권력에 의해 그 자리를 차지한다.

물론 남성들도 모두가 공장과 기업소에 남는 것은 아니다. 여성보다는 상대적으로 자유가 덜하지만, 개인적으로 돈을 벌 기회를 만들기 위해 여러 방식으로 노력한다. 이들은 남녀를 막론하고 공적 시장경제부문(Ⅱ, 정권기관형)이나 비공식국영경제(Ⅲ, 국영기업활용)을 터전으로 장마당에 앉아 물건을 판매하는 일보다 상위의 시장활동을 한다. 예를 들어 정권기관이나 국영기업의 간판을 이용하여 와크(무역거래권)를 받거나 혹은 불법적으로 중국과 연계하여 거래한다. 사적 이익을 추구하는 자영업자가 되는 길이다. 공식적으로는 정권기관과 군부 산하 외화벌이 기지장이 되거나 무역회사의 행임원이라는 직업지위를 갖지만, 그들의 본질은 어디까지나 자기사업을 책임지는 자영업자 혹은 고용주이다.

1. 국영경제 부문 종사자의 국가에 의한 노동이동

공식 국영경제 내부에서만 이동하는 사람들이 있다. 이들은 국영경제 부문 종사자의 국가의 명을 받아 노동이동을 하는 경우가 대부분이다. 국영기업 내에서 간부직과 같이 확실한 지위가 있거나 의사나 운전, 부기 등 전문/기술직에 속한 사람들이다. 이들은 국가가 정한 위치에 남아 공동체내에서 인정을 받으며 생산노동에 참여하고자 노력하는 사람들이다. 개인의 이익을 추구하지만 그것을 위해 직장을 이동하지 않는다. 체제에서 주어진 직업질서를 따르면서 성실한 공민(公民)으로 살고자 한다.

남성 12사례 중에서 8사례가 국영기업(Ⅰ)부문 내에서만 이동하였으며, 다른 부문으로 이동한 사례는 4사례였다. 반면에 여성의 경우에는 4사례만이 부문내 이동(여성사례 2, 3, 9. 10)을 하였고 나머지 7사례는 부문간 이동을 하였다(표 1 참조).이처럼 남성은 국영기업내 이동을 주로 하고, 여성의 경우에는 비공식시장경제 등 다른 부문으로 이동하는 경우가 많다.

공식 국영경제 내부에서만 이동하는 경우에도 두 종류가 있다. 하

표 1 공식국영경제 부문내 노동이동

직종		남성	이동	여성	이동
Ⅰ부문내 이동/ 국영경제 (12)	경력 추구형	사례 1 행정간부	Ⅰ 이동 안함	사례 2 연합기업소 부기	Ⅰ
		사례 2 의사		사례 3 도급간부	Ⅰ → Ⅱ (국가 명령)
		사례 3 인민위원회 부원			
		사례 8 노동자 겸 세포비서			
		사례 9 지방산업 노동자			
		사례 11 러시아파견노동자			
	직업 유지형	사례 6 운전기사	Ⅰ ↔ Ⅳ	사례 9 여맹위원장	Ⅰ ↔ Ⅳ
		사례 7 기술자		사례 10 편의사업소	
합계		8		4	

나는 경력추구형이다. 당간부나 행정간부를 경력목표로 삼아 적극적으로 상향적 노동이동을 추구하는 경우이다. 또 하나는 직업유지형 노동자로서 경력개발차원이 아니라 생산노동에 참여하면서 자신과 가족의 생계를 위한 벌이를 병행한다. 경력개발형은 주로 당간부를 목표로 한다. 당간부가 되고자 하는 이들은 Ⅰ영역 국영경제부문 테두리를 벗어나지 않는다.[8] 관리직까지 올라간 사람은 남녀를 막론하고 거의 이 유형에 속한다고 볼 수 있다. 남성 관리직(남성사례 1~3)[9]과 여성 관리직(여성사례 2, 3)[10] 역시 그렇다. 이들은 일정한 범위 내에서 상향이동 혹은 수평이동을 하면서 자신의 경력을 조심스레 발전시켜나간다. 실리(돈)는 자신의 경력을 다치지 않도록 은밀하고 조심스럽게 추구하며 자신이 받은 뇌물에서 일정부분을 떼어 상관에게 정기적으로 상납해서 일신의 안위를 도모한다. 여자사례 3은 여성이지만 대학시절부터 뛰어난 성적을 성취했고 결국 도급당 간부까지 승진한 경우이다.

'직업유지형(Ⅰ↔Ⅳ)'은 국가가 배치한 직업위치를 벗어나지 않으려고 노력하지만 당간부가 되려는 포부는 없다. 우선 이들은 바쁘다. 당장의 생계를 위해 이중 직업생활을 영위하기 때문이다. 아침에는 사회주의 근로자의 신분을 유지하면서 열심히 출퇴근을 하지만, 저녁에는 비공식 시장경제 부문에서 벌이를 하느라 바쁘다. 경력개발형들이 앞에 나서 다른 노동자들을 지휘하는 사람이라면, 직업유지형은 그 뒤를 따르면서 받쳐주는 사람들이라고 할 수 있다. 직업유지형의 대표적인 직업은 기술직이다. 이들은 권력있는 자리를 추구하지는 않지만 자신의 직업지위를 지켜 사회적 질서 속에서 살아가는 것을 중요하게 여긴다. 전기와 원료

---

8 Ⅰ부문, 남성사례 1~3번, 여성사례 2번.
9 1~3사례, 부지배인, 시급간부, 의사.
10 연합기업소 부기, 사례 2.

가 공급되지 않는 상황에서 현재 북한 공장기업소 체제가 그나마 유지할 수 있는 배경에는 이들의 헌신이 존재한다.

왜 이들은 권력있는 자리를 추구하지 않는가? 능력이 있으면서 당간부가 굳이 되려고 하지 않는 기술자들은 출신성분에서 문제가 있는 경우가 많다. 한 행정간부(부기장, 남성사례 7)는 대략 대학을 졸업할 때쯤이면 북한사회가 자신에게 어떤 자리를 어디까지 허용하는지 알게 된다고 말했다. 이 기술자(남성사례 7)는 한때 국가를 위해 열심히 일했지만 그게 다 머저리 짓이었다고 말한다. 자신의 출신 때문이다. 그의 아버지도 기사장으로 그쳤고 자신도 기술직 이상을 바랄 수 없다는 사실을 잘 알고 있었다. 그럼에도 불구하고 한때 그는 국가를 위해 자신의 이익을 챙기지 못하고 열심히 일했던 시절도 있었다.

> 기술자들은 북한에서는 나라를 위해 공헌한다는 의미에서 했지요. 지금 생각해보면 머저리 짓 했지요

기술자(남성사례 7)은 대학을 졸업할 당시 자신이 북한사회에서 어디까지 올라갈 수 있는지를 알게 되었다고 한다. 그래서 그는 크게 욕심을 내지 않고 기술직 행정간부로서 만족하며 살고자 했다. 그러던 그가 결국 북한을 떠나게 된 이유는 누나의 탈북 때문이었다. 부기장으로서 중심적 역할을 했던 기업소에서 나갈 수밖에 없게 된 이후 갈 곳이 없어진 그는 결국 탈북을 선택했다. 공식적인 직업질서의 테두리 내에서 당간부나 행정간부 기술직 간부가 되고자 노력해왔던 이들이 탈북에 이른 까닭은 다음과 같다.

개인과 북한의 미래가 보이지 않아서(기업소 행정간부, 남성사례 1), 친구의 탈북으로 인한 감시(위생관리소 의사, 남성사례 2), 자신의 출신성분 때

문에 당간부로 출세하기 어려워(인민위원회 부원, 남성사례 3), 자녀의 탈북으로(노동자 겸 세포비서, 남성사례 8), 북한의 미래가 안 보여서(지방산업 노동자, 남성사례 9), 러시아에서 방송청취를 하다 걸려서(러시아파견 노동자, 남성사례 11), 친척의 탈북(운전기사, 남성사례 6), 북한의 미래가 안 보여서(기술자, 남성사례 7)이다.

국영기업 내에서 경력을 추구해오거나 직업유지에 힘쓴 여성들의 탈북사유는 한국에 간 가족(딸)의 부름(연합기업소 부기, 여성사례 2), 당국의 검거를 대비(무역관련 간부, 여성사례 3), 탈북한 딸을 찾으러 갔다가 중국으로 갔다가 구속당해서(여맹위원장, 여성사례 9)이다. 여성사례 3(도급간부)의 경우, 전임자나 후임자 모두 업무상 비리로 감옥에 갔으며 그녀 역시 재임기간 중에 있었던 비위가 밝혀지는 바람에 탈북하게 되어 결국 한국에 오게 되었으며 다시 미국행을 꿈꾸고 있다.

2. 개인 노동자의 노동이동과 탈북

공식 국영경제 공장을 떠나 부문간 이동을 경험한 사람들은 어떤 사람들로 보아야할까? 한마디로 그들은 비공식시장경제 영역(Ⅲ부문)에서 일하는 개인자영업자들이며 여성들이 큰 비중을 차지한다. 이들은 장마당이나 기업에서 자신의 사적인 이익을 추구하면서 생계를 유지하고 살아가는 개인이익 추구형이라고도 말할 수 있다. 이들 중 가장 많은 비중을 차지하는 유형은 역시 장마당으로 가는 여성들이다(여성사례 4, 5, 6, 7, 8). 이들은 주로 장마당을 일터로 삼아 가족의 생계유지를 위해 일한다.[11]

---

11 이들 가족단위는 남편은 공장에서 국가를 위해 일하고 아내는 장마당에서 가족을 위해 일하면서 사회주의 대가정의 북한 체제를 지탱하는 기본 동

만약, 여성들이 가족의 생계를 지탱해주지 않는다면 북한남성들의 "국가가 배급을 안 주지만 나는 생산노동에 참여한다는 애국심"도 유지될 수 없을 것이다. 남성사례 10은 2급기업소에 다녔으나 돈을 벌기 위해 아프다는 이유로 사회보장을 받아서 나온 후에 중국으로 가서 공장에 불법취업을 하였으며, 남성사례 12는 대학을 졸업한 이후 공장 기업소에 배정받기 전에 한 공장에 사전교섭을 해서 현실체험자로 등록하고 장사를 하였다.

그러나, 정권기관이 Ⅱ 부문이나 Ⅲ부문으로 이동하는 경우도 있다. 여성들 중에서도 기업의 이름을 빌려서 개인장사를 하는 '기업형'방식으로 업그레이드 하기도 하며(여성사례 11), 정권기관에서 와크를 받아 외화벌이를 하는 '정권기관형'(여성사례 1)도 있다.

8.3비 등 소속공장기업소에 사례비를 매달 내고 시장활동에 참가하는 남성들도 있다(남성사례 4, 5, 10, 12). 보다 나은 소득을 올리기 위해 마약이나 CD등 국가에서 금한 물품에 손을 대는가 하면, 밀수를 하거나 중국이나 러시아 등에 해외노동자로 진출한다. 이들은 공동체보다 개인의 이익을 중시한다. 어떻게든 장사를 해서 돈을 벌겠다는 생각이 확고한 사람들이다.

표 2 부문간 노동이동

직종		남자	이동	여자	이동
부문간 이동 (11)	장마당형	사례 10 중국취업(불법)	Ⅰ → Ⅳ	사례 4 밀무역상	Ⅰ → Ⅳ
		사례 12 현실체험자(인턴)	Ⅳ	사례 5 미용사	
				사례 6 되거리꾼	
				사례 7 담배제조업자	
				사례 8 연유상	
	정권 기관형	사례 4 금광개발업자(외화벌이)	Ⅰ → Ⅱ	사례 1 외화벌이 부기	Ⅱ
	기업형	사례 5 사진업자	Ⅰ → Ⅲ	사례 11 철강판매업자	Ⅰ → Ⅳ → Ⅲ
합계		4		7	

장사하는 형태에 따라 장마당형, 기업형, 정권기관형으로 나누어진다. '기업활용형'은 '장마당'형에 비해 한층 업그레이드된 유형인데 탈북이주자들 중에서 드물게 발견된다. 이들은 국영기업(혹은 정권기관)에 일정금액을 내거나 이익을 나누어주고 기업의 명판(이름)을 빌어 국가의 강력한 규제를 피해 시장활동을 한다. 이들은 Ⅲ부문(비공식국영경제)에 있으며, 이번 연구에는 남성사례 4(금광개발업자), 남성사례 5(사진업자), 여성사례 11(철강판매업자)의 세 사례가 있다. 이들의 관심은 기업의 합법성이나 자원을 이용하여 이익을 안전하게 얻고자 하는데 있으며, 맨몸으로 보호 없이 부딪히는 장마당이 아니라 군부 등 정권기관이나 무역회사의 외피를 쓰고 거래한다. 그렇지만 기업의 이름으로 장사를 한다고 할지라도 길게 유지할 수 있는 직업은 아니다.

한 달에 150달러를 내고 기업의 이름을 빌려 철강판매하는 일을 했던 여성사례 11은 자신의 삶을 돌아보면서 잦은 직장이동을 할 수 밖에 없는 이유를 아래와 같이 설명했다.

연: 몇 번이나 (직장)이동을 하셨어요? 선생님. 2010년도에서 2015년도 사이에.
북: 네. (5년간)네 번? 된 거 같아요. (중략) 아 근데 저기서는 그럴 수 밖에 없고 어쨌든 파동이 심하고 시기 등이 많아 한 기업에 많이 있을 수가 없어요. 저기는 대체로 다 중국하고 기업인데 그게 이런 무슨 파동이 많이 붙잖아요. 그러니까 조금 대외관계가 나쁘게 되면 또 중국 놈들이 나왔다가 다 기어들어가고 하거든요. .....그렇게 되면 그 다음엔 거덜이 나는 거에요. 그러니까 우리가 얼마나 계속 그 안에 조금 앉아 있으려면 오늘 좋았다 내일 나빴다가.

'정권기관형'은 특권기관들의 유지를 위해 국가의 비준을 받아 무역

활동을 한다. 이들은 외화벌이 기지를 차리고 군기관이나 각종 정권기관의 와크(무역거래권)를 받아 수입을 하고 거래한다. 외화벌이 기지장과 부기가 가장 대표적인 직업이다. 본 연구의 여성사례 1(군외화벌이 사업소 부기)과 여성사례 3(도급 무역간부), 남성사례 4(금광개발업자)가 이에 속한다. 이들은 가장 큰 돈을 벌지만 불법적인 일에 연루되어 범죄인으로 전락할 위험성도 가장 높은 사람들이다.

이들의 탈북이유는 무엇인가? 실제로 여성사례 1(외화벌이 회사 부기)의 경우에는 부기를 하면서 중국대방과의 음성적인 거래를 통해 큰 재산을 만들었는데 결국 이 일이 드러나게 되는 바람에 당국의 처벌을 피해 탈북하기에 이르렀다. 남성사례 4 금광개발업자도 자신의 회사간부들이 갑작스럽게 구속되면서 그동안 금광에 투자한 돈조차 건지지 못한 채 신변의 위험을 피해 탈북하게 되었다.

여성들의 탈북사유를 보면 화폐개혁 충격/재산을 몰수당해서(밀무역상, 여성사례 4), 김정은 등장이후는 북한의 미래가 없다고 생각되어(미용사, 여성사례 5), 화폐개혁으로 인한 장사자금의 몰수/아들의 수배와 연이은 추방으로 장사를 할 수 없게 되어(되거리꾼, 여성사례 6), 사고로 본인의 장사가 망한 데다가 남편의 출신성분(재일교포)으로 출세길이 막혀(연유상, 여성사례 8), 회사일하다 비리로 구속이 예상되어서(외화벌이 부기, 여성사례 1), 보다 개명한 세상에서 살고자/자유로운 장사를 꿈꾸며(철강판매업자, 여성사례 11) 이다. 여성들은 다른 세상에서 자유롭게 장사를 하고 싶다고 말했다. 여성 사례 11은 20대에는 직장 사회주의청년동맹에서 충성스러운 노동자이자 간부로 일했으나, 결혼이후 장사를 하면서 장사를 하기 좋고 개명한 세상에서 살고 싶다는 생각으로 바뀌게 되었다.

부문간 이동을 해왔던 남성들의 탈북사유는 귀환시 처벌의 두려움과 신변안전(기술자, 중국취업, 남성사례 10), 사촌의 탈북으로 자신의 진로가 막혀서(연좌제)(현실체험자, 남성사례 12), 성녹화물 등 단속에 걸려서(금광개발업자, 남성사례 4)이다. 이들은 개인 사업을 하는 중에 북한당국의 제재나 단속에 걸려 법적 처벌의 대상이 된 경우가 많았다.

중국에서 취업한 경험을 가진 남성사례 10(기술자)은 시장경제를 경험하고 난 후에 자본주의에 가서도 자신이 잘 살 수 있으리라는 자신감을 갖게 되었다고 술회한다.

> 저는 뭔가를 할 수 있는 신심이 생겼기 때문에 (한국에) 온 겁니다. 저 사회는.. 사회주의가 관리(하는) 자본주의 체제는 비정상이다. 자본주의가 되든지 사회주의가 되든지 할 것이다. 결국 망하는 길밖에 없다. 미래가 없다. 중국에 있으면서 (그런) 확신이 섰기에 .. 내가 가진 기술로 얼마든지 새로운 세상을 얼마든지 살아갈 수 있다. 사회주의보다는 이런 세상에서 더 잘 살아갈 수 있다. 나 스스로.[12]

위에서 보는 바와 같이 공식 국영경제부문을 지켜온 집단노동 참여형에게는 북한당국의 탄압 등 밀어내기 요인이 탈북을 결정하는 주된 요인이 되었다. 이같은 요인은 비공식경제부문 등 시장경제와 혼합된 부문으로 이동한 개인이익추구형들에게도 공통적이다. 그러나, 개인이익추구형들은 밀어내기 요인 외에도 또 다른 유인요인이 작용한다. 한국에 가면 장사를 해서 더 잘 살 수 있다는 기대감과 자신감이다.

---

12 2017년 6월 11일 면접, 기술자, 남성사례 10.

Ⅳ. 나가며

이 연구는 북한체제의 구조변동과 이에 수반되는 북한사회 내부의 노동이동이 새로운 '직행 탈북이주자'의 발생배경이라는 가정 하에 북한사회경제를 구획하는 공식/비공식, 시장/국영부문의 네 영역간 이동형태를 분석하여 탈북이주자 23개 사례의 노동이동 양상과 탈북원인을 분석하였다. 본 연구에서 23개 사례의 노동이동을 분석한 결과 발견한 중요한 특징은 다음 세 가지이다.

첫째, 노동이동에는 부문내부의 이동과 부문간 이동이 있다. 여기서 부문내부 이동은 국가의 명령을 받아 이루어지는 노동이동이다. 공식부문 국영경제(Ⅰ)내부에서 이동을 말하며, 국가의 명령을 받고 국영기업에서 국영기업으로 이동하거나 승진하는 경우이다. 부문간 이동이란 시장화이후 생겨난 새로운 형태의 노동이동이다. 연구에 참여한 직행이주자들의 노동이동 경로를 분석한 결과, 보다 나은 소득을 찾아 국영경제부문(Ⅰ부문)을 떠나서 시장경제가 혼합된 부문(Ⅱ, Ⅲ)이거나 비공식부문(Ⅳ부문)을 향해 이동하는 노동이동의 흐름이 뚜렷하게 나타났다. 북한내부에서 직행이주자들은 공식부문 국영경제(Ⅰ)에서 공적시장경제부문(Ⅱ), 비공식국영경제(Ⅲ), 비공식 시장경제(Ⅳ)영역을 향해 부채살처럼 퍼져가는 형태로 노동이동을 하고 있었다.

둘째, 노동이동을 하더라도 남녀별 노동이동의 형태가 다르게 나타났다. 여성들은 부문간 이동(Ⅰ → Ⅳ)을 하는 경우가 많았지만, 남성들은 부문간 이동을 하는 경우가 적고 부문내(Ⅰ) 이동이 더 많았다. 이는 남성의 공장 기업소 이탈을 허용하지 않는 국가정책과 관련이 있다고 여겨진다.

셋째, 탈북동기를 보면 북한에서 밀어내기 요인과 한국으로 가면 더 잘 살 수 있다는 유인요인이 복합적으로 작용하고 있었다. 그러나, 두 번째의 새로운 노동이동 즉 시장경제를 향한 이동을 경험한 사람들은 장사를 자유롭게 할 수 있는 한국에 가면 더 풍요롭게 살 수 있으리라는 기대감이 컸으며, 이런 기대감이나 자신감이 탈북행위에 탈북에 영향을 미쳤다.

본 연구는 식량난민 이후 새로이 등장한 '직행 탈북이주자'에게 초점을 맞추어 이들의 탈북과정을 노동이동의 맥락에서 살피고 노동이동이 탈북에 미치는 영향에 대해 살펴보았다. 선행연구에서 탈북이주의 결정요인과 과정 그리고 유형에 대한 연구들은 전혀 이루어지지 않고 있다는 점에 착안하여, 북한에서 한국을 향해 출발하는 사람들이 탈북이라는 특수한 형태의 이주행위를 하기 전까지 어떤 과정을 거치는지 살피고자 하였으며, 특히 이 연구는 북한에서 북한주민의 탈북결정요인을 '노동이동'의 맥락에서 분석하고자 하였다.

그렇다면, 이 연구에서 처음에 세웠던 가설과 같이 북한내부의 노동이동 활성화가 직행파의 탈북행위를 추동하는데 중요한 요인으로 작용하였는가? 이를 밝히기 위해 부문간 노동이동을 하며 자영업자나 준자영업자로 일한 탈북자사례들과 공식 국영경제부문을 벗어나지 않고 부문내 탈북사례들에 나타난 탈북이유를 비교하였다.

분석 결과 두 집단은 질적 차이를 보이고 있었다. 먼저 부문간 이동을 자주 하면서 시장경제를 경험한 이들은 왜 부문내 노동이동만 경험한 집단에 비해 한국에 가면 더 잘 살 수 있다는 기대감과 자신감을 가졌다. 특히, 새로운 노동이동을 한 경험 즉 시장경제 부문에서 일한 경험이나 이동경험은 탈북행위에 유인으로 작용하였다. 이는 역으로 여성들의 탈북이 왜 많은지를 설명해준다. 여성들은 시장경제와 혼합된 다양한 부문에서 이동해서 일한 경험을 통해 탈북에 새로운 기대와 전망을 부여하였다. 그 기대는 자유로운 세상에 가서 장사를 하겠다는 것으로 특히 2009년말의 화폐개혁을 통해 장사자금을 국가에 의해 억울하게 몰수 당한 사람들은 한국에 가서 자유로이 장사를 할 수 있기를 기대하고 있었다.

　한편, 공식 국영경제부문 즉 공장과 기업소에서 일하는 이들은 기업에서 정한 규칙을 잘 따르는 사람들이었으나, 가족친지의 탈북, 체제관련 말 실수나 한국방송 청취와 같은 사건과 사고로 인해 어쩔 수 없이 탈북을 결심하는 경우가 대부분이다. 특히 국영경제 부문에서 노동이동 없이 일해온 이들의 탈북사유 중 가장 많은 비중을 차지하는 이유는 한국에 온 탈북자를 가족이나 친구, 친지로 두었기 때문이었다. 이는 시장경제 부문으로 노동이동을 경험한 사람들의 경우에는 '시장경제에 대한 선망'이라는 심리적 요인이 크게 나타나는 것과 대비된다. 이로 미루어 기존의 공식국영경제 영역의 경계선을 넘어 시장화된 다른 부문으로 이동하는 노동이동 경험이 탈북행위를 촉진하는 요인으로 작용했다고 볼 수 있다.

　과거 1990년대에 식량위기로 인해 국경을 넘고 중국에서 다시 한국에 이주하게 된 식량난민세대는 재난적 수준의 식량위기라는 '밀어내기 요인'에 의해 탈북을 했다. 반면에, 북한에서부터 한국을 목적지로 온 직행이주자들 중에서도 부문간 이동을 하면서 개인자영업자나 기업인으로 일한 사람들은 보다 적극적인 이주자들이라고 할 수 있다. 왜 적극적인가? 2000년대 이후 시장화의 흐름 속에서 북한내부의 노동이동과 시장경제 활동경험을 바탕으로 개인 의식의 변화를 경험하고 새로운 세계로 나아가 살기를 꿈꾸면서 탈북에 이르렀기 때문이다. 반면에 국영기업 내에서 국가의 배치에 따른 직업이동만 경험한 국영기업종사자들은 대부분 탈북자 가족이었다. 가족의 탈북으로 인해 북한사회에서 출세길이 막히거나, 사상적 통제의 감시로 인해 어려움을 겪다가 어쩔 수 없이 탈북하였기 때문이다.

현재 입국하는 탈북인 중에서도 직행이주자들은 그 존재 자체가 북한의 구조적 변동 속에서 나타나는 북한주민들의 변화를 보여주는 중요한 지표이며, 기존의 식량난민들과 탈북동기나 의식이 다르다. 이것이 오늘날 우리가 직행탈북이주자에게 더 각별히 주목하는 이유이다.

부표 5장-1 북한이탈주민 입국자 수(~2019.6월 현재)

구분	1998	2001	2002	2003	2004	2005	2006	2007	2008	2009	합계
남(명)	831	565	510	474	626	424	515	573	608	662	
여(명)	116	478	632	811	1,272	960	1,513	1,981	2,195	2,252	
합계(명)	947	1,043	1,142	1,285	1,898	1,384	2,028	2,554	2,803	2,914	
여성비율	12%	46%	55%	63%	67%	69%	75%	78%	78%	77%	
구분	2010	2011	2012	2013	2014	2015	2016	2017	2018	2019.6 (잠정)	
남(명)	591	795	404	369	305	251	302	188	168	75	
여(명)	1,811	1,911	1,098	1,145	1,092	1,024	1,116	939	969	471	
합계(명)	2,402	2,706	1,502	1,514	1,397	1,275	1,418	1,127	1,137	546	33,022
여성비율	75%	71%	73%	76%	78%	80%	79%	83%	85%	86%	72%

출처: 통일부

부표 5장-2 남녀별/직종별/일유형별 연구참가자의 직종 및 일유형(최종직업기준)

직종	남자	일유형	여자	일유형
관리직/ 전문직	1. 행정간부(적대계층) 2. 00사업소 의사(제일교포) 3. 인민위원회(재일교포)	공식일	군외화벌이 부기 2. 국영기업 부기 3. 도급간부	공식일
사업자	4. 금광개발자	공식일	4. 밀무역상 5. 미용사	비공식일
	5. 사진업자	비공식일	6. 되거리꾼 7. 담배제조업자 8. 연유상	
사회단체	6. 직맹위원장	공식일	9. 여맹위원장	공식+ 비공식일
기술직	6. 운전기사 7. 기술자(단위책임자, 적대계층)	이중일		
노동자	8. 노동자 겸 세포비서 9. 지방산업 노동자(적대계층)	공식일	10. 편의사업소 반장 11. 공장소속 개인사업자	공식일 비공식일
	10. 기술자(중국출신)	비공식일		
	11. 노동자(해외파견)	공식일		
	12. 현실체험자(탈북자친척)	비공식일		
	12		11	

제6장
저임금노동시장에 갇힌 탈북민들

박성재

I. 들어가기

현대사회에서 '일자리'는 중요한 의미를 갖는다. 직업은 살아가는데 필요한 수입을 얻는 경제적 수단일뿐 아니라 공동체 구성원으로서 개인과 사회를 연결해주는 가교역할을 수행하며 자신의 능력과 소질을 개발하고 자아를 실현케 해 삶을 풍요롭게 하는 부가적 기능을 갖기 때문이다. 이러한 이유로 모든 국가가 국민에게 근로의 권리를 요구하고 국가는 국민의 고용증진과 최소한의 생활을 유지할 수 있는 법적·제도적 장치를 갖추고 있다.

하지만 오늘날 세계 각국이 고용문제로 골머리를 앓고 있다. 세계경제 침체로 경제성장률이 크게 둔화되었고 과학기술의 발달과 함께 글로벌 경쟁격화는 일자리 확보를 위한 국가간 경쟁을 부채질해 고용안정성이 약화되고 격차확대를 초래하고 있다. 과거 2차에 걸친 산업혁명이 산업사회를 고도화시키면서 많은 일자리를 만들어 냈지만 '숙련편향적 기술변화'의 성격을 띤 3차 산업혁명을 거치면서 일자리 양극화와 소득 불평등이 심화되고 있다. 현재 진행되는 4차 산업혁명은 승자독식 시장구조를 고착화시켜 일자리 격차를 심화시키고 고용분담율이 높은 서비스 일자리를 파괴하는 미증유의 상황이 진전될 것으로 전망되고 있다. 고용문제가 핵심 사회현안으로 등장하자 각국은 노동시장 유연성을 확대하고 기업경쟁력을 강화하는 정책을 추진하는 한편 노동시장 구조변동에 취약한 집단의 사회적 배제를 예방하기 위한 노력을 강화하고 있다.

우리나라는 과거 높은 경제성장에 힘입어 산업구조를 고도화시키고 질 좋은 일자리를 대량 공급하였다. 하지만 외환위기를 거치면서 경제성장률이 둔화되고 신자유주의적 경제정책의 영향으로 일자리 양극화가 빠르게 진행되면서 지난 20여년동안 고용문제가 핵심 사회이슈로 다뤄졌다. 최근에는 자동차, 조선, 반도체 등 주력 제조업의 경쟁력 저하에 생산가능인구 감소까지 겹치면서 고용증가율이 크게 둔화되자 국민들이 느끼는 고용 위기감은 더욱 커지고 있다. 높은 수출의존도와 내수시장 규모가 작고 영세 중소기업 비중이 과도하게 높은 산업구조의 취약성 때문에 일자리 문제의 조기 완화·해소는 쉽지 않은 상황이다.

어느 국가나 고용취약계층이 존재하기 때문에 정부는 일차적으로 이들의 노동시장 진입 및 정착을 지원하기 위한 정책을 추진한다. 우리나라의 경우에도 청년, (경단)여성, 고령자 같은 취업계층이 광범위하게 존재하고 이들을 위한 고용대책을 수차에 걸쳐 추진한바 있다. 하지만 이들 집단 외에도 사회적으로 관심을 가져야 할 다양한 소수자 집단이 존재한다. 인력의 국제이동 증가로 국내에도 많은 이주민(외국인, 혼인이주민, 국적동포, 탈북민 등)이 체류 중인데, 이중 북한 식량난을 계기로 남한에 입국하기 시작한 탈북민은 2019년 3월 현재 3만2천 명 수준이다. 다른 집단에 비해 인구규모는 작지만 한국전쟁 이후 남한에 입국한 북한출신 국민이라는 특수한 지위를 갖고 있어 정부는 이들의 정착지원을 위한 다양한 노력을 기울이고 있다. 정책지원에 힘입어 탈북민 고용사정이 추세적으로 개선되고 있지만 여전히 임시·일용직 비율이 높고 저임금근로자 비중이 높은 등 고용여건은 열악한 실정이다. 물론 이주민이 이주국에 뿌리내리는데 많은 시간과 노력을 요하는데 특히 체제가 다른 사회에서 성장한 탈북민의 자본주의사회 정착은 훨씬 어려움이 많다. 경제구조의 차이뿐 아니라 사회적 인식 및 관습 차이, 일에 대한 태도, 소수집단에 대한 편견에 더하여 남북대치 상황에서 현실적으로 존재하는 북한이라는 정치체제 출신국이라는 부정적 평가 등이 노동시장 진입에 장애요소로 작용하고 있다.

이런 점에서 본 장에서는 탈북민의 경제활동실태를 통해 이들이 노동시장에서 어떤 상황에 놓여있는지, 고용사정이 추세적으로 개선되고 있는지, 저임금 함정에 빠져 있는 것은 아닌지, 이 경우 어떤 정책적 노력을 강화하는 것이 필요한지 등을 살펴보고자 한다. 통일을 지향하는 우리 사회에서 남북 경제교류 나아가 통일의 시대를 앞둔 현 시점에서 탈북민들이 자신의 역량과 능력을 펼칠 수 있는 열린 사회를 만드는 것은 매우 중요한 도전이기 때문이다.

II. 탈북민 경제활동실태

탈북민의 성공적인 정착이란 이들이 한국사회에 대한 이해가 충분하고 누구의 도움없이도 자신을 포함한 가계의 생계를 꾸려 나갈 수 있는 역량을 갖춘 것으로 정의할 수 있을 것이다. 위 정의를 따를 때 한국사회

정착은 노동시장 통합정도, 즉 취업 일자리가 안정적이고 직업전망이 높으며, 가계를 부양할만큼 충분한 소득을 확보할 수 있는지를 기준으로 판단할 수 있을 것이다.

　기존 주요 실태조사 자료를 통해 탈북민의 노동시장 정착 정도를 살펴보자. 표 1은 실태조사자료 중 2010년 이후 탈북민의 고용지표를 제시하고 있다. 북한이탈주민지원재단(현 남북하나재단)이 실시한 실태조사를 중심으로 살펴보면 2011년 이후 경활률은 55% 내외, 고용률 50~51% 내외, 실업률은 10% 수준이었지만, 이후 고용사정이 빠르게 개선되어 2018년 조사에서는 고용률 60.4%, 실업률 6.9%로 나타났다. 추세적으로 고용률은 증가하고 실업률은 하락해 탈북민의 노동시장 정착도가 증가하였다고 평가할 수 있다. 또한 일반국민과 비교하면 실업률(3.8%)은 다소 높지만 고용률(60.7%)은 소폭 낮은 수준이어서 고용지표상으로는 남북주민간 격차가 과거에 비해 크게 감소하였다. 이러한 결과는 일차적으로 정부가 정착지원법에 의거해 취업보호, 직업훈련, 직업지도, 학력·자격인정, 창업지원, 사회적 기업 등 다양한 취업지원서비스를 제공하였는데 이러한 정책적 노력이 일정부분 성과로 이어졌다고 평가할수 있다. 둘째는 탈북민 구성변화가 고용지표를 개선시킨 효과도 존재한다. 2010년대 들어 신규 입국자 유입이 둔화되면서 정착기간이 긴 탈북자 비중이 빠르게 증가하고 있는데 장기체류자 비중이 늘어날수록 고용지표 개선 효과가 클 것이다[1].

　이어서 탈북민이 취업한 일자리를 살펴보면 고용의 질 또한 빠르게 개선되고 있다. 고용형태를 살펴보면 취업자의 절대다수가 임금근로

---

[1] 탈북민 규모가 크지 않아 신규 입국자 비중이 높을 경우 모집단 구성이 달라지기 때문에 횡단면 자료상 고용지표 비교는 의미가 낮다.

표 1 탈북민 취업률 추이

	조사대상	조사기관	표본수	경활률	고용률	실업률
2010	2000년 이후 국내입국자	북한이탈주민지원재단	1,200명	42.5	38.7	8.8
2011	2010. 12기준 19세이상자	북한이탈주민지원재단	7,129명	56.5	49.7	12.1
2012	2011. 12기준 19세이상자	북한이탈주민지원재단	9,493명	54.1	50.0	7.5
2013	2012. 12기준 만20세이상	북한이탈주민지원재단	2,355명	56.9	51.4	9.7
2014	2013. 12기준 만15세이상	남북하나재단	12,777명	56.6	53.1	6.2
2015	2014. 12기준 만15세이상	남북하나재단	2,444명	59.4	54.6	4.8
2016	2015. 12기준 만15세이상	남북하나재단	11,914명	55.8	55.0	5.1
2017	2017. 5 기준 만15세이상	남북하나재단	26,430명	61.2	56.9	7.0
2018	2018. 5 기준 만15세이상	남북하나재단	26,693명	64.8	60.4	6.9

자료: 북한이탈주민지원재단, 2010-2018

자이고 비임금근로자는 13~14%에 그쳐 일반 국민에 비해 임금취업자 비중이 현저히 높다. 2000년대 중반까지만 하더라도 취업자의 상당수가 비공식부문에 취업하고 아르바이트나 단기계약직과 같은 임시·일용직에 종사하는 비율이 높았으나 이후 공식 노동시장에 진입하는 비율이 증가하고 있음은 긍정적으로 평가할수 있다. 임금근로자로 취업한 경우에도 2010년대 초반에는 임시·일용직 비율이 높았으나 이후로는 상용직 비중은 증가하고 일용직은 감소하는 현상이 뚜렷하다. 즉, 2005년에는 상용직이 25.8%에 불과하였으나 2011년 45.4%로 증가하였고 2018년은 63.5%로 전체임금근로자의 73.0%가 상용직인 것으로 나타나 탈북민의 고용안정성이 빠르게 개선되고 있다(일반 국민은 2018년 기준으로 임금근로자 중 상용직비율은 68.64%).

직업은 직업위세를 보여주는 대표적인 지표인데 생산직과 서비스판매직 비중이 높은 가운데 시간이 흐를수록 전문관리직 및 사무직 비중이 증가해 탈북민이 가진 일자리 또한 점차 개선되고 있다. 전문관리직의 경우 보다 고도의 전문성과 지식, 판단력을 요구하기 때문에 상대적으로 고용안정성과 일자리보상 수준이 높은데 탈북민 중 이들 일자리에 취업한 자가 증가하고 있음은 정착기간이 증가함에 따라 안정적인 일자리로 진입하는 경향이 증가하고 있음을 의미한다. 다만 여전히 생산직 중 단순노무직이 22.5%에 달하고 서비스판매직 종사자 또한 25.5%

표 2 취업자의 직종 및 종사상 지위 (단위: 명, %)

	종사상지위					직종				
	소계	상용	임시	일용	고용주·자영업	무급	소계	전문기술 행정관리	사무 종사자	서비스 판매직	농림 어업	생산직
2005.12	124	25.8	15.3	51.6	7.3	0.0	121	12.4	3.3	31.4	0.0	52.9
2006. 6	73	35.6	15.1	42.5	6.8	0.0	77	1.3	2.6	35.1	0.0	61.0
2006.12	157	19.7	19.1	57.3	3.8	0.0	153	8.5	4.6	36.6	0.0	50.3
2007.11	131	32.1	9.2	55.0	3.8	0.0	128	10.2	7.0	30.5	0.8	51.6
2008.11	162	46.9	3.1	42.6	6.8	0.6	162	8.0	8.0	23.5	0.6	61.1
2009.12	162	68.5	4.9	37.0	6.2	0.0	189	6.9	4.2	26.5	0.5	61.4
2010	465	40.9	19.6	34.4	5.0	0.2	465	13.9	8.8	30.5	1.3	45.2
2011	3,443	45.4	15.2	32.2	6.4	0.8	3,450	7.0	8.6	30.5	1.1	45.2
2012	4,584	52.2	17.6	22.6	7.0	0.5	4,584	7.0	8.8	28.4	-	48.5
2013	1,210	51.5	16.4	20.7	9.7	0.8	1,210	15.7	10.8	26.8	0.7	44.8
2014	6,459	54.1	16.0	20.4	8.8	0.7	6,459	13.4	9.4	27.7	0.8	47.0
2015	1,213	60.1	15.5	15.6	7.6	0.5	1,213	10.3	8.4	33.4	0.6	46.0
2016	6,320	53.5	13.8	17.2	10.3	1.2	6,320	12.8	8.7	32.4	0.6	43.6
2017	14,801	57.3	11.9	16.5	13.6	0.6	14,801	17.2	9.4	27.7	0.7	44.9
2018	-	63.5	9.5	13.9	12.3	0.9	-	18.6	10.1	25.5	0.9	44.8

자료: 북한인권정보센터 2005~2009; 북한이탈주민지원재단 2010~2018

로 전체 취업자의 50% 가까이가 단순 노무·서비스직종에 종사하고 있는데 노동시장 안착이라는 측면에서 직업전망이 높은 일자리로의 이행 지원을 강화할 필요가 있다.

취업 업종은 제조업(23.7%), 음식숙박업(15.4%), 도소매업(10.7%), 보건업 및 사회복지서비스(9.8%) 비중이 상대적으로 높은데, 이들 4개 업종이 차지하는 비중이 전체 업종의 59.6%로 탈북민의 취업 업종이 특정 분야에 집중되는 현상이 뚜렷하다. 일반 국민과 취업업종을 비교해보면 탈북민의 경우 제조업과 음식숙박업 취업자 비중이 일반 국민의 거의 2배 수준에 육박하고 있다.

탈북민이 취업한 사업장 규모를 보면 완만하게나마 5인 미만 사업장 취업자는 감소하고 100인 이상 사업장은 지속적으로 증가하고 있다. 하지만 2018년에도 67.3%가 30인 미만 소규모 사업장에 취업했고 300인 이상 대규모 사업장 취업자는 8.3%에 그쳐 여전히 영세사업장 취업

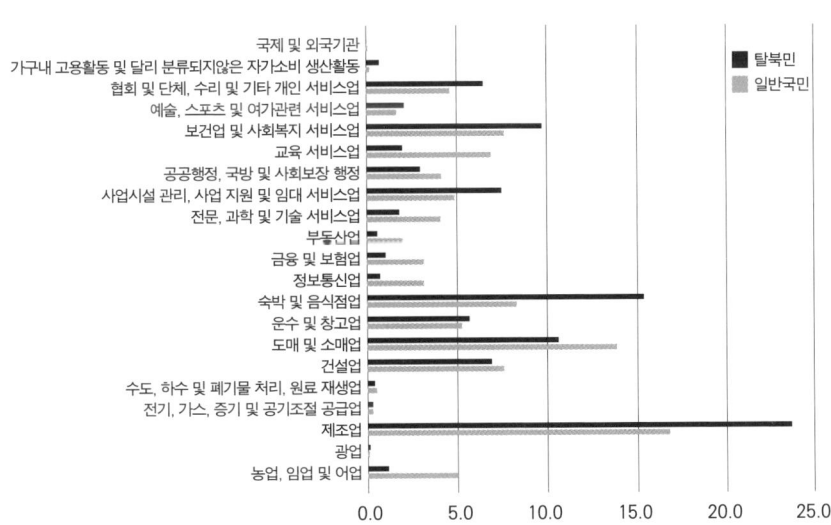

그림 1 2018년 일반국민과 탈북민의 취업업종
자료: 통계청, 2018

자 비중이 높은 편이다. 탈북민 취업사업장 규모의 영세성은 탈북민이 주로 취업한 업종이 상대적으로 진입 문턱이 낮은 자영업 성향이 강한 음식숙박업이나 도소매업이라는 점과 관련이 있다. 또한 취업자 비중이 높은 제조업의 경우에도 30인 미만 소규모 사업장에 취업한 자의 비중이 높다는 점도 영향을 미쳤다. 우리나라의 경우 사업장 규모에 따라 근로조건 및 숙련형성 가능성에 차이가 큰데 소규모 사업장 취업자 비중이 높을 경우 탈북민의 경력형성에 미치는 긍정적 영향이 제한적일 것이다.

임금근로자로 취업한 자의 평균 근속을 살펴보면 1년 미만 단기 근속자는 감소하고 3년 이상 장기 근속자는 증가하는 경향이 관찰되고 있다. 2011년에는 60% 이상이 1년 미만 단기 근속자였으나 이후 빠르게 감소하여 2018년에는 42.6%에 그쳤다. 반면 3년 이상 장기근속자는 2010년에는 11.8%에 불과했으나 2015년 이후 비중이 큰 폭으로 증가해 2018년에는 27.5%까지 상승하였다. 이 결과 임금근로자의 평균 근속기간이 2015년 16.5개월에서 2018년 26.9개월로 큰 폭으로 증가하였는데, 탈북민의 근속 장기화는 숙련형성의 기회증대라는 측면에서 긍정적으로 평가할 수 있다. 이러한 결과는 정착기간이 긴 탈북민 비중이 증가한 점과 장기근속을 유도하기 위한 고용지원금이 영향을 미쳤을 것으로 보인다. 그러나 2018년 8월 경제활동부가조사 결과와 비교해보면 일반 국민의 평균 근속기간인 5년 11개월(정규직 7년 7월, 비정규직 2년 6월)에 비해 평균 근속기간이 훨씬 짧아 탈북민들이 잦은 입·이직을 경험하고 있음을 보여준다(통계청, 2018). 장기근속시 숙련습득을 통해 얻게 되는 임금상승 및 고용안정성 제고라는 선순환구조를 고려할 때 장기근속을 유도하는 정책을 보다 강화할 필요가 있겠다.

마지막으로 취업의 질을 가장 잘 대표하는 임금수준을 살펴보자. 임금근로자의 3개월 평균임금 분포를 보면 2010년대 초반에는 70% 가

표 3 취업자의 사업장규모 (단위: 명, %)

	5인 미만	5~9인	10~29인	30~99인	100~299인	300인 이상	전체
2010년	33.2	20.4	20.2	16.4	5.6	6.3	465
2011년	28.0	21.3	20.8	17.9	6.8	5.3	3,429
2012년	24.7		43.0	18.7	7.4	5.0	4,584
2013년	25.2	20.2	24.1	16.8	7.0	5.6	1,210
2014년	27.1		42.6	16.0	7.7	5.1	6,459
2015년	24.5		46.1	17.1	6.2	5.6	1,213
2016년	27.9		41.3	17.1	6.8	4.9	6,320
2017년	32.1		38.5	14.5	7.3	6.5	14,801
2018년	30.1		37.2	15.7	7.4	8.3	15,829

자료: 북한이탈주민지원재단, 2010-2018

표 4 임금근로자의 근속기간 (단위: 명, %)

	2010	2011	2013	2015	2016	2017	2018
6개월미만	63.4	60.5	28.2	38.1	43.3	45.3	42.6
6월~1년미만			21.1	16.7			
1~2년미만	15.7	18.0	21.2	20.1	18.4	18.5	19.2
2~3년미만	9.0	7.6	20.8	12.5	10.6	10.7	8.9
3년 이상	11.8	13.7	6.0	12.5	20.6	23.2	27.5
합계	465	3,446	1,073	1,052	5,304	12,690	13,755

주: 2012, 2014년은 분류기준이 상이해 제시하지 않음
자료: 북한이탈주민지원재단, 2010-2018

까이가 월평균 소득이 150만원 미만에 그쳤지만 2015년 이후에는 200만원 이상 소득자가 빠르게 증가해 2018년에는 임금근로자의 42.8%가 200만원 이상 소득을 얻고 있다. 탈북민들의 평균임금이 낮은 것은 소규모사업장의 생산직과 판매·서비스직으로 그리고 비정규직으로 취업해 있는 자의 비율이 높기 때문일 것이다. 다만 평균임금이 2015년 154.6만원에서 2018년 189.9만원으로 3년 동안 22.8% 증가하는 등 최근 들어 임금증가 폭이 상당히 컸다. 일반국민의 소득수준과 비교하면 여전히 낮

은 수준이고 300만원 이상자가 차지하는 비중이 11% 내외에 불과한 상황이지만(통계청의 2018년 8월 경제활동부가조사에 따르면 임금근로자의 월 평균 임금은 255.8만원, 정규직 300.9만원, 비정규직 164.4만원), 비교적 빠른 속도로 일반 국민과의 임금격차가 완화되고 있음은 높게 평가할 수 있다.

한편, 취업자의 주당 평균 근로시간은 정부의 근로시간 단축정책의 영향으로 2013년 48.9시간에서 2018년 47.2시간으로 소폭 하락했다. 하지만 일반국민(2018년 8월 임금근로자 기준, 36.6시간)에 비해 10.6시간 긴데 탈북민들이 장시간 근로관행이 있는 사업장 취업 비중이 높기 때문이며, 시간당 임금으로 계산하면 일반국민과의 임금격차는 더욱 확대된다.

표 5 임금근로자의 3개월 평균임금 (단위: %, 만원)

	50만 이하	50~100만	100~150만	150~200만	200~300만	300만 이상	평균
2010년	19.3	28.4	33.1	11.0	5.1	3.0	-
2011년	8.5	26.1	43.0	18.1	5.7	2.1	121.3
2012년	6.2	22.7	45.1	18.2	5.5	1.1	137.7
2013년	5.4	20.9	41.8	23.6	7.3	0.7	141.4
2014년	6.0	17.5	42.7	24.3	7.8	1.1	145.2
2015년	5.3	12.7	36.5	33.9	10.3	1.2	154.6
2016년	3.1	8.8	27.6	31.3	22.2	6.4	162.9
2017년	4.6	8.7	18.7	30.8	26.3	10.8	178.7
2018년	3.4	8.4	12.3	33.1	31.0	11.8	189.9

주: 주업 및 부업 포함.

자료: 북한이탈주민지원재단, 2010-2018

III. 탈북민과 저임금 함정

경제활동실태에서 살펴본 바와 같이 시간이 지날수록 탈북민의 노동시장 정착 정도가 개선되고 있다고 평가할 수 있다. 하지만 여전히 일반국민과 큰 격차가 존재하고 취업자 중 상당수가 소규모사업장에 생산직 혹은 서비스·판매직으로 종사해 고용안정성 또한 높지 않은 실정이다. 정착기간이 늘어나면 노동시장 정착도가 증가하는 것이 일반적인데 탈북민의 경우 이러한 가능성이 존재하는지 살펴볼 필요가 있다. 이를 파악하기 위해서는 패널분석을 통해 살펴보아야 하지만 데이터가 공개되지 않아 남한 거주기간별 일자리특성 및 임금수준 변화정도를 통해 간접적으로 살펴보았다.[2] 2018년 실태조사 자료를 통해 보면 정착기간이 길수록 관리 및 전문직 비중이 증가하고 300인 이상 대규모 사업장 취업자 비중이 증가하고 있는 것으로 나타났다. 월 평균임금 또한 3년 미만자는 300만원 이상자가 8.2%에 불과하지만 10년 이상자는 12.9%로 나타나 정착기간이 늘어나면서 고용의 질 또한 완만하게나마 개선되고 있다.

다만 고소득자의 경우 장기근속을 통해 근로조건을 개선한 것인지 아니면 정착 초기부터 좋은 일자리에 취업한 것인지는 분명치 않다. 전자의 가능성을 염두해 둔다 하더라도 10년 이상자의 경우에도 월평균임금이 150만원 미만인 저소득자가 29.2%에 달하고 54.0%가 200만원 미만에 그치고 있어 여전히 많은 탈북민들이 생계유지에 어려움을 느끼는 저숙련 함정에 빠져 있는 것으로 보여진다.

탈북민을 위한 다양한 정착지원제도가 존재하고 정착기간이 지남

---

[2] 표본의 남한 거주기간은 3년 미만(9.9%), 3~5년(9.7%), 5~10년(47.2%), 10년 이상(33.2%)으로 응답자의 대다수가 5년 이상임.

표 6 남한거주기간별 일자리 특성(2018년 기준)

구분			3년 미만	3~5년	5~10년	10년 이상
종사상 지위	임금	소계	95.9	91.7	89.1	80.0
		상용직	68.1	66.7	67.8	55.3
		임시직	9.9	11.1	8.9	9.8
		일용직	18.0	14.0	12.3	14.9
	비임금	소계	4.1	8.3	10.9	20.0
		자영업	3.6	7.5	9.9	19.1
		무급종사	0.4	0.8	1.0	0.9
직업		관리자	2.5	5.4	6.3	11.1
		전문가	5.0	8.9	9.7	15.3
		사무직	4.1	9.2	10.5	11.5
		서비스직	17.5	20.0	19.8	15.5
		판매직	8.6	7.7	8.5	5.6
		농림어업	1.4	0.0	0.6	1.5
		조립원	14.4	12.8	13.0	8.8
		기능원	17.2	12.1	9.9	9.6
		단순노무	29.4	23.4	21.8	21.2
사업장규모		5인미만	22.2	30.2	29.1	33.6
		5-29인	44.1	40.6	38.4	32.7
		30-99인	20.9	13.8	16.7	13.3
		100-299인	7.5	9.3	7.2	7.2
		300인이상	4.3	5.7	7.3	11.6
평균임금		100만원미만	6.8	11.3	12..2	13.0
		100~150만	9.4	7.4	11.3	16.2
		150~200만	41.0	44.4	34.6	24.8
		200~300만	34.5	24.7	30.1	33.1
		300만 이상	8.2	12.2	11.8	12.9

자료: 북한이탈주민지원재단, 2018

에 따라 한국 사회에 대한 이해 또한 증가함에도 여전히 많은 탈북민들이 저숙련 함정에 빠진 원인은 무엇일까?

첫째, 탈북민의 낮은 인적자본 수준을 지적할 수 있다. 탈북민 인구학적 특성을 살펴보면 여성 비중이 높고 학력수준이 높지 않다. 탈북민 입국통계를 보면 2000년대 이전까지만 하더라도 남성 비중이 높았으나 이후 여성 비중이 증가하기 시작해, 2000년대 중반이후 약 75~80%가 여성이다. 여성의 경우에도 출산 및 육아부담이 높은 20~30대 비중이 높아 경력단절 위험성이 높다. 우리나라의 여성의 경력단절현상과 성별 격차 등을 고려할 때 그만큼 탈북민의 노동시장 지표에 부정적인 영향을 미칠 것이다.

학력의 경우 고등중학교 비중이 높지만 연령이 낮을수록 학업단절 비중이 높다. 그만큼 노동시장에서 요구하는 지식이나 기능을 익힐 기회가 부족했고 이것은 인적자본 형성에 부정적 영향을 미칠 것이다. 북한은 1990년대 초 '사회주의 우호무역체계'의 붕괴 후 경제난이 심화되면서 사회·경제시스템이 붕괴되었다. 학교교육 역시 식량난의 영향으로 정상적으로 기능하지 못했는데 1990년대 중반부터 2000년대 중반에 학령기를 맞이한 연령집단의 경우 교육중단자가 많았다. 교육이 정상적으로 진행되었더라도 '농촌지원 전투' 등과 같은 노력지원 때문에 정상적인 학습이 이뤄지지 않아 이전 세대에 비해 전반적인 인지능력이 떨어지는 것으로 알려져 있다. 실제 연령별로 학력분포를 비교하면 30세 이하 집단의 경우 소학교 및 고등중학교를 중퇴한 자의 비중이 매우 높아 탈북으로 인한 교육단절 정도가 높았던 것으로 확인된다. 노동시장 진입에 있어 정규교육이 강하고도 지속적인 영향을 미치는데 현재 탈북민의 60% 내외를 차지하는 30~40대가 교육단절을 경험하거나 정상적인 인적자본을 쌓는데 어려움을 겪었다면 노동시장 진입이 용이하지 않았을 것이다.

둘째, 남북간 교육 및 경제구조 차이와 급속한 경제·사회변화는 기존에 쌓은 인적자본의 효용성마저 감가시켰다. 인적자본은 유년기부터 쌓은 사회화 과정을 통해 형성되는데 교육부실과 기술격차로 기존의 쌓은 지식과 기능의 효용성이 떨어진다. 북한에서 노동자로 일하였더라도 북에서 쌓은 숙련을 활용할 수 있는 사업장이 없다면 신규 입사자와 동일한 수준이고 재북시 축적한 기술·지식에 대한 활용도가 낮으면 자신의 삶에 대한 불안정으로 느껴져 구직을 포기할 확률이 크다. 특히 남북간 산업발달 수준이 달라 기술수요가 다르고 더구나 1990년대 초반 사회주의권 붕괴로 인한 경제적 어려움으로 모든 생산시설이 중단되었는데 이는 기존에 축적한 숙련마저 단절되는 현상을 가져왔다.

더구나 '4차 산업혁명'의 진전으로 숙련 습득구조가 크게 변모하고 있다. 과거에는 기업이 인재를 선발한 후 필요한 교육훈련을 제공하는 양성형 전략을 취하였지만 현재는 외부노동시장을 통해 필요한 인력을 활용하는 방식으로 변모하였기 때문에 기업 눈높이에 맞추기 위해서는 각자 도생 식으로 스스로 노력해야 하는 시대가 되었다. 그러나 무엇을 어떻게 준비해야 하는지 모르는 불확실성이 지배하고 있는 시대에 선택에 따른 위험을 본인이 부담해야 하는 상황은 훈련투자를 오히려 줄이는 역설적인 결과로 이어질 수 있기 때문에 인적자본투자의 위험성을 사회화하는 지원이 필요하다. 탈북민들 스스로 무엇을 어떻게 준비해야 하는지 개인 차원에서 판단케 하는 것은 현실적으로 불가능하기 때문에 탈북민의 남한 사회 정착지원을 위해서는 체계적인 그리고 새로운 직업전환교육이 공적으로 제공될 필요가 있다.

셋째, 탈북민 정착지원제도의 실효성을 높이는 제도개선이 필요하다. 탈북민 정착지원을 위한 다양한 지원제도를 갖추고 있지만 이러한 제도의 성과는 불분명하다. 제도 확대보다는 기존 제도에 대한 성과평가를 통해 정책의 실효성을 높이는 자세가 필요하다. 대표적으로 기초생계비제도는 많은 논란이 있는 프로그램이다. 정착지원법 제26조에 따라 하나원 퇴소 이후 생활이 어려운 북한이탈주민은 5년의 범위 내에서 생계급여 수급 특례를 적용받고 있는데, 문제는 기초생계비 특례제도가 오히려 이들의 경제활동 참여에 부정적 영향을 미친다는 점이다. 기초생계비 특례제도의 목적은 남한사회 적응에 필요한 교육과 경험을 쌓는 데 일정 시간이 필요하고 이 기간동안 생계부담 없이 필요한 교육이나 훈련을 받을 수 있도록 함으로써 정착을 지원하는데 있을 것이다. 그런데 기초생계비를 수급받기 위해 비공식부문에 취업하거나 불필요한 교육이나 훈련을 받는 사례가 종종 보고되고 있다. 초기 정착기간은 한국사회에 대한 이해, 자본주의 문화습득에 있어 중요한 시기인데 이 기간에 생계비수급을 위해 경제활동을 하지 않거나 비공식부문에 머무른다면 장기적으로 탈북민의 인적자본 형성에도 부정적 영향을 미치기 때문에 당초 도입취지를 달성할 수 있도록 제도를 정비할 필요가 있다.

여타 프로그램(각종 장려금, 직업훈련, 고용지원금(2014년 11월 29일 이전 입국자에 한함), 미래행복통장 등)도 성과평가를 통해 프로그램을 개선할 필요가 있다. 예를 들어 직업훈련의 경우 자신의 직업비전 속에서 적합훈련을 받기보다는 장려금수급이나 생계비수급기간 연장을 목적으로 참여하는 경우가 훈련성과를 기대하기 어렵다. 탈북민 고용촉진을 목적으로 도입된 고용지원금제도는 외견상 탈북민의 노동시장 참여를 촉진하였지만, 상대적으로 근로조건이 열악하고 상시 인력 부족업체에 고용지원금을 제공해 고용 효과가 단기간에 그치는 한계점을 보여주고 있다. 이러한 결과는 탈북민 지원정책에 대한 성과평가를 통해 도입 취지를 달성할 수 있도록 제도를 수정하고 제도간 연계를 강화하는 것이 필요함을 의미한다.

IV. 어떻게 할 것인가

탈북민이 저임금 함정에서 벗어나도록 지원하기 위해서는 취업역량을 키우는 것이 핵심대안이다. 더구나 4차 산업혁명의 진전으로 지속적인 능력개발이 가지는 중요성이 커지고 있는데, 탈북민은 대표적인 취업취약집단으로 한국사회 안착을 위해서는 직업훈련 등 인적자원개발이 절대적으로 필요한 집단이다.

실제 많은 연구에서 탈북민들이 직장생활시 겪는 가장 큰 애로요인으로 능력부족을 지적한바 있다. 현재 우리나라에서 직업훈련이 갖는 한계가 존재하지만 노동시장에서 요구되는 기본적인 지식과 기능을 익히는 것은 매우 중요한 영역이다. 노동시장에서 자립할 수 있는 경쟁력을 갖추지 못할 경우 현재처럼 취업과 실업을 반복하면서 기업에서 쌓을 수 있는 숙련습득 기회를 얻지 못해 주변부 일자리만 전전하게 될 가능성이 크기 때문이다. 이런 점에서 정착지원제도 방향은 노동시장 진입에 필요한 인적자본을 형성할 수 있는 기회를 제공하는데 주안점을 두고 추진될 필요가 있다.

탈북민 지원사업은 모두 직업능력 제고에 방향을 맞춰 개선될 필요가 있다. 현재처럼 각 지원사업이 개별적으로 작동될 경우 소기의 성과를 거두기 어렵다. 현재의 정착지원제도는 훈련받으면, 자격증 따면, 혹은 취업하면 지원금(장려금)을 지급하는 방식으로 이는 의도하지 않은 '제도 의존성'을 강화시킬 수 있으며 직업훈련 수강이나 자격증 취득이 취업역량과 무관하게 이뤄질 가능성이 존재한다. 각 지원금을 존치하되 취업역량을 키우는 방향으로 제도를 연계시키고 제도간 정합성을 강화할 필요가 있다. 일례로 탈북민은 상대적으로 남한사회 직업세계에 대한 이해정도가 낮은데 자신의 판단만으로 직업훈련이나 자격증을 선택하는 것은 실패할 가능성이 높다. 전문상담원과 충분한 상담을 거쳐 자신의 능력과 진로설계 맞는 적합 훈련과정을 수강할 수 있도록 강제할 필요가 있다. 직업전망과 관련된 직업훈련을 받거나 자격증을 취득한다면 직업훈련·자격증-일자리간 매칭정도가 개선될수 있을 것이다.

기초생계비의 경우도 이러한 관점에서 재구조화가 필요하다. 기초생계비제도 필요성은 인정하되 지원기간동안 한국사회 정착에 필요한 능력개발 기회로 활용할 수 있도록 생계비제도를 여타 기초직업능력교육 및 직업훈련과 연계시켜야 한다. 보호결정이 내려진 탈북민을 곧바로 생계비에 편입시키지 말고 별도로 일정기간 '생활지원비'를 지원하되 이 기간 동안 노동시장 진입에 필요한 역량을 쌓을수 있게 해야한다. 우선 기초직업역량을 갖추게 한 후 전문직업상담원과 상담을 거쳐 자신에게 적합한 직업훈련을 의무 수강토록 하는 상호의무(mutual obligation)를 부과하는 방식을 검토할 필요가 있다. 지원기간이 종료되면 심사를 거쳐 생계비제도로의 편입여부를 결정케 해서 생계비제도 편입유혹을 줄일 필요가 있다.

탈북민의 취업역량강화를 위해서는 프로그램간 상호 연계를 강화하는 재구조화가 필요함을 의미한다. 현재의 지원제도가 별개로 작동하고 있는데 프로그램 연계를 통해 사중손실을 낮추고 사업성과를 제고하려는 노력을 강화할 필요가 있다. 직업훈련과 자격증 및 직업훈련장려금을 연계시키고, 고용지원금은 탈북민 채용기업의 근로조건, 자기개발가능성 및 장기근속 가능성 등을 고려하여 선정될 필요가 있겠다. 다만 탈북민의 경우 취업장애 요인이 복합적이므로 단순히 직업훈련만으로 성과를 거두기 어려우며, 건강상태와 훈련에 대한 태도, 훈련기간 중 생계비와 자녀양육·노부모 부양문제를 감안한 적절한 훈련과정 개발, 취업 후 일정기간 보조금지원을 통한 경력형성 지원 등이 종합적으로 검토될 필요가 있을 것이다.

제7장

탈북여성의 일과 자녀돌봄의 고군분투 경험[1]

김유정

I. 들어가며

남한에 입국하는 북한이탈주민은 1998년까지 총 957명일뿐이었으나, 2001년에는 한 해에만 1043명이 입국하였고 이후 급격히 증가하기 시작하여 2016년 11월 3만 명을 넘어섰다. 특히 2002년 여성의 비율이 과반수를 넘어선 이후 북한이탈여성은 지속적으로 증가하여 총 남한입국 북한이탈주민의 72% 정도를 차지하고 있다(통일부, 2019). 이들의 증가원인은 1990년대 중반 경제적 위기인 '고난의 행군'동안 남성들이 직장에서 배급을 받아오지 못하는 일이 잦아지자 비교적 이동이 수월한 여성들이 국경을 넘나들며 장사를 하다 탈북하게 되면서 수적 증가를 가져

---

[1] 이 글은 김유정(2017)의 결과를 토대로 재구성하여 부분적으로 새로운 내용을 보완하고 수정한 것임.

왔다(김석향, 2015). 남한 입국 북한이탈여성 전체의 78%는 20-40대(통일부, 2019)로서 이들의 다수가 결혼을 하여 가족을 형성하고 자녀출산 및 양육을 하고 있을 것으로 추측된다. 또한, 자녀와 동반입국 하거나 북한이탈여성들이 먼저 정착한 후에 순차적으로 자녀들을 입국시키는 경우가 늘어나 북한이탈아동과 청소년의 수도 증가하게 되었다(김유정, 2012). 이렇듯 점차 증가하는 북한이탈여성과 그 자녀들에 대한 관심을 반영하여 그들에 대한 연구도 활발해졌다.

북한이탈여성들의 자녀 양육과 교육에 관한 연구는 영유아기 자녀(이주연, 2017), 초등학생을 대상으로 한 아동기 자녀(홍승아, 2013), 청소년 자녀(장정은·최정숙, 2015)를 대상으로 한 자녀의 발달주기에 따라 논의되었다. 여성의 양육 경험은 자녀의 연령대에 따라 부모로서의 역할, 자녀와의 관계가 달라질 수 있다. 특히 영유아기의 자녀를 둔 북한이탈여성은 자녀양육으로 인한 취업의 어려움을 나타냈고, 학령기 자녀를 둔 경우는 자녀의 학교생활에 대한 부모의 역할수행에 대한 어려움을 호소했다(홍승아, 2013). 또한 최근 중국 등 제3국 출생의 북한이탈여성의 자녀가 증가하면서 이들에 대한 양육경험에 대한 연구도 주목을 받고 있다(이기영·김민경·백정원, 2014; 한미라, 2015).

북한이탈주민의 적응과 관련하여 무엇보다 경제적으로 자립하기 위해서는 안정적인 취업이 이루어져야 된다. 이에 이들의 취업훈련과 직장유지와 관련하여 북한이탈주민들의 취업에 대한 연구도 증가하였다. 그리고 북한이탈주민의 성별에 따른 경제활동을 살펴보면 북한이탈남성의 경제활동참가율은 70.9%, 고용률은 67.8%인 반면, 북한이탈여성의 경제활동참가율은 53.5%, 고용률은 50.5%로 나타나 남성에 비해 취약한 것을 알 수 있다. 이는 미취학 아동의 양육과 가사분담의 영향이 큰 것으로 보고되었다(통일부, 2019). 북한이탈여성의 취업과 관련된 선행연구에서는 직업훈련교육이 취업과 연계되지 않아 남한사회의 안정적인 적응에 도움을 주지 못하는 것으로 나타났다(이은주, 2017). 또한 중년의 북한이탈주민여성들은 다른 말투와 억양의 차이로 인해 취업에서 차별을 받기 때문에 이들의 취업을 향상시키기 위해서는 연령대에 맞는 프로그램이 필요하다고 제시했다(김현수 외, 2014; 전연숙, 2012). 그리고 단지 '북한이탈주민'이라는 이유로 취업에서 받는 차별의 문제점도 논의되었다(김현수 외, 2014; 이은주, 2017; 최선경, 2011). 이러한 연구결과는 북한이탈여성들이 '연령'과 '북한출신'이라는 것이 장애가 되어 구직활동이 쉽지 않음을 보여주고 있다(최수찬 외, 2019).

이처럼 북한이탈여성들의 자녀양육 및 교육과 취업 경험에 대한 연구는 지속적으로 이루어져 왔지만, '북한이탈여성들의 일과 가정 양립'에 대한 어려움은 이들 연구의 하위주제로서 단편적으로만 다루어 왔다. 일과 자녀양육의 양립 선행연구(박정란, 2009; 정영애·김윤아, 2013)에서 북한이탈남성과 달리 다수의 북한이탈여성들은 중국 및 제3국에 장기간 체류하면서 결혼을 하고 자녀를 출산하는 경우가 많아지는 것으로 나타났다. 그리고 남한 입국 후 다시 자녀를 출산하기도 하여 자녀부양의 책임이 배가 되는 특수한 상황을 놓이게 되기도 한다고 언급했다. 특히 모자가정의 경우 친척이나 가족이 없는 남한에서 생계를 위해 경제활동인 취업을 우선시 할 수밖에 없으며, 자녀의 양육문제로 인해 노동시장 진입이 어려워 빈곤화의 가능성이 있다고 제시했다(최선경, 2011; 정영애·김윤아, 2013; 이기영·김민경·백정원, 2014). 또한 북한이탈여성 자신이 가부장적 시각을 가지고 있어(최선경, 2011) 배우자가 집안일 하는 것을 그리 선호하지 않는 경향으로 인해 일-가정 양립이 더욱 어려운 것으로 보고되었다(정영애·김윤아, 2013). 특히 출산 이후 또는 출산을 앞두고 이직 및 퇴직을 고려할 수 밖에 없는 여성 근로자로서의 어려움으로 양육 및 돌봄 문제로 인한 역할 갈등을 경험하고 있었으며, 출산휴가 이후 경력 단절 문제를 겪게 되었다(노은희·오인수, 2016). 또한 직장유지를 위해 아이를 제대로 돌보지 못한다는 죄책감을 느끼는 북한이탈여성의 고충을 확인할 수 있는데 자녀의 돌봄을 담당할 대체 인력을 구하지 못해 전일제 일자리에 지원하지 못하는 경우도 있으며, 시간제 일자리에 국한되어 불안정한 생계를 유지할 수밖에 없는 사례가 많다(이기영·백정원·김민경, 2014).

점차 맞벌이 가정이 증가하고 있는 추세를 반영할 때 일과 자녀돌봄은 사회적으로 해결되어야 할 과제로서 관심을 가지고 연구되어야 할 주제이다. 기존의 연구들을 살펴본 결과 북한이탈여성들의 경우 가정생활에서 '자녀양육과 교육'이 핵심부분을 차지하고 있어(박정란, 2009; 홍승아, 2013; 장정은·최정숙, 2015), 일과 가정의 양립이 아닌 '일-자녀돌봄 양립'을 주제로 선정하였다. 한국사회에서도 자녀양육과 직장생활 양립에 대한 고충이 많지만 '우리 안의 이방인'인 북한이탈여성의 경우 어떠한 경험을 하고 있는지 본 연구를 통해서 알아보고자 하였다.

이 글은 맞벌이 가정의 북한이탈여성들이 경험하는 직장생활과 자녀돌봄의 양립에서 오는 어려움을 분석하여, 이들이 안정된 가정생활과 직장 고용을 유지하며 대한민국의 '시민'으로서 자립할 수 있도록 지원하는 방안을 마련하는데 그 목적이 있다. 또한 그 경험의 연구결과를 토대로 북한이탈여성들의 고용 유지와 자녀돌봄의 어려움을 완화하고 성공적인 적응을 지원하기 위한 프로그램 개발의 기초자료를 제시하고자 한다.

II. 일과 자녀돌봄 양립에 대한 고군분투의 경험

본 연구를 위하여 북한이탈주민 맞벌이 가정의 실태를 잘 반영하면서 서울과 수도권 내에 직장 생활을 하며 아이를 양육하고 있는 40대 기혼의 북한이탈여성을 심층면접의 연구대상으로 선정했다. 연구참여자의 직업은 시간제 근무 1명을 제외하고 모두 전일제 사무직에 근무하고 있으며, 모두 재혼 혹은 삼혼을 한 기혼여성들로 자녀를 1명부터 많게는 4명까지 부양하고 있다. 이들의 남한 입국시기는 2005년에서 2011년 사이로 '탈북의 여성화'가 이루어진 시기에 해당한다.

한편 연구참여자의 남편들은 남한 출신 1명을 제외하고 모두 조선족이며, 자녀는 11세부터 18살까지 초·중·고등학생이다. 자녀 10명 중 1명은 북한 출생, 2명은 남한출생이고, 나머지는 중국에서 태어났다. 이들의 남한 입국시기, 직업에 대한 정보 및 가족에 대한 정보를 정리하면 **부표 7장-1, 부표 7장-2**와 같다.

북한이탈주민 여성들을 대상으로 한 심층 면접은 연구참여자가 정한 장소에서 2017년 7월10일부터 2017년 8월 20일까지 진행되었고 2018년 8월 1일부터 8월 20일까지 전화통화를 통하여 최신 정보로 수정 보완하였다. 심층적으로 면접한 자료를 분석한 결과, 이들의 일과 자녀돌봄 양립 경험은 5개의 구성요소와 14개의 하위구성요소로 도출되었다. 그 결과를 정리하면 다음의 표 1과 같다.

1. 북한에서의 성장 배경

1) 선택의 자유가 없는 사회

연구참여자들이 선택한 현재 양육방식은 이들이 북한에서의 어떻게 성장해 왔는지 그 배경을 이해하는 것과 밀접한 관계가 있다. 그들이 북한에서 부모의 양육방식과 자라온 환경은 남한과 북한의 사회 및 교육체

표 1 북한이탈여성의 일과 자녀돌봄 양립에 대한 고군분투의 경험

북한에서의 성장 배경	선택의 자유가 없는 사회	부모의 능력에 따라 달라지는 인생
		적성과 상관없이 국가에서 정해주는 직업
	학업성취에 연연해하지 않는 가정환경	어머니가 중점적으로 하는 양육
		학교공부보다는 가정교육이 우선
	공교육 중심의 학교교육	학교와 교사에 의한 철저한 학생관리
		학교에서 책임지는 열등생들의 복습
		학교에서만 이루어지는 방과 후 활동
탈북과정 에서의 가족해체 및 재구성	자녀와 떨어져 지낼 수밖에 없는 상황	탈북하면서 두고 올 수 밖에 없었던 자녀
		중국에 태어났거나 남겨진 자녀들
	가족 해체와 재혼으로 인한 가족 재구성	빈곤과 원가족 해체로 인한 탈북
		인신매매와 살기위해 하게 된 결혼
		중국에 남겨졌던 가족과 한국에서의 재결합
		중국이나 한국에서 이루어진 재혼
남한정착 과정에서 자녀돌봄의 어려움	언어 장벽으로 인한 적응의 어려움	중국에서 온 자녀들의 언어 장벽
		한국에서 다르게 표현되는 전문용어
	이해하기 힘든 남한의 교육방식	학교중심이 아니라 사교육 중심의 교육체계
		학교에서 다 알아서 해줬으면 하는 기대
		대화로만 이루어져야 하는 처벌방식
	사회적 지지망의 부재	남한의 교육정보에 대한 필요성
		자녀를 돌봐 줄 확대가족의 부재
		'차별'때문에 숨겨야만 하는 정체성
	다른 문화권 출신 남편과의 가사분담	문화적 차이로 인한 가사분담에 대한 갈등
		맞벌이하면서 도움을 주려고 노력하는 남편
진로 선택과 고용 지속 의 어려움	일과 자녀돌봄: 선택의 갈등	보육으로 인해 미루어진 취업
		놓치기에는 아까운 좋은 취업의 기회
	제한된 취업 정보와 불안정한 고용	효과적으로 이루어지 않은 진로상담
		임시직이어서 불안정한 취업
		낮은 임금과 한시적으로 주어지는 실업수당
	연령과 출신지로 인한 차별	'취업의 걸림돌'이 되는 중년의 나이
		'북한사람'이라는 이유만으로 당하는 무시
조화로운 일-자녀 돌봄의 양립을 위한 제안	안정된 고용을 위한 방안	적절한 경력형성 및 관리의 필요성
		취업 전후 멘토 프로그램의 제안
		장기적인 고용의 안정화와 자신감
	자녀돌봄을 위한 지원 방안	방과 후 교육의 대안으로서 방문교육의 필요성
		자녀 연령대에 맞는 맞춤형 정보 제공

계에서의 차이점으로 나타났다. 북한은 부모의 당성과 신분에 따라 자녀의 일생이 결정되어지는 사회이므로 연구참여자들은 고등학교 졸업 후 본인의 적성이나 관심분야와 상관없이 국가에서 보내진 곳에 가서 일을 해야만 했다. 이런 상황에서 적성을 고려하지 않은 직업에 배정되어 생존을 위한 일을 하다 보니 일에 대한 관심과 흥미를 가질 수 없었다. 또한 이들의 대화에서 대학에 진학하는 일도 개인의 선택권이 무시되는 사회임이 드러났다.

"부모의 출신성분에 따라 공부를 잘 될 것 같다하는 애들은 열심히 하죠. 저는 열심히 안 했어요. 2년제 갔었던 것은 아빠 엄마가 도와주셨던 것 같아요." (참여자 D)

"북에서는 학교 졸업할 때면 학교에서 직업을 줘요. 학교에서 직업을 받을 때 원래는 회력제지 공장에 받았는데 크림 플라스틱 뚜껑. 칫솔 껍데기 뚜껑 만드는데 다녔어요." (참여자 A)

2) 학업성취에 연연해하지 않는 가정환경

앞에서도 기술한 바와 같이, 북한에서는 부모의 지위에 따라 자녀의 진로와 대학진학이 정해지기 때문에 대학 진학의 가능성이 적은 자녀들의 공부에 크게 신경을 쓰지는 않았다고 했다. 대학에 진학할 만큼 공부를 열심히 할 필요도 없었고 공부를 잘 한다고 해서 더 좋은 직업을 가지는 것도 아니었다. 가정에서 어머니는 사회생활에 도움이 될 수 있는 예절과 같은 가정교육을 철저히 하며 양육을 책임졌다. 이렇듯, 본인의 관심과 의지와 상관없이 직업이 정해져 버리는 북한은 대학진학 및 졸업이 남한에서처럼 취업 경쟁력에 도움을 주지 못하므로 학력성취에 집착하지 않아도 되는 사회적 분위기와 가정환경을 만들어냈던 것이다.

"북에서는 부모님들이 공부하라는 얘기는 한 번도 안했어요. 북한에서 남자들 늦게 들어오고 그러니 가정적이고 그런 거 별로 없었어요."
(참여자 E)

"북한도 엄마가 거의 다 교육하죠. 공부에 대해서는 뭐라고 많이 안하시는데 도덕, 집안교육 이런 거에 대해서는 통제를 많이 했어요. 부모님이 같이 하죠. 주로 어머니가 하시지만……." (참여자 A)

3) 공교육 중심의 학교교육

북한에서는 고등학교까지 의무교육이며 학교에 자녀를 보내면 학교에서 공부 및 특별활동까지도 공교육이 책임져 주기 때문에 부모는 사교육비에 대한 부담이 거의 없었던 것으로 보인다. 현재에는 '북한에서도 사교육의 열풍이 불고 있다'[2]고 하지만, 연구참여자들은 그런 개념이 없을 때에 학교를 다녔고 공부와 관련된 모든 것은 학교에서만 이루어졌

---

2   학교에서 돌아오면 남한학생들이 학원에 가듯이, 북한의 엄마들도 자식에게 밥만 먹이고 사교육 받으러 보내고 있다. 사교육 과목은 주로 영어와 수학, 물리, 피아노, 손풍금을 비롯한 악기, 성악이다. 경제난 시기에 등장했던 사교육은 확산 바람을 타고 있다. 법으로는 금지돼 있지만 사교육은 대도시 중상류계층을 중심으로 퍼졌으며 형태는 과외와 공부방이 뒤섞여 있다. 북에서 사교육이 보편화 됐다고 할 수는 없다. 다만 사교육이 등장해 확산되고 있다는 건 북한 주민의 관심이 어디에 있는지 확인할 수 있는 척도다. 국가가 교육을 전적으로 담당하다 지금은 부모가 국가를 대신해 자녀의 미래에 투자하는 것이다(오마이뉴스, 2019.01.20.).

다. 방과 후의 활동은 사비로 학원을 다녀야하는 남한과 달리, 모두 학교에서 제공하는 프로그램에 참여했으며 무료로 제공되었다. 이러한 북한에서의 교육경험으로 인해 남한의 사교육비에 대해 부담을 가지고 있으며 남한에서 학교당국과 선생님들이 북한의 교육체계처럼 방과 후 더 많은 역할을 해주기를 바라고 있다.

> "학교에서 배우고 학교에서 시험치고 학교에서 시험 봐서 틀리면 나머지 남아서 공부하고. 북한에서는 선생님한테 시험기간에 검열을 받아야 되거든요. 합격할 때까지 남아서 공부해야 돼요." (참여자 A)

> "모든 것을 학교에서 해주세요. 학교에서 탁구를 배우고 싶으면 탁구반에 들어가면 되고 모든 것을 방과 후에는 다 해결해주니까 사교육은 없고 소조(작은 조) 활동을 했어요. 작은 그룹으로 하는 거죠. 다 무료이죠." (참여자 D)

2. 탈북과정에서의 가족 해체 및 재구성

1) 자녀와 떨어져 지낼 수밖에 없는 상황

연구참여자 대부분은 '고난의 행군'이라는 경제적으로 어려운 시기를 거치며 돈을 벌겠다는 생각에 탈북을 시도했으며 어쩔 수 없이 자녀 및 가족과 헤어지게 되었다. 한편 중국에 체류하는 기간이 장기화되면서 중국에서 결혼하게 되어 머물게 되었고, 아이를 낳은 경우 남한으로 오게 되는 과정에서 남편 또는 자녀와 이별을 해야 하는 경험도 하였다.

"돈 좀 벌어보려고 탈북했을 때에는 이혼을 안 한 상태로 중국에서 위장결혼을 했었죠. 재입북 해보니 남편은 재혼한 상태이었고 탈북했던 게 알려져서 북한에 살 수 없어 아들을 데리고 다시 탈북했죠. 남한 와서 재혼했어요. 국제결혼. 중국 조선족 남자랑." (참여자 B)

2) 가족해체와 재혼으로 인한 가족 재구성

빈곤과 원가족 해체로 탈북한 연구참여자들은 인신매매를 당하기도 하고 살기위한 결혼을 하기도 하였다. 남한에 정착한 후에는 조선족 남편과 중국에서 출생한 자녀를 남한으로 데리고 와서 재결합 하거나 남한에서 재혼하여 가족을 재구성하게 되는 복잡한 과정을 거쳤다. 특히 연구참여자 B의 경우, 남편이 3명으로 북한에서 결혼했다가 탈북과정에서 중국인과 다시 결혼했었으며 남한에 입국해서 조선족과 재혼하였다. 그리고 각각의 결혼에서 낳은 자녀들이 총 4명으로 이 중 2명은 현재 남한에서 같이 살고 있다. 재혼 후 중국에 남아있는 자녀 2명에 대한 양육비를 보내고 있어 경제적으로 힘들어하고 있다.

"남편은 중국에서 만나 결혼했고 초청해서 데리고 왔어요. 아이는 돌 (1살) 때 제가 같이 데리고 왔고." (참여자 A)

"애가 둘 있는데 작은 애(아들)는 제가 데리고 2011년에 입국하고, 딸은 중국에 아빠와 같이 있다가 2년 후인 2013년에 한국에 왔어요." (참여자 C)

3. 남한정착 과정에서 자녀돌봄의 어려움

1) 언어장벽으로 인한 적응의 어려움

연구참여자들은 남한에 정착한 후, 중국이나 북한에 남겨져 있던 자녀들을 연쇄적으로 이주시켰다. 한국에서 태어난 자녀도 있지만 연구참여자들의 자녀 대부분은 중국 출생으로 영·유아시절을 중국에서 보냈기에 한글을 배울 기회가 없었던 상태로 남한에 입국하였다. 그로 인해 입국 초기에 보육시설이나 학교에 적응하는 과정에서 '언어소통의 문제'가 있을 수밖에 없었다. 또한 연구참여자와 자녀들은 북한과 남한이 모두 한글을 사용하고 있음에도 불구하고, 서로 다른 의미로 사용되는 전문용어나 외래어로 인해 더욱 큰 어려움을 겪어야 했다. 최근 증가하고 있는 북한이탈주민 자녀들의 대부분은 중국출신의 '중도입국자'로서 한글을 전혀 모르거나 거의 모르는 상태에서 한국에 입국하므로 한국어반에 들어가서 한글부터 배워야 되는 상황이다. 또한 이들은 남한에서는 외래어를 많이 사용하여 의사소통에 어려움이 있다고 호소했다. 남한에 정착한 시간이 길어지면서 자녀들은 남한의 학교생활에 적응해가며 남한 말에 익숙해지지만 부모세대는 여전히 용어를 이해하는데 한계가 있는 것으로 나타나고 있다.

> "한국에 오자마자 4살짜리 아들을 애들하고 어울려야지 애가 빨리 적응하겠다 싶어서 어린이 집에 보냈는데 애가 한국말을 하나도 못해 가지고 적응을 못하더라고요. 어린이집을 몇 번이나 바꾸고 바꾸고."
> (참여자 C)

> "애를 배워주려고(가르쳐주려고) 했는데 언어 자체가 틀리니까. 저희는

더하기 빼기 이런 단어 안 쓰거든요. 빼기가 아니라 덜기라고 해요. 그리고 영어도 발음이 다르고 좀 달라요. 애는 뭘 뭘 준비해 줘 그러는데 제가 용어를 몰라 가지고 살 수 있는 게 없었어요." (참여자 B)

"엄마들이 애들 픽업(pick-up) 좀 해달라고 했는데 그게 뭔지 몰라서……영어를 그냥 쓰니까 외래어 사용이 어렵죠." (참여자 D)

2) 이해하기 힘든 남한의 교육방식

연구참여자들은 남한과 다른 교육체계에서 교육받고 성장하여 사교육 위주인 남한 교육체계와 그 교육방식에 대한 정보가 부족하여 자녀돌봄에 어려움이 많은 상태이다. 수업 준비물부터 자녀의 숙제 지도까지 모르는 것이 많아 고생하기도 하고, 남한에서는 엄마가 자녀의 공부와 학교생활을 위해 많은 준비를 해주고 도움을 주는데 그런 상황에 익숙하지 않아 당황하고는 했다. 또한 아이들을 야단치는 방식도 대화로만 해야 하여, 체벌에 익숙하던 자신의 방법을 고쳐야 하는데 그것이 쉽지 않다고 했다. 이는 자신이 훈육을 위해 부모가 자녀를 때려도 된다고 생각하는 북한의 양육방식에 익숙해져 있기 때문이라는 것을 인식하고 있었다.

"교육이 아주 달라요. 저희는 북한에서는 학교에서 다 배워주는데 여기는 학교에서 다 배워주는 게 아니고 학원가서 배우잖아요. '그럼 학교는 무슨 필요 있지?' 하는 생각이 들고. 어떤 애가 시험 치는데 잘 모르니까 선생님이 학원가서 배워오라고 그랬대요." (참여자 A)

"여기는 학교 가니까 종이를 많이 주더라고요. 제가 하나 하나 읽어 봐도 이해가 안 되어서 똑같은 조선 글씨를 썼는데 나는 못 알아볼 글씨를 써 가지고 되게 많이 힘들었어요. 준비물이 뭔지 몰라서 안 보낼 때도 있고 애는 그럼 자기 혼자 못 가져갔다고 찡찡대고."(참여자 C)

"큰 애는 말로 잘 안 들으니까 솔직히 중학교 때까지 매도 들고 그랬죠. 큰 애는 북한에서 자랄 때부터 훈육이 매를 많이 맞았거든요. 북한에서는 보통 엄마들이 그렇게 하니까 말로 해가지고는 안 들으니까 제가 화병이 나고 이상하게 저는 때려야 속이 풀리는 거예요. 여기는 다 말로 하는데 작은 아이는 때리지는 않는데……."(참여자 B)

3) 사회적 지지망의 부재

연구참여자들은 남한에 의지할 수 있는 확대가족이 없는 경우가 많고 자녀양육 및 교육에 대한 정보를 물어볼 친한 지인도 없어 어려움을 겪고 있다고 했다. 한편, 연구참여자 자신이 '북한 출신'임이 밝혀질까 봐 두려워 같은 북한이탈주민들을 멀리하고 남한 사람과의 모임에 활발히 참여하지 않고 사회적으로 거리를 두었다. 다수의 연구에서 이미 밝혀진 바와 같이 북한이탈주민들은 자신의 정체성을 밝혔을 때 차별을 경험하는 것으로 나타났다. 특히 남한사람과 다른 말투로 인해 스스로 위축되어 사람들과 의사소통을 꺼려하면서 대인관계에 고충이 있다고 했다.

"탈북민이 근처에 많이 살긴 하는데 저는 탈북민들하고 많이 안 어울려요. 하나원 동기들은 저희 아파트에 없으니까 카톡만 하지 만나기가 어렵고. 제가 남한 분들하고도 잘 안 어울리거든요. 교육에 대해서 교회 언니한테 가끔 필요할 때만 물어 봐요."(연구참여자 C)

"친정이 없고 시부모 없으니까 혼자서 24시간 다 돌본 거예요. 너무

힘들더라고요."(연구참여자 B)

"학부모 회의를 가긴 하는데 남편이랑 같이 가서 남편이 내가 하고 싶은 말을 대신 하게끔 만들고 질문하고 싶은 게 있는데 말하면 티가 날까 봐 두려워서 애기를 안 하거든요. 동네 또래 엄마들하고 처음에는 조금 어울리다가 더 친해지면 티가 날 것 같은 생각이 드는 거예요." (참여자 E)

4) 다른 문화권 출신 남편과의 가사분담

남한에서 맞벌이를 경험하고 있는 북한이탈주민 여성들은 가정-일을 병행하면서 '전업주부'일 때조차 전혀 도움을 주지 않던 가부장적인 남편과 가사분담을 하게 되자 갈등을 겪게 되었다. 집을 떠나 장기간 건설현장에 나가서 일해야 되는 남편의 경우에는 직업의 특성상 자녀돌봄에 참여할 수가 없었다. 시간이 지남에 따라 그나마 맞벌이 가정으로 적응이 되면서 남편들이 조금씩 나름의 방식으로 가사와 양육을 도와주기 시작했고, 남한 출신 남편의 경우 조금 더 협조적으로 일을 도와주는 모습을 보였다.

"조선족은 남성 중심적이예요. 한족이랑 달라요. 부엌일은 조금씩 하는데 '남자라는 자존심' 그런 게 조금씩 보이는 거예요. 지내보면 옛날에는 '남자 우상' 그런 게 있잖아요. 그런 게 조금씩 보여요. 집안일 시켜야 하지 시키지 않으면 안 해요. 이것 좀 도와달라고 하면 도와주고. 그런데 먼저 도와주지는 않아요."(참여자 A)

"결혼해서 일을 안 할 때 집에 있다 보니까 다 했었어요. 남편은 집에 와서 할 일이 없었죠. 근데 제가 일을 하니까 가사 일이 안 되니까 남편이 저만 오면 안하려고 하는 거예요. 그래서 한 1년은 엄청 싸웠어요. 1년이 적응되니까 남편이 그 때부터 좀 하려고 하더라고요." (참여자 E)

4. 진로 선택과 고용 지속의 어려움

1) 일과 자녀돌봄: 선택의 갈등

워킹맘(working mom)의 자녀양육과 직장생활 병행의 어려움은 선진국에서나 남한에서도 지속적으로 지적되어 왔다. 연구참여자들도 남한의 여성들과 마찬가지로 '일과 자녀돌봄' 중에서 보육을 위해 취업을 미루는 경우도 있었고, 두 가지 모두 병행하겠다는 결정을 내리는 경우도 있었다. 자녀의 나이가 어린이집에 다닐 만큼 자랐을 때에는 망설이면서 찾아온 취업의 기회를 놓치지 않으려고 노력을 기울이기도 하며 자녀양육과 일 사이에서 선택의 기로에서 갈등했다.

"솔직히 두 개는 다 못 가져가잖아요. 돈을 포기하던지 애기를 포기하던지. 애기를 포기할 수 없으니까 알바처럼 잠깐 일하는 것을 선택했어요." (참여자 A)

"남편이 아이는 만 3살까지는 엄마가 집에 데리고 있어야 된다고 해서 있다가 어린이집 보내고 직업훈련 가서 IT자격증 따고 여기저기 원서 냈다가 채용이 되었어요."(참여자 D)

"솔직히 자격증만 있지 실무는 하나도 없잖아요. 언어도 안 되고. 근데 출근하라고 전화가 온 거예요. 모유 먹던 애를 맡긴 거예요. 보통 엄마들이 시간 늘여가면서 애기를 적응 기간을 두는데 저는 곧 8시간 맡기니까 애가 스트레스 받아가지고 아프고 한 달에 한 번씩 입원을 하더라고요. 그렇다고 일을 그만둘 수도 없고 나한테 이런 기회가 온 게 감사해 가지고." (참여자 B)

2) 제한된 취업 정보와 불안정한 고용

연구참여자들은 남한에 정착한 후 제한된 취업에 대한 정보로 인해 제대로 된 직업을 가질 수 없었으며 현재의 불안정한 고용에 대한 불만을 토로했다. 연구참여자 C는 새로 정착한 남한에서 무엇을 해야 할지 몰라 스스로 포기해서 취업훈련을 아예 받지도 않았다. 시간제로 일하고 있는 연구참여자 A를 제외한 연구참여자들은 모두 전일제 사무직에 취업이 되었지만 비정규직이여서 여전히 취업이 불안한 상태이었다. 결국 최근 이들 중 한명은 불안정한 고용의 재계약을 택하지 않고 무역을 하고 있는 남편을 도와주게 되었으며, 또 다른 한명은 올해 6월 직장을 관두고 컴퓨터 자격증을 업데이트하며 재취업을 준비 중이다. 또한 연구참여자들은 정부의 제한된 자원으로 낮은 임금에도 만족해야 되는 형편으로 나타났다.

"처음에는 직업훈련 안 받았어요. '내가 이제 배워 봤댔자 나를 써 주겠니?' 학원 다니는 게 그냥 헛시간만 팔고 허송세월 보내는 거 같고 저희는 컴퓨터란 것을 만져도 못 해보고 구경도 못 해봤는데."(참여자 C)

"저는 사실 급여는 많지 않아요. 취업장려금은 우리한테 나오는 거고

고용지원금은 사업주한테 나오는 건데 대부분 돌려주세요. 그 대신 급여가 낮게 책정되지요."(참여자 B)

3) 연령과 출신지로 인한 차별

남한에서도 경력이 없거나 경력이 중단되었던 중년여성은 취업이나 재취업하기 수월하지 않은데, 북한이탈주민은 북한에서의 경력이 인정되지 않으며 제대로 된 경력마저 없어 취업과정에서 더 많은 어려움을 겪고 있었다. 이들은 운좋게 취업이 되었다 해도 실수할 때마다 직장 상사가 자신이 '북한출신'임을 트집 잡는 경우가 종종 있어 무시당한다는 생각이 든다고 했다. 그들은 취업하려고 할 때 적지 않은 연령으로 겪은 어려움도 있지만, '북한 출신'이기 때문에 이라는 소리를 듣는 것이 다른 무엇보다 힘들다고 말하고 있다. 북한이탈주민들이 한국에서의 적응 중에서 가장 어려운 것은 '차별'이며, 이로 인해 최근에는 남한을 떠나는 탈남을 시도하고 있는 상황이 그 심각성을 보여주었다.

"여기는 나이가 30만 넘어도 취업이 어려운 거예요."(참여자 A)

"제가 잘못하고 그럴 때 꼭 북한에서 왔는데 이해하라고 이런 식으로 나오니끼 원리원칙대로 잘못한 서넌 굳이 북한을 꺼내지 않아도 되는데 꼭 북한에서 왔다는 얘기를 하시니까. 제가 잘못한 거 북한에서 왔기 때문이 아니잖아요."(참여자 B)

"'탈북자'라 배워먹지 못해서 그런다. 아무 것도 모른다. 말이 안 통한다. 말 귀를 못 알아먹는다. 이런 소리 들을 때 정말 속상해요. 지금도 계속 그래요."(참여자 C)

5. 조화로운 일-자녀돌봄의 양립을 위한 제안

1) 안정된 고용을 위한 방안

연구참여자들은 자신들과 같은 맞벌이 가정 북한이탈여성들의 '안정된 고용'을 위해 남한에서 인정받을 수 있는 경력개발이 필요하다고 제안했다. 특히 이들은 탈북하여 한국으로 입국하게 되는 과정에서 제3국 체류기간이 장기화 되면서 경력단절을 경험할 수밖에 없었고, 남한에서의 학력과 경력의 부재가 다수의 북한이탈주민여성들을 '노래방'과 같은 쉽게 돈을 벌 수 있는 유흥업소로 내몰고 있어 안타깝다고 했다. 연구참여자 본인들 역시 남한에서의 경력이 전혀 없어 취업하기가 어려웠기 때문에 자격증 취득 및 온라인 대학교 졸업을 통해 경력 부재와 학력을 보완하기도 하였다. 이러한 노력에 의해 남한에서 위축되었던 연구참여자들은 자신감을 회복했으며 취업을 위해 필요한 것은 무엇보다 스스로 자신이 할 수 있다는 '자신감'을 갖는 것이 우선이라고 했다. 그리고 자신들이 취업했을 때 선배들의 도움이 있었다면 직장생활이 좀 더 수월했을 것이라며 '취업 멘토'와 같은 의견을 제시하였다. 아울러 장기적 고용의 안정성을 위한 정부의 보다 적극적인 정책 변화가 필요하다는 의견도 피력하였다.

"이력서에 쓸 게 아무것도 없잖아요. 이력서가 너무 백지라서 쓸게 없어서 온라인으로는 이력서 제출을 못 하겠더라구요." (참여자 B)

"일찍 사회를 알고 정보를 알았으면 좋았을 텐데 4, 5년은 그렇게 못 했어요. 지금도 금방 온 사람들한테 해 줄 말 되게 많고 나 같이 하지 말라고 말해 주고 싶어요. 북한사람이 북한 사람들 멘토를 해주면 좋

겠어요."(참여자 E)

"30대에는 이제 배워서라도 바라는데 취직할 수 있는데 30대 중반인데 알바식 일하거나 노는 애들 너무 많아요. '지금 북한이탈주민 50% 넘게 노래방 도우미 뛴다.'하는데 그거 왜 해요? 자기 자신에 대한 자신감을 잃어서 그렇죠. 쉽게 돈을 벌 수 있잖아요. 애들이 그것 밖에 발 디딜 수밖에 없어요. 거기서는 네가 학교 어디만큼 나왔냐. 서류 뭘 내라. 이런 게 없잖아요. 저도 늦게 시작했지만 스스로 자신감을 갖지 않으면 시작이 어려워요."(참여자 E)

2) 자녀돌봄을 위한 지원방안

직장생활을 하면서 자녀를 양육하고 있는 연구참여자들은 남한에서 자녀를 키우는데 있어서 북한의 양육 및 교육방식과의 차이에 당황해 했다. 특히 이들은 학력지상주의인 남한의 교육체계 속에서 북한의 방식으로는 자녀들을 교육하기 어려우며, 남한에서는 학교가 북한처럼 공교육의 역할을 제대로 하지 못한다는 것을 이해하기 어려워했다. 연구참여자들도 자신들의 자녀들을 학원에 보낸 경험이 있었는데 결국 '안쓰러움'과 '경제적 어려움'으로 그만두게 했다고 전했다. 방과 후 저녁식사도 제대로 못하면서 학원에서 학원으로 전전하는 자녀들을 보고 남한의 학생들처럼 되는 것이 싫어 관두게 했다. 경제적 어려움이 있는 북한이탈주민의 자녀들은 하나재단에서 실시하고 있는 방과 후 공부방이나 지역사회의 복지관에서 운영하는 방과 후 프로그램에 참여하고 있다. 방과 후 공부방이 없는 지역에서 사는 연구참여자들의 경우, 자원봉사자들이 방문하여 교육을 해주면 사교육의 부담을 경감시켜줄 수 있을 것이라고 제안하였다. 이러한 서비스는 이미 제공되고 있지만 사회적 관계의 한계로 인해 정보에 대한 접근이 제한되어 있어 제대로 활용되지 못하고 있는 것으로 보인다.

또한 연구참여자들은 자녀의 연령대에 맞는 맞춤형 정보를 제공해 주길 바라고 있다. 특히 이들은 곧 사춘기에 접어들게 될 자녀에 대한 대처방법과 진로 및 대학 입시에 대해 자신이 알고 있는 것이 없어 걱정된다고 했다. 남한에서는 사춘기에 접어드는 것을 '중 2병'이라 칭할 정도로 이 또래 학생들은 통제 불능으로 받아들여진다. 10대 때에 부모에게 복종하는 것이 당연했던 참여자들은 '사춘기'라는 단어를 남한에 와서야 알게 되었는데, 남한에서 자라난 자녀들은 이 시기를 거쳐 갈 것이란 것과 자신의 북한식 양육방식으로는 그 상황을 대처하기 어렵다는 것은 인식하고 있었다.

"탈북민이 많이 살고 있는 곳에는 탈북민 애들을 위한 방과 후 공부방이 있어서 이용하는 것으로 아는데 여기는 그런 서비스가 없어서 학원을 다니는 대신에 집에서 교육을 받을 수 있게 자원봉사자를 잘 관리해서 '방문교육' 같은 것을 해주면 좋겠어요." (참여자 B)

"지금은 만족하지만 애가 사춘기에 들어서면 어떻게 될지 모르겠어요. 아마도 '자녀 때문에 힘든 것 같습니다' 이런 얘기가 나올 것 같습니다. 엄마들이 사춘기에 어떻게 준비해야 될지, 나중에 문제가 있을 때 어떻게 해야 될지 알려주면 좋을 것 같아요." (참여자 D)

III. 나가며

이 연구는 현재 일하면서 자녀를 돌보고 있는 북한이탈여성들이 남한에서 어떻게 일과 자녀돌봄을 경험하고 있는지 알아보고자 했다. 이를 위해 직장생활과 자녀양육을 병행하고 있는 북한이탈여성들을 심층 면접한 자료를 분석하여 그들이 '일과 자녀돌봄'을 어떻게 양립하며 경험하고 있는지 살펴보고자 하였다. 자료를 분석한 결과, 5개의 구성요소와 14개의 하위요소가 도출되었다.

5개의 요소는 다음과 같은 경험의 본질을 의미하고 있다. 연구참여자들은 〈북한에서의 성장 배경〉으로 어릴 때 남한과 다른 교육과 양육을 경험했으며, 이에 기초한 그들의 양육방식은 갈등이 야기하는 요인이 되기도 했다. 〈탈북과정에서의 가족 해체 및 재구성〉이라는 복잡한 과정을 거치면서 조선족 남편과 한국말을 잘 못하는 자녀들을 한국으로 데리고 오거나, 남한에서 재혼을 하여 가정을 이루고자 했다. 〈남한 정착과정에서 자녀돌봄의 어려움〉 중 가장 큰 문제는 자녀들의 한국어 의사소통 문제였다. 또한 이해하기 힘든 남한의 교육방식으로 어려움을 겪으면서 가정에서는 문화적 차이로 인해 남편과 가사분담으로 인해 갈등도 있었다. 새로운 정착지인 남한에서 〈진로 선택과 취업 지속의 어려움〉은 자녀양육과 취업 사이에서 선택의 갈등을 겪으면서 그 둘을 병행하기도 하거나 양육에 전념하기도 했다. 또한 이들은 미흡한 취업정보와 제대로 받지 못한 직업훈련에 아쉬움을 나타냈고, 직장에서 일할 때 가장 어려운 점은 '북한 출신'이란 이유로 인한 차별대우라고 말했다. 그리고 〈조화로운 일-자녀돌봄의 양립을 위한 제안〉에서는 안정된 고용을 위해 적절한 경력개발과 취업멘토의 필요성을 제시했다. 또한 자녀돌봄을 위해서는 사교육의 부담을 경감하기 위한 방문교육과 실제적인 부모교육이 필요성을 제안하였다. 본 연구결과에 따라 북한이탈여성의 조화로운 일과 자녀돌봄을 위한 실천적 제언을 제시하면 다음과 같다.

첫째, 자녀돌봄의 어려움을 완화하기 위해서는 남북한의 양육과 교육문화의 차이를 고려한 부모교육 프로그램과 가족생활적응 프로그램이 필요하다. 연구결과에서도 언급되었던 것처럼 어려서부터 자립을 강조하는 북한의 양육문화는 남한의 교육방식과 달라, 남한사회에서는 양육자 특히 어머니의 역할이 중요하며 자녀 양육에 대한 많은 준비와 정보가 요구된다는 것부터 이해할 수 있도록 도움을 주어야 할 것이다. 본 연구에서도 선행연구(박정란, 2009; 장정은·최정숙, 2015)와 같이, 자녀가 있는 북한이탈주민여성들은 남한의 교육체계 및 관련정보 등에 대해 구체적인 교육을 자세히 받은 경험이 거의 없는 것으로 나타났다. 그러므로 부모교육 프로그램의 내용에 남한의 학교에서 사용되는 기초적 용어와 외래어에 대한 기본적 이해가 포함되어야 한다. 본 연구는 학령기(특히 초등학교) 자녀를 둔 40대 직장여성을 중심으로 이루어졌는데, 그 자녀들이 성장함에 따라 양육자도 생애주기에 따른 준비를 하고 자녀들의 변화에 대처할 수 있어야 한다. 특히 남한의 사회에 익숙하지 못한 북한이탈주민 어머니들에게 남한의 어머니들도 도움이 필요한 청소년기의 진로결정과 입시에 대한 정보 제공은 매우 필요하다.

이러한 이들의 상황에 부응하기 위해 2010년 이후 남북하나재단, 경기도 여성비전센터 등의 북한이탈주민 관련기관에서 부모교육 프로그램이 진행되어 왔다. 그러나 이러한 부모교육 프로그램을 분석한 결과, 대부분의 부모교육의 내용은 남한의 용어로 이루어져 있고 남한 실무자가 진행하여 북한이탈주민 여성들이 이해하는데 어려움이 있다고 지적되었다. 또한 실제 프로그램이 평일에 진행하는 경우가 많아 북한이탈주민 여성들이 부모교육에 참여하고 싶어도 시간이 맞지 않아 참가하지 못하는 것으로 나타났다(신난희, 2017). 이들의 상황을 고려하여 주말에 부모교육을 진행하거나 북한이탈주민 어머니들을 중심으로 교육을 실시한 후에 남한 어머니들과 같이 교육해 보는 것도 좋은 방법이 될 수 있을 것이다.

또한 가족생활 적응프로그램에서는 새로이 가족을 형성하거나 잔류가족과 재결합한 경우에서 발생할 수 있는 문제와 갈등을 이해하고 해결할 수 있는 내용을 포함해야 한다. 가족이 재구성되는 과정에서 다양한 유형의 가족이 생겨나고 있으며, 새로운 가족 구성원과 갈등이 발생하는 경우 또는 자녀들이 성장하면서 새로운 가족 생활주기에 적응해야 하는 상황으로 인한 문제가 발생하는 경우가 많다. 따라서 이러한 문제의 원인 및 갈등상황을 완화할 수 있는 해결 방법에 관한 교육을 실시하는 것도 중요할 것이다. 또한 맞벌이 가족이 되면서 발생할 수 있는 문제와 갈등 해결에 대한 내용 역시 필요하다. 연구결과에서도 맞벌이를 하게 되면서 다른 문화권의 남편들과의 가사 및 양육 분담에 대한 갈등이 드러났는데, 장기출장을 다니는 조선족 남편들은 프로그램의 참여가 어려우므로 남한에서 남성의 역할 변화를 수용할 수 있도록 도와줄 수 있는 내용의 책자를 만들어 배포하는 것도 하나의 방법이 될 수 있을 것이다. 이렇듯 남한사회의 특성을 반영하면서도 가족의 특성 및 생애주기를 고려한 가족생활적응교육 프로그램이 필요하다.

둘째, 북한이탈주민의 남한에서의 '진로선택 및 결정'이 중요한데, 북한처럼 직장이 주어지는 것이 아니라 남한에서는 본인이 스스로 알아서 찾아 선택해야 되므로 연구참여자들이 진로 선택에 대해 막막했다는 경험을 이야기했다. 선택권이 거의 없는 북한 체제에서 살아온 이들에게는 진로선택 자체가 생소한 상황에서 본인의 적성들을 고려할 수 있는 시간적 여유 없이 지역사회에 정착하게 되는 것이다. 북한 혹은 중국에 있는 가족에게 송금해야 되는 상황, 브로커 비용 지불 등의 이유로 인해 적성과 상관없이 노동시장으로 내 몰리는 경우가 많아 지속적으로 경력을 쌓을 수 있는 기회가 없는 경우가 많다.

그러므로, 탈북과정에서 경력이 단절되었던 북한이탈여성의 취업을 지원하고 유지하게 하기 위한 방안으로 '경력 경로(career path)'를 형성하고 발전시킬 수 있는 프로그램의 필요성(김현수 외, 2014)에 대하여 언급되었다. 그러나 실제적으로 연구참여자들뿐만 아니라 현장 실무자들도 하나원에서부터 경력관리가 잘 이루어지지 않고 있다고 불만을 토로하였다. 고용주는 지원자가 관련 분야의 자격증이 있다고 해도 해당 영역에 종사한 경험이 없으면 고용을 꺼려하게 된다. 그러므로 자격증을 취득한 연구참여자들도 '남한에서의 경력부재'로 인하여 노동시장 진입에 어려움을 경험하였다. 따라서 적성에 맞는 직업을 선택할 수 있도록 취업준비 과정에서 관련 업무들을 수행해 볼 수 있는 기회의 제공을 통해 경력발달을 체계적으로 지원해야 한다. 이를 위해 '하나원'에서부터 체계적인 프로그램을 제공하고 지역적응센터인 '하나센터'와 연계하여 북한이탈주민들에게 노동시장 진입과 경력개발의 기회를 마련해 주어야 할 것이다.

또한 취업 전후에 도움을 줄 수 있는 '취업 멘토(mentor)' 프로그램의 개발이 요구된다. 2010년부터 하나재단에서 파견해온 '북한이탈주민 전문상담사'는 북한이탈주민들의 전반적인 어려움을 개별적으로 상담하며 도움을 주고 있다. 하지만 사례의 수가 너무 많을 뿐만 아니라 '취업'만을 전문적으로 지원하는 경우가 아니어서 집중적인 도움 및 관리를 받기는 어려운 실정이다. 북한이탈주민 자녀인 학생들을 위한 교육과 남한생활 적응을 위한 멘토 프로그램은 상당수 있음에도 불구하고, 취업한 성인들을 위한 멘토 프로그램은 없는 실정이다. 그리고 남한에 입국하는 북한이탈여성들의 배경이 다양해짐에 따라 취업지원서비스는 기초설계부터 1:1 맞춤형으로 진행해야 되어야 한다(정영애·김윤아, 2013).

현재 먼저 정착한 북한이탈주민의 정착 성공체험을 공유하는 '정착

사례' 특강은 취업지원센터나 북한이탈주민 관련기관에서 새로이 정착한 집단을 대상으로 행해지고 있는데, 이는 일대일 프로그램이 아니다. 북한이탈주민들은 지역사회에 정착한 후 취업을 해도 남한의 직장 분위기나 용어에 대해 물어볼 곳이 없는 실정이다. 따라서 '사회통합' 측면에서 같은 직종에 근무하고 있는 남한주민을 멘토로 연결하여, 취업 이전뿐만 아니라 취업한 이후에도 어느 수준까지 직장의 고용이 안정될 때까지는 지속적으로 멘토와 관계가 유지된다면 직장 및 사회생활 적응에 큰 도움이 될 것이다.

마지막으로 이제까지 북한이탈여성들의 특수성을 고려하여 일과 자녀돌봄에 대한 정책이 공표된 적이 없었다. 이제는 남성 위주의 지원 정책에서 벗어나 출산, 육아, 학령기의 아동, 청소년들의 학교생활, 가족관계를 비롯한 직장에서 차별대우 등의 여러 고충을 가진 북한이탈여성들을 위한 '성인지적 관점(gender perspective)'의 정책이 필요하다(최선경, 2011). 남한에서 경제활동을 하고 있는 북한 출신의 여성들이 〈가정-일 양립〉유지는 이들에 대한 지원이 부족한 사회적 분위기와 사회적 서비스 실행의 부재로 인해 어려운 일이다. 특히 증가하고 있는 북한이탈여성들의 경제활동인구 중 출산과 자녀 양육으로 인해 경력단절을 경험하고 있는 가임기 여성에 대한 성인지적인 정책은 남한에서 이들의 경력단절을 예방하여 직장을 유지시켜 자립을 촉진할 것이다. 아울러 남한 여성들이 누리고 있는 양육지원서비스를 적극 홍보하여 서비스를 제공받게 되면 가족들과 함께 생활하면서 지역사회에서 차별 없이 살아갈 수 있도록 도움을 줄 수 있을 것이다. 이는 장기적으로 현재 심각한 사회문제로 대두되고 있는 '저출산'과도 연관되어 있으므로 정부는 지지체계가 미약한 북한이탈여성을 지원해줄 수 있는 적합한 양육지원 정책을 펼쳐야 될 것이다.

본 연구는 직장생활과 자녀돌봄을 병행하고 있는 북한이탈여성들을 대상으로 심층 면접한 자료를 분석한 것이다. 북한이탈여성들의 과반수 정도가 취업하고 있는 현 시점에서 본 연구는 이들의 '일과 양육'이라는 과제를 다루어 이들의 어려움을 이해하고 이에 대한 대책을 마련하고자 한 점에서 의의를 둘 수 있다. 그러나 전체적인 북한이탈여성의 일과 자녀돌봄 양립 경험으로 일반화하기에 그 한계가 있다. 또한 연구참여자의 배우자가 조선족이 다수이었던 것과 남한에 시부모가 없는 경우이어서 시댁 유무의 영향을 고려하지 못한 점도 이 연구의 한계이다. 이에 후속연구로는 남한 배우자가 있는 경우와 시부모가 있는 경우를 고려하여 북한이탈여성의 일과 자녀돌봄 혹은 가족돌봄 양립에 관한 연구를 제언하고자 한다.

부표 7장-1 인터뷰 참여자의 특성

	연령	탈북/입국연도	북에서의 직업	학력(북/남)	한국에서의 직업 변천
A	40대 중반	2003/2008	공장 근로자	고졸/없음	시간제 근로자 → 공방근무
B	40대 중반	2008/2009	공장 근로자	고졸/사이버대졸	시간제 근로자 → 주부 → 사무직 → 재취업 준비 중
C	40대 초반	1998/2011	공장 근로자	고졸/없음	전일제 공장 근로자 → 전일제 사무직
D	40대 초반	2000/2008	장마당 상인	전문대/사이버대졸	주부 → 시간제 근로자 → 전일제 사무직 → 자영업
E	40대 중반	1997/2005	공장 근로자	고졸/사이버대졸	주부 → 전일제 사무직

부표 7장-2 인터뷰 참여자 가족의 특성

	남편의 연령	남편의 국적	남편의 입국연도	자녀의 수	자녀의 나이	자녀의 출생지
A	50대 초반	조선족	2013	1남	11	중국
B	50대 초반	중국인/조선족	2010	2남 2녀	18/12/12/8	북한/중국/남한
C	40대 후반	북한인/조선족	2013	1남 1녀	15/11	중국
D	40대 후반	조선족	2008	1남	11	중국
E	40대 후반	조선족/한국인	한국 출생	1남 1녀	11/7	한국

제8장

탈북청소년 교육: 언제까지 분리교육인가?

한만길

I. 들어가며

우리 사회에서 탈북민은 취약집단으로서 복지의 대상이면서 동시에 정치적으로 북한을 이탈하여 남한에 정착한 특수 집단이라는 두 가지 의미를 갖고 있다. 첫 번째 의미에서 탈북민은 취약집단으로서 복지정책의 대상이며, 두 번째는 남북관계를 반영하여 정치적으로 특수 집단이기 때문에 다른 취약집단에 비해서 다른 보호와 혜택의 대상이 되고 있다. 탈북청소년도 탈북민이 지닌 두 가지 의미를 갖고 있다. 탈북민에 대한 복지정책은 두 가지 복합적인 의미를 갖고 추진하면서 복합적인 문제점을 노정하고 있다고 볼 수 있다.

    지난 정부의 탈북민 정책은 특수주의 복지정책[1]의 일환으로 추진하

---

1 이 글에서 복지 유형은 취약계층을 대상으로 하는 맞춤형 복지를 특수주의 복지(선별적 복지), 그리고 전 국민을 대상으로 포괄적으로 적용하는 보편

면서 동시에 취약한 북한체제에서 이탈한 탈북민임을 강조하면서 남한체제의 우월성을 홍보하는 수단으로 활용하였다. 특수주의 복지정책은 취약집단을 선별하여 특수한 지원을 시행하면서 그들이 갖고 있는 취약점을 보충하는 지원 정책이다. 그동안 우리 사회는 다양한 취약집단을 대상으로 특수주의 복지정책을 확대하는 과정에서 탈북민에 대한 지원 정책도 확대되었다. 그런데 탈북민에 대한 지원 정책이 그들을 한국사회의 일원으로서 포용하고 자활자립할 수 있는 역량을 키우면서, 동시에 우리 사회 시민으로서 성장하는 데 필요한 역량을 키우고 있는지에 대하여 의문을 제기하게 된다.

탈북청소년 교육지원도 특수주의 복지 정책에 기초하고 있다. 정부는 지난 2000년 초부터 탈북청소년이 점차 증가하면서 그에 대한 교육대책을 마련하였으며, 대표적으로 지난 2006부터 탈북청소년 전환기 학교로서 중고 통합형태의 특성화학교를 설립하였다. 이와 더불어 탈북청소년을 위한 대안교육 시설이라 할 수 있는 민간교육시설을 지원하기 시작하였다. 지난 2008년부터 정부는 탈북청소년이 증가하는 상황에서 이들에 대한 교육복지 사업을 대폭으로 확대하였다.

탈북청소년에 대한 교육정책을 단계별로 보면 먼저 입국초기 교육은 하나원 재원 기간 3개월 동안, 기초학습 지도, 심리적응 치료를 중심으로 이루어지고 있다. 하나원에 거주하는 유치원, 초등학교 탈북학생을 대상으로 인근에 있는 삼죽초등학교에서 특별학급을 설치하여 운영하고 있다. 하나원 내에서 중고등학교 학령기 청소년을 대상으로 하나둘학교를 운영하고 있으며, 여기서 학업보충, 사회적응 교육을 중심으로 운영한다. 다음 지역사회 정착 초기에는 전환기 교육단계로서 일반학교 전편입

주의 복지(보편적 복지)로 구분하여 서술하고 있음. 양재진 외(2011)와 윤홍식(2011: 167-206)를 참고하기 바람.

학을 통하여 학업보충이 이루어지고, 별도의 독립된 사회적응교육을 위하여 한겨레중고등학교를 운영하고 있다. 지역사회 정착기 교육은 부모 또는 본인이 거주하는 정착지를 중심으로 일반 초중고등학교에서 통합교육 형태로 이루어지고 있다. 탈북학생이 다수 재학하는 학교(밀집학교)는 특별반을 설치하여 학생을 지도하고 있다. 이와 별도로 대안교육기관으로서 학력을 인정하는 여명학교가 있으며, 비인정 대안교육시설들이 있다.

지난 두 차례의 남북정상회담을 통하여 냉전체제가 종식되는 상황에서 탈북민에 대한 새로운 접근이 필요한 시기이다. 남북한 상호간의 화해와 협력을 추구하고, 평화와 번영을 향하여 한 걸음씩 내딛고 있는 상황에서 우리는 탈북민을 어떤 시각으로 바라볼 것인가? 탈북민들이 우리 사회에서 안고 있는 일차적인 과제는 이주민으로서 자립할 수 있는 역량을 갖추고 자율적 시민으로서 활동하는 것이다. 또한 그들이 경제적으로 자립할 수 있도록 도와주는 것이 우리 과제이다. 나아가 정치사회적인 문제에 대하여 자율적으로 판단하고 그 결과에 대하여 책임질 줄 아는 민주적인 능력을 갖추도록 해야 한다. 그들은 우리 사회에서 분리된 특수 집단으로 배제되어서는 안 되고, 정치적으로 이용되어서도 안된다. 그들에게 '통일역군'이라는 과도한 역사적인 사명을 안겨서도 안되고, 북한 변화의 첨병과 같이 정치적인 과업을 떠맡겨서도 안 될 것이다. 이제 탈북청소년 교육에 새로운 접근이 필요한 시기이다.

II. 선별적 교육복지 정책과 문제

여기서는 일반 취약집단을 대상으로 선별적 교육복지정책의 과정과 문제를 살펴보기로 한다. 일반 취약집단 청소년을 대상으로 선별적 교육복지 정책을 추진하면서 파생된 문제점은 그대로 탈북청소년 교육복지 정책에서도 발생하고 있기 때문에 이에 대한 개략적인 실태를 파악할 필요가 있다. 이에 기초하여 다음 장에서 탈북청소년의 교육복지 정책과 문제점을 살펴볼 것이다.

1. 선별적 교육복지 정책 추진 과정

선별적 교육복지 정책은 본격적으로 지난 1997년 IMF 금융관리체제에 따른 경제위기가 발생하고 대량의 실업자와 빈곤계층이 형성되면서 시작하였다. 당시 결식아동이 증가하여 이들에 대한 중식지원을 초등학생부터 실시하였고 이를 계기로 빈곤가정의 초중등학생에 대한 학교급식비 지원 사업을 확대하였다. 이에 1998년 김대중정부는 최초로 '교육복지종합대책'을 수립하여 학교 중도탈락자, 학습부진아, 귀국자녀, 저소득층 유아교육 및 특수교육 대책을 마련하였다.

　　2004년 참여정부는 교육복지 대상 집단을 다양화하고 확대하였다. 당시 '참여정부 교육복지 종합대책'에서 교육복지 정책을 '교육소외, 교육부적응 및 교육불평등 현상을 해소하고 전국민이 높은 교육의 질적 수준을 누리도록 하여, 궁극적으로 국민 삶의 질 향상과 사회통합을 기함은 물론 나아가 국가의 성장동력을 강화하기 위해 펼치는 다양한 정책적 노력의 총체'라고 정의하였다. 대표적으로 교육복지투자우선지원사업(교복투, 2012년 교육복지우선지원사업으로 명칭 변경, 이후 교복우)을 2003년부터 시행하였는데, 취약집단 학생을 대상으로 선별적 복지정책이라 할 수 있지만 종합적이며 통합적 복지체계로서 주시할 정책이다. 이 사업은 처음 서울, 부산을 중심으로 도시 저소득층 밀집지역의 교육여건

개선 정책으로 시행하였다. 교복우 사업은 지역사회 내에서 보편적으로 접근하는 복지정책이다.

당시 교복우 사업은 교육격차를 해소하기 위해 지역사회 내에서 교육공동체를 구축함으로서 청소년 개인의 변화뿐만 아니라 학교와 지역사회의 변화를 도모하였다. 취약계층 청소년들이 갖고 있는 교육적 결손을 예방하고 학력을 증진하는 데 목적이 있다. 또한 건강한 신체, 정서 발달, 다양한 문화적 욕구를 충족시키려 했다. 이 사업은 우리 교육이 당면하고 있는 교육격차 문제를 해소하는 데 부응하는 측면이 있었으며, 사업의 성과로서 학교교육의 만족도가 높았기 때문에 지속적으로 확대할 수 있었다. 교육복지우선사업의 정책 효과 분석(김정원 외, 2009)에 따르면 학생들의 학교생활 적응력은 초등학교의 경우, 1차년도 3.28에서 5차년도 3.44로 상승했으며, 중학교는 3.16에서 3.24로 상승했다. 또한 학교 신뢰도는 1차년도 3.53에서 5차년도 3.58로 상승하고, 중학교는 3.25에서 3.44로 상승했다. 그래서 교복투사업은 '저소득층 학생들의 학교교육만족도, 학교에 대한 신뢰도 등, 학교경험수준을 높임으로써 이들의 성취수준을 높여 일반학생과의 차이를 줄여 나갈 수 있게 해 줄 것이다'(34쪽). 특히 교복우 사업은 '초등학교에서 학생들 스스로 교사의 관심과 지지가 높아 진 것으로 인식하면서 학교생활에 대한 적응력에서 긍정적 효과가 있는 것으로 나타났다.'(류방란 외, 2013: 38). 또한 지역내 사회적 자본(이웃, 어른과의 관계)을 매개로 하여 생활습관, 자존감, 사회성에 긍정적 효과가 있으며 위기극복 효능감, 우울불안을 극복하는 데 효과적이라는 것이다. 특히 '학생들의 결석률, 문제행동을 감소시키는 데 효과가 있다.'(이근영 외, 2017).

그러나 교복우 사업의 프로그램은 학생들에게 부정적 효과로서 낙인감을 주는 문제가 제기되었다. '낙인감은 초등학생보다 중학생, 고학년일수록 높아서, 이로 인하여 교육프로그램에 참여하는 것을 기피하는 경향을 보이고 있다'(이혜영, 2011). 특히 저소득층 학생들은 더 민감하게 반응을 보이고 낙인감을 갖기 때문에 기피하고 있다. 비록 교복우 사업이 취약집단 학생들에게 효과가 미미하고 부정적인 영향이 있다 하더라도 '교복우 사업에 대한 학교현장의 요구가 높다'(이근영 외, 2017)는 점을 감안하면 개선해서 확대하는 방안을 강구해야 할 것이다.

이명박 정부는 교육복지정책의 대상 집단을 보다 세분화하였으며 박근혜 정부도 연장선에서 정책을 추진하였다. 2008년 12월 '이명박 정부의 교육복지 대책'을 발표하여 방과후 학교, 초등돌봄교실, Wee프로젝트, 전원학교, 드림스타트지역아동센터, 희망복지지원단, CYC-Net, 청소년 방과후 아카데미 등 교육복지 정책을 유형과 규모 면에서 다양하게 확대하였다. 특히 기초학력 미달학생이 다수인 학교를 대상으로 '학력증진사업'을 적용하였으며, 사교육비를 줄이기 위해서 '사교육없는 학교' 사업을 시행하기도 했다. 이런 교육정책은 교육복지정책이라고 표방하였지만 실제로는 영어조기교육, 기초학력검사 전수조사(일제고사)를 실시하면서 학력 증진에 초점을 두고 이로 인하여 학교간, 학생간 경쟁을 촉발하는 정책을 추진하였다.

2. 선별적 교육복지 정책의 문제

그 동안 정부는 선별적 교육복지 정책으로서 교복우 사업을 비롯하여 각종 취약계층 대상의 세부 과제로 확대하면서 수십 가지에 이르고 있다. 취약계층을 위한 Wee프로젝트, 학습클리닉센터, 다문화·탈북 학생, 방과후돌봄 교실 등 교육복지 사업이 정부마다, 해마다 증가하였다. 여기에 보건복지부는 드림스타트, 지역아동센터, 희망복지재단, 여성가족부의 CYS-Net, 청소년 방과후 아카데미와 같은 교육복지 관련 사업을 수행하였는데, 교육부 사업 이외에 '타부처 사업이 증가하면서 교육부 사업과 중복되는 문제가 발생하였다'(한만길, 2017). 특정 학교에서 두 가지 이상의 사업을 수행하게 되면 동일한 학생이 두 가지 이상의 프로그램에 참여하여 혜택을 받을 수 있다. 반대로 어떠한 혜택도 받지 못하는 사각지대 학생이 있는가 하면, 과도한 혜택으로 인하여 일반학생과 역차별의 문제도 발생한다.

이런 다양한 교육복지 사업은 결국 시도교육청이 그대로 집행하면서 여기에 시도교육청 자체 사업이 추가되면서 더욱 증가하였다. 경기도 교육청 사례를 보면 '교육복지 사업이 7개 영역에서 무려 31개 과제에 달하고 있다'(이근영 외, 2017). 여기에 교육복지 사업의 영역을 넓게 보면 시도 교육청이 추진하는 혁신교육지구, 마을교육공동체 관련 사업도 교육취약집단 학생을 대상으로 포괄하고 있기 때문에 양적으로 대단히 많다. 교육부가 주도하는 사업이 있는가 하면, 시도교육청, 또는 지자체 자체가 시행하는 사업이 있기 때문에 이들 간의 중복 나열을 피할 수 없다.

또한 교육복지 당사자로서 수혜(특혜?)에 따른 자기효능감이 약화되고 의존성이 심화되면서 오히려 자립역량을 약화시킬 가능성을 안고 있다. 복지 대상자를 분리하고 선별하는 과정에서 지원과 특혜의 대상자로 인식되면서 소외되고 차별받는 대상이 될 수 있다. 선별적 교육복지 사업은 대체로 취약집단의 특성을 명칭으로 부여하고 있기 때문에 일반학생과 다르게 차별적으로 인식하고 있다. 주류사회에서 소수인 타자로 인식할 가능성이 많다. 그래서 선별적 복지는 아동의 건전한 성장과 발달을 방해하는 부정적 영향을 미칠 수 있기 때문에 보편적 복지를 통해서 모든 아동에게 복지혜택을 돌리자는 주장이 나온다.

한편 교육복지 사업은 교육행정 조직과 학교를 매개로 하여 서비스를 전달하기 때문에 행정 낭비와 비능률을 피하기 어렵다. 여기에 학교현장에서 사업 수행상의 번거로움, 예산 집행의 복잡함, 비효율성과 낭비 문제가 제기되고 있다. '교사는 학생 지도라는 고유 업무에 지장을 초래하고 업무 과잉으로 불만이다'(이근영 외, 2017). 그래서 학생은 물론, 교사, 교육 당사자들이 사업에 대한 자발적 동기 부여에 실패하고 있다.

그 동안 교육복지 정책은 학생 입장에서 교육적 필요가 서로 다른 학생을 대상으로 동일한 프로그램을 적용하기 때문에 학생들이 자발적으로 참여하는 동기 부여에 실패하고 있다는 점, 그로 인해서 정책 효과는 불확실하다는 문제점이 지적되었다. 무엇보다도 '교육복지 유관사업들이 산발적으로 기획되고 분절적으로 운영되고 있기 때문에 사업의 상승 효과를 거두지 못하고 있다'(김경애, 2012). 그럼에도 불구하고 선별적 교육복지 정책은 교육기회의 균등 보장, 특히 교육불평등을 해소하고 계층 이동의 가능성을 높여준다는 의미에서 취약계층을 위한 미래 지향적인 정책이라 할 수 있다.

이와 같이 일반 취약집단을 위한 선별적 교육복지정책은 탈북청소년 교육정책에서도 그대로 문제점이 발생하고 있다. 선별적 교육복지 사업은 '사업과 프로그램의 중복 현상'이 발생하고 '업무 수행 상에서 교사의 피로감'이 나타나고 있다. 그리고 학생들은 '여러 종류의 복지사업에 노출되면서 낙인감을 갖게 되고 기피하는 사례가 발생하고 있다'(한만길, 2013). 그래도 교복우 사업은 학교단위, 또는 지역단위에서 취약집단 학생을 포괄적으로 지원하는 방식으로서 통합적 지원 방식을 채용하고 있기 때문에 문제를 최소화할 수 있다는 점에서 분리교육이 아니라 통합교육(후술함)의 의미를 갖고 있는 것이다. 이제는 물질적 지원을 넘어서, 가시적이고 형식적 지원을 넘어서 취약계층 학생들에게 근본적으로 학습능력과 심리정서, 생활안정, 진로선택 측면에서 어느 정도 효과가 있는지에 대하여 점검해야 한다. 과연 교육복지정책의 효과가 있는지를 검토하면서 개혁 방안을 모색해야 할 것이다.

III. 탈북청소년 교육: 분리교육인가, 통합교육인가?

탈북청소년에 대한 교육복지 정책은 특별하게 분리하여 혜택을 주는 선별적 복지정책에 해당한다. 탈북민, 탈북청소년은 특수한 대상을 별도로 분리해서 특별하게 대우하는 '선별적 복지정책'를 적용하고 있어서 그들에게 취약하거나 필요한 요인을 찾아 이른바 맞춤형 교육지원을 한다는 점에서 장점을 갖고 있다. 그러나 취약집단 청소년을 대상으로 별도로 '분리교육'의 형태로 교육과 지원이 이루어지기 때문에 지역사회에서 일반 주민들과 통합적 적응을 지체시키는 요인이라는 점에서 한계를 안고 있다. 그래서 장애학생에 대한 특수교육과 마찬가지로 탈북청소년을 대상으로 분리교육이 적합한지, 통합교육이 적합한지에 대하여 논쟁이 제기되고 있다. 여기서는 탈북청소년을 위한 선별적 교육복지의 실상을 교육복지 정책, 정체성, 시민성의 측면에서 살펴보기로 한다.

1. 탈북청소년을 위한 선별적 교육복지 정책

탈북청소년을 위한 교육기관은 초기 적응교육을 담당하는 하나원의 하나둘학교와 삼죽초등학교가 있다. 그리고 하나원 3개월 교육 이후 정착지 배정을 받게 되면 초등학생의 경우 정규 초등학교에 편입학한다. 그리고 중고등학교 단계의 청소년은 정착지 정규 중고등학교 또는 한겨레중고등학교에 편입하고, 본인의 선택에 따라서 학력인정 대안학교(여명학교 등)에서 수학하거나, 다른 대안학교(미인정)에서 검정고시를 준비한다. 탈북청소년이 대학에 진학하는 경우 특례입학으로 비교적 쉽게 대학에 진학할 수 있고 학비는 국가와 대학이 전액 지원한다.

일반 중고등학교에서 탈북학생의 학력수준과 특성을 고려하여 다양한 교육지원 사업을 실시하고 있다. 탈북학생에 대한 1대1 맞춤형 교육지원 사업으로서 멘토 교사를 지정하여 기초학력 보충, 학교생활 이해, 친구맺기 등의 교육프로그램을 시행하고 있다. 특히 기초학력이 부진한 학생을 대상으로 탈북교사가 1대1 학습지도를 실시하여 학력 지도를 담당한다. 탈북학생의 심리적 정서적 안정을 지원하기 위해 성장멘토 및 탈북학생 지도 교사(보조교사) 제도를 운영하고 있다. 한겨레 중고등학교는 탈북학생을 위한 특성화 중고등학교(자율학교)로서 2006년 3월에 개교하였으며, 현재 정원은 중학교 80명, 고등학교 120명이며 학급 정원이 20명씩 총 10학급으로 구성된다. 지난 2003년 교육과학기술부는 '탈북청소년을 위한 학교설립 방안'을 연구(정병호 외, 2003)하여 한겨레중고등학교의 설립 방향과 운영 방식을 마련하였다. 이 연구는 탈북청소년의 '학력조정 및 문화적응을 위한 전환기 학교(디딤돌 학교)로서 기능'을 수행함으로써 남한학교 편입학을 위한 준비 과정을 중시하였다.

탈북청소년을 위한 대안 교육시설은 정규학교와 동일하게 학력을 인정받는 '특성화형 대안학교'(인가 대안학교)와 정규학교 학력은 인정받지 못하는 '위탁형 대안학교'(미인가 대안학교)로 구분된다. 이들은 현행 「초·중등교육법」 제60조3(대안학교)과 「대안학교 설립·운영에 관한 규정」에 의거하여 설립된 교육시설을 의미한다. 2018년 4월 현재 전체 교육기관 내 탈북청소년 2,538명(중국 출생 1,538명) 가운데 10.3%인 267명이 이들 대안학교에서 재학 중이다. 그런데 탈북청소년만을 위한 분리교육으로서 대안학교는 단기적으로는 기초학력을 보충하고 검정고시를 준비하는 데 효율적이라는 장점을 갖고 있지만 장기적으로 남한학생과 어울리면서 사회적응을 연습하는 데에는 불리하다는 단점을 갖고 있다. 남한사회에 적응하는 데 지체될 가능성을 안고 있다.

탈북학생들의 현재 학교 입학 전에 있었던 학교 경험 유무를 보면 한겨레학교 학생의 14.9%, 대안학교 학생의 31.8%가 현재 학교 이전에 다른 학교에 다닌 경험이 있다. 이전 학교를 그만둔 이유를 보면 '빨리 졸업하고 사회에 나가고 싶어서', '배우는 내용이 너무 어려워서', '가족과 함께 생활하기가 어려워서' '나이가 많아 어울리기가 어려워서' 등 탈북학생의 특수한 상황을 반영한 것이었다. 대부분 학업부진으로 일반학교 적응이 어렵거나 부모와 동거하기 어려운 형편에 있는 탈북학생들이 탈북학생만을 위한 분리된 기숙형학교를 선택하게 된다.

그 동안 정부는 탈북청소년을 포함하여 취약집단에 대한 교육복지정책은 교육적 결핍 또는 필요 요인을 중심으로 대상자를 선별하여 지원하는 선별적 복지정책을 추진하였다. 특히 탈북청소년에 대한 교육복지 정책을 특별하게 분리하여 혜택을 주는 특수 선별적 복지정책에 해당한다. 탈북민, 탈북청소년은 특수한 대상을 별도로 분리해서 특별하게 대우하는 '특수주의 복지정책'이다. 이러한 취약집단에 대한 교육복지정책은 대상집단을 다양하게 포착하여 그들에게 취약하거나 필요한 요인을 찾아 이른바 맞춤형 교육지원을 하고 있다.

이러한 맞춤형 교육복지 정책은 대상 중심의 분산적 지원정책이 안고 있는 문제점을 야기하고 있다. 대상자의 중복 문제, 수혜자의 의존성 심화, 신분 노출로 인한 낙인 효과, 그리고 이에 따른 수혜학생의 지원 기피 현상, 과잉 지원과 역차별 문제, 그리고 학교현장에서 사업 수행하는데 있어서 번거로움, 예산 집행의 번잡함과 비효율 등의 문제점을 지적할 수 있다. 학생들은 학교 안팎의 여러 종류의 교육프로그램에 선택적으로 참여하기도 하지만 흥미 위주로 선택하기도 한다. 프로그램을 주관하는 기관이나 단체는 학생들을 유치하기 위해서 경쟁을 벌이기도 한다. 여전히 과잉지원과 중복지원의 문제가 제기되고 있다. 지나치게 다양한 지원사업으로 지원기관의 업무가 과다해지고, 수혜자는 여러 지원프로그램에서 중복해서 수혜받는 폐해도 나타난다(한만길, 2013). 이로 인하여 교육복지 수혜에 따른 자기효능감이 약화되고 의존성이 심화되면서 오히려 자립역량을 약화시킬 가능성을 안고 있다. 복지 대상자를 분리하고 선별하는 과정에서 지원과 특혜의 대상자로 인식되면서 소외되고 차별받는 대상이 될 수 있다.

2. 탈북청소년의 낮은 학력과 정체성 문제

탈북학생의 기초학력 수준이 전반적으로 저조하다. 탈북학생은 국제결혼(국내출생, 중도입국), 외국인 집단 등의 다문화 학생집단과 비교해서 모든 과목(국어, 수학, 사회, 과학, 영어)에서 기초학력미달학생 비율은 가장 높고 우수학생 비율은 가장 낮게 나타났다(신진아 외, 2012). 기초학력미달 학생 비율을 보면 전국 평균이 1.41%인데, 다문화 전체 2.65%, 국내출생(국제결혼) 1.87%, 중도입국(국제결혼) 4.76%, 외국인 8.00%인데 비해서 탈북학생은 무려 11.76%를 기록하였다. 이를 보면 탈북학생들의 학력수준이 대단히 심각하다는 점을 알 수 있다.

그런데 특성화학교는 일반학교보다 '수업 이해도가 높게 나타났고, 학교만족도는 낮고 스트레스 수준은 높은 것'으로 나타났다(김지수 외, 2017). 특성화학교와 대안학교에서 수업이해도가 높게 나타나는 이유는 개인별 보충수업으로 수업을 쉽게 진행하기 때문에 어려움을 덜 느끼는 것으로 볼 수 있다. 이는 정규학교의 수준에 보면 교과이해나 학교생활의 어려움이 유보되는 현상이라고 해석할 수 있다. 또한 탈북청소년만을 위한 분리교육으로서 대안학교는 단기적으로는 기초학력을 보충하고 검정고시를 준비하는 데 효율적이라는 장점을 갖고 있지만 장기적으로 남한학생과 어울리면서 사회적응을 연습하는 데에는 불리하다는 단점을 갖고 있다. 그 만큼 남한사회에 적응하는 데 지체될 가능성을 안고 있다.

탈북학생에 대한 지원방식이 오히려 '탈북민'이라는 낙인감을 끊임없이 심어주고 있다는 데 문제가 있다. 학교에서 탈북학생들은 친구들에게 자신이 '북에서 왔다'는 사실을 알리기 싫어하고 있음에도 불구하고 끊임없이 알리게 되는 것이다. 탈북학생을 특수 지원 대상으로 끊임없이 분류하기 때문이다. 그들은 "탈북자라는 기준은 언제까지 인가요? 평생가나요? 여기 와서 몇 년 동안 살아도 탈북자라는 이름을 갖고 살아야 하나요?"라는 질문(이향규, 2012)을 하고 있다. 거주기간이 길어서 적응에 별 문제가 없는 탈북학생도 탈북민으로 분류되면서 지속적으로 과거를 기억해내어 '자신이 누구인가?'를 재확인하게 한다. 또한 중국출생 학생은 '난 중국에서 왔고, 쟤는 북에서 왔어'라는 식으로 자신의 출생지인 중국을 강조하며 스스로를 북한출생 학생과 구분짓기 때문에 탈북학생으로 분류되어 지원받는 것도 원치 않는 경우도 있다. 그래서 담당교사는 성실하고 사회성도 우수한 학생들은 다문화 학생으로 간주하여 '특별 지원을 하는 것이 오히려 학교생활에 방해가 된다'고 말한다. 탈북학생들이 자신의 신분이 노출되면서 차별과 왕따의 대상이 될 수 있다고 생각하기 때문에 부작용을 초래하고 있다.

　'탈북청소년 교육종단 연구' 결과를 보면 '밝히지 않겠다'고 응답한 학생은 2011년 66.7%, 2013년 54.1%, 2014년 52.0%, 2015년 58.4%로서 점차 줄어드는 경향이지만 여전히 50%를 넘어서고 있다.[2] 그래도 출신배경을 밝힐 것인가에 대한 공개 현황이 점진적으로 개선되고 있고, 피차별 경험의 비율도 전반적으로 낮아지고 있다. 이렇게 탈북학생들이 '북한 출신'이라는 사실을 숨기려는 이유는 우리 사회에서 북한에 대한 부정적 이미지 때문이다. 남북한 관계가 경색되는 상황이면 탈북민에 대한 부정적 이미지는 더욱 심화되고 있다.

2　한만길, 2011; 이향규, 2012; 김정원, 2014; 강구섭 외, 2015 참조.

또한 탈북청소년들은 나이가 많고 학습능력이 부족하고 왕따를 당할 염려가 있기 때문에 일반학교 다니길 기피하고 특성화학교나 대안학교를 선택한다. 무엇보다도 부모가 집에서 자녀를 돌보지 않고 생계에 전념해도 되기 때문에 자녀에게 권장하거나 강요하기도 한다. 북한출생 탈북청소년의 경우 모-동거, 부-부재의 비율이 응답자의 43.60%이고, 중국출생 탈북학생의 경우 38.95%으로 부-부재의 비율이 평균 41.30% 가량으로 나타났다. 또한 부모와의 이산해 있던 기간도 평균 55개월(4.6년)로 매우 긴 것으로 나타났다(강구섭 외, 2015). 이러한 탈북청소년의 복잡한 가족관계로 인해 안정적인 교육지원이 이뤄지지 못하는 상황이다. 그래서 특성화학교나 대안학교는 별도의 분리된 공간에서 그들에게 적합한 별도의 특별교육프로그램을 운영하고 있다. 특히 대안학교는 '뜻있는 분들의 도움으로 함께 대안학교, 기숙사, 그룹홈을 만들어 이들을 교육하고 있다.' 그러나 탈북청소년을 위한 분리교육은 장기화될수록 한국사회에 적응이 지체되고 배제될 소지가 있다는 점을 고려한다면 가능하면 통합교육으로 전환하는 방식을 택해야 할 것이다.

오히려 탈북청소년들은 비록 한부모나 이혼 가족이라 해도 가족과 함께 생활하는 것이 그들의 성장에 도움을 준다는 것이다. 그룹홈이나 기숙형 대안학교는 그런 가족과 생활하는 기회를 박탈하는 결과를 초래하고 있다는 문제를 지적한다. "아무리 못나고 가난한 부모라도 아이는 부모와 같이 살아야 하고 그럴 때 행복하다. 아이에게 부모보다 더 절실한 존재는 없다. 어린 시절 부모와 떨어져 살면서 가족 유대감이 약화되고 있다." 심지어 탈북아동 청소년의 특수성에 대하여 신화와 맹신을 가지면서 그들을 분리해서 특별하게 지도하는 교육활동을 부각시키고 있다고 비판한다(탈북아동 그룹홈 관계자).

결국 탈북청소년들이 북한 정체성을 스스로 숨기지 않고 당당하게 드러내면서도 한국인으로서 이 사회에서 적극적으로 살아가려면 어떻게 해야 하나? 그들이 자율적인 시민으로 성장하는 길은 무엇인가? 탈북청소년, 탈북민들은 지금 이 땅에서 자신의 삶을 주체적으로 영위하면서 자활자립해서 안정되게 살아가는 것이 시급한 과제이다.

3. 탈북민의 시민성에 대하여

여기서는 탈북민의 시민성, 그리고 교육적 시사점을 살펴보기로 한다. 통일연구원은 탈북민의 시민성을 '의무적 시민성'과 '자율적 시민성'으로 구분하여 실태조사를 실시하였다. 여기서 의무적 시민성은 법적인 기반하에 정부가 국민들에게 평등한 기회를 주어야 한다는 책무를 강조하면서, 동시에 시민은 이에 부응하는 의무와 책임 수행의 측면을 강조한 것이다. 자율적 시민성은 시민의 자율성을 바탕으로 각 사회집단이 서로 다른 정체성을 갖고 공동체에 참여하고 정치과정에 참여하는 것을 강조하는 것이다. 여기서 의무적 시민성은 시민들은 법을 지키고 정부의 권위를 신뢰하면서 공적 담론에 참여하는 등 올바른 시민권을 행사할 때 안정적인 민주주의가 가능하다는 관점이다. 반면에 자율적 시민권은 다양한 개인과 집단은 지속적으로 상호작용을 통하여 공동체를 만들어가는 과정에서 참여하고 협동하면서 민주주의를 실현한다는 관점이다. 말하자면 민주주의 사회는 개인과 집단의 정치적인 책무와 참여라는 양 측면의 상호 작용을 통하여 실현되는 것이다(민태은 외, 2017).

이 연구조사 결과에 따라 의무적 시민성의 측면을 보면 탈북민 젊은층이 남한의 일반 시민과 비교해서 낮은 것으로 나타났다. 또한 거주기간이 1~5년인 탈북민은 의무적 시민성 수준이 가장 낮은 것으로 나타났으며, 거주기간이 11년에서 15년 사이 시민성이 낮아지는 것으로 나타났다. 자율적 시민성 또한 거주기간이 11~15년 사이의 탈북민이 가장 낮은 것으로 나타났다. 거주기간이 16년 이상인 북한이탈주민은 의무적 및 자율적 시민성 모두에서 가장 높은 시민성을 보였다. 한국교육개발원의 탈북청소년에 대한 조사결과를 보더라도 학생들의 준법의식이 낮으며 탈북민의 준법의식은 일반 국민과 비교해서 낮은 것으로 나타났다.[3] 이런 현상은 탈북민들이 한국 사회에서 민주주의에 대한 기대가 높았다가 우리 사회의 현실을 보면서 실망하거나 소외감을 느끼게 되는 것으로 해석할 수 있다.

이런 점에서 시민교육은 탈북민에게 중요한 과제라고 할 수 있다. 시민교육[4]은 기본적으로 시민으로서 기초적인 사회질서와 준법정신을 기르고, 기본 생활태도를 습득하는 교육이다. 그리고 사회 현상과 문제를 바르게 이해하고, 비판적으로 사고하는 능력을 기르고, 이를 바탕으로 자율적으로 행동하고 책임지는 자세를 갖도록 하는 것이다. 말하자면 개인적 이익을 추구하면서도 공익적 가치를 등한시하지 않는 공동체 일원으로서 시민의 자세를 기르는 것이 시민교육이다. 나아가 시민교육은 사회적 문제에 대한 이해와 더불어 참여를 통한 사회개선과 변화를 추구하는 것이다.

시민교육의 일환으로 탈북민의 올바른 정치적 이해를 돕기 위해서 사회·정치단체 참여를 진작시키려는 노력이 필요하다. 정치적으로 서

---

3 탈북학생의 준법의식은 2011년 2.14, 2012년 2.48, 2013년 2.42로서 약간 상승하고 있음(한만길, 2013: 110). 북한이탈주민의 법지식이 낮은 것으로 나타났음(최영신 외, 2017).

4 민주시민교육은 "국민이 국가의 주권자로서 국가와 지역사회에서 일어나고 있는 정치현상에 관하여 객관적 지식을 갖추고 상황을 올바로 판단하여 비판의식을 갖고 정치과정에 참여함으로써 책임 있는 정치행위의 주체가 되도록 하는 과정"이라고 규정하였음(한국민주시민교육학회, 1995).

로 다른 생각을 이해하고 서로 관용하는 태도를 기르기 위해서 정치참여를 경험하는 것이 효과적이다. 탈북민들이 그들의 정치적 의사나 신념과 관계없이 정치적으로 동원되는 것을 방지하기 위하여 정치적인 활동에 참여하는 것도 도움이 될 것이다. 탈북민이 자발적으로 참가하도록 유도하는 것이 중요하고 그들이 스스로 주체가 되어 다양한 정치사회 활동에 참여하는 기회를 갖도록 할 필요가 있다. 그들이 정치활동에 관한 교육 프로그램을 개발하여 다양한 기회를 갖도록 하는 것이다. 특히 정치적 동원을 위한 단체 활동을 넘어선 다양한 지식, 경험 그리고 의견을 서로 나누는 경험을 유도할 필요가 있다.

탈북민 뿐만 아니라 남한 국민의 시민교육은 당연히 중요하고 강조되어야 한다. 우리 국민 모두가 다른 생각과 가치관을 가진 새로운 사회 구성원을 포용하는 시민성을 함양할 수 있다. 우리 사회에서 탈북민을 배제하거나 차별, 분리하지 않고 진정한 구성원으로 포용하는 것이 우리 사회의 시민으로 정착하는 데 긍정적으로 작용할 수 있으며 사회통합에 기여하는 것이다. 이제는 남한 사람이나 북한(탈북민)사람이나 서로 신뢰하고 관용하면서 사회통합을 추구하는 것이 민주주의를 생활 속에서 정착하는 것이다.

IV. 탈북청소년 통합교육의 과제

1. 탈북청소년 통합교육의 방향

특수교육과 마찬가지로 탈북청소년 교육에서 분리교육과 통합교육의 논쟁이 있다. 분리교육은 별도의 분리된 공간에서 특별한 교육프로그램을 통하여 교육적으로 충족되지 않은 요소(학습능력, 심리 안정, 관계 능력)를 집중적으로 시행하는 것이다. 분리교육은 특별한 지도가 필요한 장애 아동에 대하여 잘 갖추어진 시설에서 전문가의 집중적인 지도를 통하여 교육효과를 높일 수 있다는 장점이 있다. 반면에 일반학교에서 학령기의 동년배 아동들과 어울리면서 사회성을 습득하는 데 한계가 있다(이대식, 2011).

이에 반해 통합교육은 '누구나 교육의 장에서 배제되지 않고 다양한 집단과 적극적인 상호 관계를 형성하는 가운데 그들이 필요한 교육기회를 적절히 얻을 수 있도록 하는 데 목적이 있다(김정원, 2010). 사회적 배제는 경제적 결핍이나 사회적 고립을 통해 사회로부터 주변화되는 개인이 겪는 상황을 강조하는 개념이다. 특히 교육, 문화, 정치 등의 사회적 관계 속에서 주류에서 배제되고 주류집단과 관계가 단절되는 현상이다. 그래서 통합교육은 취약계층 학생이 교육현장에서 배제되지 않고 다양한 집단과 적극적인 상호관계를 형성하는 가운데 그들이 필요한 교육기회를 얻을 수 있도록 하는 것이다. 여기서 사회적 배제는 경제적 결핍이나 사회적 고립으로 인하여 사회로부터 주변화되고 단절, 고립되는 상태를 말한다(Dowling, 1999).

통합교육은 무엇보다도 취약집단 학생의 '사회적 배제' 현상을 배제하는 데 목적이 있으며 취약집단 학생들에게 더욱 효과적이다. 독일 OECD에서 PISA 연구결과를 바탕으로 지난 10년간 사회적으로 불리한 배경을 가진 학생 가운데 학업성취에서 우수한 결과를 보인 학생은 25.0%에서 32.3%로 증가한 것으로 나타났다(슈피겔, 2018.1.29). 이들이 불리한 배경을 극복하고 우수한 성적으로 나타낼 수 있었던 요인은 학급구성과 학교 및 수업 분위기 요인으로 밝혀졌다. 특히 학급구성에서 (성적에 따라서) 분리된 수업이 아니라 모두가 함께하는 공동 수업을 통해 긍정적 성과를 나타냈다. 또한 수업에 질서 있게 참여하는 학생 비율이 높은 학교의 경우 학업성취도 향상하는 것으로 나타났다. 취약집단 학생들이 일반학생들과 통합교육을 통하여 학업성취도 향상에 효과가 있다는 연구결과이다.

교육은 한 사회의 모든 사람들이 자신의 능력을 최대한 발휘할 수 있는 기회를 가지고 그 사회의 일원으로 참여할 수 있는 기본적인 소양을 갖출 권리를 가지고 있다(Field et al., 2007). 이런 관점에서 모든 학생들도 사회적 배경의 차이에도 불구하고 교육적 격차가 상존하고 있음에도 이런 취약한 요인을 극복함으로써 각자의 잠재능력을 최대한 발휘할 수 있는 기회를 주어야 한다. 특히 취약계층 학생들이 자신의 불리한 환경을 극복하고 우수한 성과를 보일 수 있는 요인(회복 탄력성)을 찾아서 이를 촉진시켜야 한다. 그래서 학업성취 뿐만 아니라 정서적 요인으로서 학습동기, 학습태도, 자존감, 자아개념 등을 향상시키는 것이 중요하다.

저소득층, 다문화가정자녀, 탈북가정자녀 등의 특수 집단별 사업과 더불어 학력증진, 방과후사업과 같이 교육프로그램별 사업이 별개로 시행되고 있는데, 이는 취약계층별 맞춤형 지원이라 할 수 있지만 또한 공급자 중심의 접근이라고 할 수 있다. 이런 프로그램별로 분리된 교육복지 사업은 통합적인 운영체계를 갖추어야 한다. 학생들이 겪고 있는 교육적 결핍의 부분을 포착해서 지원이 이루어지려면 기초학력 보충, 심리정서 안정, 건강보건 지원, 사회문화 적응 지원과 같이 서비스 중심으로 전환해야 한다. 이런 방식은 사회통합의 관점에서 바람직할 뿐만 아니라 지원 대상자에 대한 낙인감 또는 역차별의 문제를 방지할 수 있다.

이제 탈북민, 탈북청소년에 대한 교육정책도 이런 시대적 흐름에 적합한 방향으로 재정립할 필요가 있다. 탈북청소년이 '북한출신 한국인'이라는 정체성을 형성하고 한국사회의 시민으로서 성장하는 과제를 안고 있다. 그래서 민주사회에서 시민의 권리와 의무, 자유와 책임의식,

비판정신과 참여정신을 길러야 한다. 시민교육을 바탕으로 탈북학생들이 우리 사회 시민의 일원으로서 자활자립할 수 있는 역량을 기르는 방향으로 지원정책이 이루어져야 한다. 이 시대의 과제는 사회적 소외계층이라 해도 우리 사회의 주인으로서 시민의 역량을 갖추고 주체적인 삶을 영위해 나가는 것이다. 경제적 조건이나 사회적 지위 고하를 막론하고 누구나 시민으로서 권리의식을 갖고 자신의 삶을 가꾸어 가고자 노력하는 것이다. 이제 탈북민들도 보편적 복지, 일반적 복지체계로서 일반 시민들과 함께 생활하면서 시민역량을 기르는 방향으로 전환해야 할 것이다. 무엇보다도 탈북민, 탈북학생에 대한 민주주의 시민교육이 중요하다. 민주사회에서 시민의 권리와 의무, 자유와 책임의식, 비판정신과 참여정신을 길러야 한다. 시민교육을 바탕으로 탈북학생들이 우리 사회 시민의 일원으로서 자활자립할 수 있는 역량을 기르는 방향으로 지원정책이 이루어져야 한다.

2. 지역사회 일반학교 중심의 통합교육

취약집단 학생에 대한 통합교육이란 교육복지의 대상자의 통합을 말하며, 교육프로그램의 통합, 그리고 전달체계의 통합을 의미한다(한만길, 2013). 통합적 지도 방식은 취약집단 일반학생을 포함하여 탈북학생들도 함께 지도그룹으로 편성하여 지도하는 방식이다. 학교 단위에서 취약집단 학생에 대한 교육프로그램을 통합하여 탈북학생에 대한 교육프로그램을 일반학생들과 통합적으로 운영하는 것이다. 예를 들면 기초학력보충지도 프로그램을 운영하는 데 있어서 일반 기초학력부진학생과 함께 탈북학생의 기초학력 보충 프로그램을 통합하여 운영하는 방식이다. 이와 같이 기초학력 지도, 사회문화 적응, 심리·정서 지도 등의 지원 영역을 일반취약집단과 통합하여 운영함으로써 남한사회에서 일반학생들과 조속히 적응할 수 있는 능력을 키우자는 것이다.

　탈북학생의 남한사회 초기 적응과정에서는 과도기로서 분리교육의 형태로 접근해야 하지만 궁극적으로 통합교육을 지향해야 한다. 분리교육은 잘 갖추어진 시설에서 전문가의 집중적인 지도를 통하여 교육효과를 높일 수 있지만 일반학교에서 학령기의 동년배 아동들과 어울리면서 사회성을 습득하는 데 지체될 수 있다. 무엇보다도 지역사회의 한 시민으로서 자율적이고 주체적으로 행동하는 자세를 배우려면 일반학교에서 남한학생과 통합교육을 지향해야 한다.

　탈북청소년이 적응초기 분리교육에서 정규학교 통합교육에 이르는 시기의 중간 과도기를 전환교육이라 한다. '전환교육' 또는 '전환기 교육'은 신체적 결핍(장애)이나 문화적 결핍(이주민)으로 인하여 사회적으로 불리한 환경에 처한 취약집단 학생들이 학교교육에 정상적으로 적응하고 취업과 사회진출을 지원하기 위해서 과도기 맞춤형 서비스를 마련하는 것이다. 따라서 전환교육은 '학생의 능력과 환경 요건을 고려하여 그에 적합한 맞춤형 교육프로그램을 마련함으로써 독립적 생활을 준비할 수 있도록 도와주는 과정이다.'(서승희, 2010). 전환기 교육은 탈북청소년의 특성을 고려하여 판단하되 분리교육 기간은 가능하면 단기간(3개월)으로 설정하고, 길어야 1년으로 한정하여 통합교육으로 이행하도록 지원하는 것이다. 그리하여 탈북학생이 정규 중·고등학교에 편입학하기 이전에 전환기 교육을 통하여 학력보충과 함께 학교적응을 위한 준비하는 예비 과정으로 활용해야 한다.

　이러한 전환기학교로서 역할을 설정하여 지난 2003년 '탈북청소년을 위한 학교설립 방안' 연구(정병호 외, 2003)에 의하여 특성화학교(한겨레중고등학교)가 설립되었다. 여기서 탈북청소년의 '학력조정 및 문화적응을 위한 전환기 학교(디딤돌 학교)로서 기능'을 수행함으로써 남한학교 편입학을 위한 준비 과정을 중시하였다. 탈북청소년들은 정규학교에서 기초학습 부진으로 인하여 학교적응에 어려움을 겪고 있으며 학업중단의 사유가 되기 때문에 가능하면 단기간에 기초학력을 습득하고 일반학교에 적응할 수 있도록 권장하는 것이 바람직하다. 교사들은 탈북청소년을 지도하는 경험을 갖고 있기 때문에 소중한 교육적 자산이라는 점에서 이를 다른 학교나 외부 기관과 공유하고 협력하도록 해야 한다. 일반학교와 교사교류를 통하여 교사들의 장기 근무에 따른 피로도를 해소하고 일반학교 교사들이 탈북청소년 지도에 대한 경험을 공유할 수 있는 기회를 갖도록 할 필요가 있다.

　더욱이 탈북청소년이 점차 감소추세에 있는 상황에서 탈북청소년만을 위한 특성화학교, 대안학교는 그 기능과 역할을 재정립할 필요가 있다. 대안학교는 학령 초과, 기초학력 부진, 가정환경, 무연고 등의 이유로 인해 일반학교 취학이 어려운 청소년을 대상으로 단기간(1년 이내)에 보호와 교육 기능을 수행하는 것을 원칙으로 해야 한다. 특히 분리교육 기간을 최소화하고 일반학교 재학을 원칙으로 해야 한다. 지금까지 양적으로 확대되고 있는 대안교육기관을 축소해야 한다. 그리하여 탈북청소년들이 일반학교에 재학하면서 대안학교에서는 사회적응에 필요한 별도의 보충교육을 받는 위탁교육 형태를 취할 수 있다. 무엇보다도 일반학교, 특성화학교, 대안학교 등 탈북청소년 교육기관들이 협력하면서 각기 교육방식을 탐색하고 컨설팅하고 평가할 수 있는 관리체계를 마련해야 한다.

　지역사회 중심으로 탈북청소년에 대한 지원체계를 수립하여, 그들이 지역 주민들과 함께, 동료 친구들과 함께 남한의 생활방식을 습득하고 정착할 수 있어야 한다. 이를 위해서는 지역 자치단체, 학교, 지역인사 등이 상호 정보를 협력할 수 있는 협력체제를 마련해야 한다. 지역사회 안에서, 학교 안에서 탈북민, 탈북청소년이 지역 주민과 함께, 청소년과 함께 사회적인 통합의 길을 닦아 나가도록 해야 한다. 교복우 사업을 비롯하여 각 시도에서 수행하고 있는 교육특구사업, 마을교육공동체 사업 등을 시범 사례로 들 수 있다. 마을교육공동체는 학생교육에 지역사회와 주민이 참여하는 형태로 진행되고 있어서 '지역사회 본연의 교육력을 회복'하여 '교육은 우리 마을에서 책임진다'는 목표를 표방하고 있다 (양병찬, 2018). 지역사회 단위로 볼 때 학교, 복지관, 민간교육시설 등 관련 기관과 단체가 연계하는 협력체제를 만들어야 한다. 그리하여 탈북학생들이 그들 부모와 함께 지역사회 주민으로서 적응하고 성장하는 데 도움이 될 것이다.

V. 나가며

지금 탈북민들은 '살아가고 있는 이 자리'에서 그들 스스로의 삶을 개척하고 정착할 수 있는 길을 찾는 것이 최우선 과제이다. 이를 위해서 이 주민으로서 자립할 수 있는 역량을 갖추고 자주적 시민으로서 성장하고 활동하도록 도와주어야 한다. 오히려 지금, 이 자리에서 성공적으로 정착하는 모습을 보여주는 것만으로도 그들의 역할을 충실히 완수하는 것이나 다름없다. 그 이상일 수도 있을 것이다. 물론 탈북민 대부분은 각자 자신의 위치에서 열심히 살아가고 있는 모습을 볼 수 있다. 자기 생업에 열중하면서 정치문제에 관여하지 않는 탈북민들도 많고, 언론이나 대중들에게 노출되기를 기피하는 탈북민도 있다. 개인 사업에 성공하여 나름대로 풍요롭게 살아가는 부자 탈북민도 있다. 이들의 성공적인 정착 사례를 찾아서 소중하게 알리는 일도 중요하고 그들의 성공 정착을 가능하게 한 요인은 무엇인지 찾아서 도와주는 일도 중요할 것이다.

우리 사회에서 진정한 민주주의의 성숙은 사회적으로나, 경제적으로 차별받고 배제되는 국민이 없고 소외되는 개인이 없는 정의롭고 평등한 사회를 만드는 데 있다. 모든 국민이 각자의 자질과 능력을 맘껏 발휘할 수 있으며, 모두가 자신의 진로를 스스로 개척하고 자신의 직무에 열중하여 보람을 얻을 수 있는 사회를 만들어야 한다. 이런 점에서 교육복지는 사회적 불평등을 완화하고 평등한 사회로 가는데 지렛대 역할을 할 수 있다. 무엇보다도 취약계층 학생들이 자신이 처한 위기를 극복하고 자신의 잠재역량을 최대한 키우는 데 바로 그 중심에 교육복지제도가 있다. 그래서 지난 시절의 교육복지 정책에 대한 반성과 비판이 필요하고 새로운 관점에서 혁신적인 방안을 모색해야 한다. 교육복지 정책에 대한 새로운 논의가 우리 사회에서 민주주의를 실현하고 정의로운 사회를 만들어 가는 데 있어서 중요한 계기가 되기를 기대한다.

제9장
탈북민의 분리된 적응과 지역사회 서비스[1]

이민영

I. 들어가며

남한사회에 정착한 북한이탈주민(이후 탈북민)의 수는 2010년까지 2만 명을 넘어선 이래 어느덧 2019년 3만2천 명을 넘어섰다. 2012년 김정은 집권이후부터 입국자 수가 이전에 비해 감소하고 있지만 매년 약 1,500명 정도 지속적으로 입국하고 있다[2]. 탈북민은 60년이 넘는 분단 상태에서 민족적인 통합과 통일이라는 정치적인 맥락위에 있는 특수성이 있으며, 법적으로 남한시민들과 동등한 시민권을 가진 시민으로서 보편성도 가진다. 또한 다문화사회로 나아가고 있는 남한사회에서 북한문화를 가

---

1 이 글은 이민영(2016)에 발표한 내용을 일부 인용하고 있음.
2 국내 입국 탈북민 수는 2012년 1,502명, 2014명 1,397명, 2016년 1,417명이 입국하여, 2018년 1월까지 31,340명으로 보고되고 있다(통일부 홈페이지).

진 이주민으로서의 특성도 갖고 있다(이민영, 2015). 그런데 탈북민들은 남한주민과 동등한 법적 지위를 갖는다는 사실과 상관없이 여전히 가난하고 낯선 나라에서 온 '이방인'으로 인식되고 있으며 사회적으로 열악한 정치경제적 지위에 처해 있다. 탈북민이 겪는 남한사회에서의 어려움은 차별과 편견, 고용 기회의 부족, 경제적 적응의 어려움 순으로 나타났으며, 특히 남한사회에 전환 가능한 교육과 직업 기술의 부족으로 고용시장에서 불안정한 직업을 선택할 수밖에 없는 상황에 있다(김화순, 2014; Fuqua, 2011: 87). 이로 인해 남한사회에 잘 통합되지 못하고 상당수가 위태로운 삶을 살고 있는 것으로 나타났다(Bidet, 2009: 165). 이러한 욕구에 대응하며 지역사회 서비스들은 탈북민을 적응의 어려움, 스트레스, 우울성향, 실업, 복지의존 등과 같은 문제를 가진 보호받아야할 취약계층으로써 지원해왔다(박철민·민기, 2014: 33).

평화체제 이행기를 맞아 남북한 사회통합을 위한 접근을 지향하기 위해서는 탈북민을 취약계층으로 바라보는 것을 넘어서야 한다. 이에 정부는 2018년 『제2차 북한이탈주민 정착지원 기본 계획』을 수립하여 '생활밀착형 지원을 통한 북한이탈주민의 삶의 질 향상 및 포용적인 사회환경 조성'을 정책목표로 두고 통일 준비라는 맥락에서 탈북민과 남한주민들이 쌍방향 교류와 공동 활동을 장려하는 지역사회 접근을 강조하고 있다(통일부, 2018a).

그러나 지역사회 서비스 현장에서는 목적과 방법에 대한 합의 없이 상담, 교육, 주민교류, 인식개선사업 등을 통합 프로그램으로 제공(통일부, 2016: 192)하고 있는 정도일 뿐이다. 그동안의 선행연구에서 지역사회 주민의 북한사람들에 대한 관심을 높이는 것부터 기존 공공과 민간 서비스, 다양한 비영리 기관들의 상호협력적 과정(이민영, 2015)을 요구하고 있음에도 불구하고 실질적으로 지역사회서비스가 탈북민 사회통합의 목적을 왜 달성하지 못하고 있는지에 대한 심층적인 고찰은 부족한 실정이다.

이에 본 글에서는 지역사회 서비스 개발에 중요한 주체인 서비스 제공자의 경험을 통해 탈북민을 지원하는 지역사회 서비스가 분리와 배제를 어떻게 촉진하는지 들여다보고자 하였다. 남북한 사람들의 사회통합의 관점에서 남한 출신 및 탈북민 출신 활동가와 관리자들의 시각을 균형있게 반영하여 지역사회에서 서비스 조직[3]들의 접근방법과 문제점을 심층적으로 탐색해보고자 하였다. 이를 통해 탈북민이 지역사회에서 분리된 적응이 아닌 사회통합할 수 있도록 지역사회 서비스가 어떻게 개선되어야 하는지 모색해 보고자 한다.

II. 탈북민 지역사회 서비스의 목적: 사회통합

기존의 선행연구들에서 탈북민의 사회통합과 관련된 개념들은 전반적으로 탈북민이 남한사회에서 안정하고 소속감을 느끼며(설진배 외, 2014), 배제되지 않고(윤인진·이진복, 2006), 통일을 위한 준비(허준영, 2012)를 하는 것을 포함하고 있다. 통일의 관점에서 사회통합은 '공통의 규범과 가치를 내면화하고 공통의 생활양식을 습득하여 상호의존관계를 강화시

---

[3] 개념적으로 지역사회 서비스는 이용자와 제공자가 호혜적으로 작동하는 상호적 방식의 서비스와 제공자와 이용자의 관계가 서비스 전달과 함께 종료되는 비상호적 방식으로 나뉠 수 있음. 지역사회 기관의 성격 또한 지역사회에 소속되어 있다고 해서 모두 지역사회 기반 조직으로 볼 수는 없음(김형용, 2013: 183). 본 연구에서는 지역사회에 위치하고 있으나 탈북민을 대상으로 비상호적 방식의 서비스를 주로 제공하는 '지역사회 서비스 조직'을 다루고자 함.

켜나가는 과정'(홍기준, 2000)이며, 갈등해결의 측면에서 보면 '구성원들이 공동체에 대한 소속감을 갖고 공동의 비전을 공유하며, 다양한 배경을 가진 구성원들이 동등한 기회를 누리고 관계를 긍정적으로 발전시키는 상태'(노대명, 2009)이며, 소수자의 시선에서는 '다양한 특성을 지닌 사회구성원들이 서로를 인정하고 안정되고 안전하며 정의로운 사회를 창조하고 유지하기 위하여 협력하는 역동적인 과정'(설진배 외, 2014: 159)을 모두 포함한다. 즉 탈북민의 입장에서 사회통합은 행복하고 만족스런 삶을 영위하며 남한사회에 소속되었다고 느끼는 것, 남한사회에서 사회적 배제를 당하지 않으며 평등함이 증진되는 것, 남북한의 특수한 상황을 고려하여 장기적이고 다층적인 통일을 준비하는 것을 의미한다(이민영, 2015). 그동안 민족주의적 동화정책의 입장에서 탈북민만의 '적응'을 요구해오던 정책과 지역사회 서비스들은 남북한 주민간 차이점을 인정하면서 동등한 관점에서 함께 변화하는 주체로 보는 '사회통합' 접근으로의 변화를 요구받고 있다(설진배·송은희, 2015: 198). 즉, 탈북민들은 생활밀착적으로 지역사회내에서 남한 시민들이 참여하는 지역사회활동에 동등하게 참여하는 것, 일반시민들과 함께 지역에서 정기적 만나는 것, 일반시민들이 이용하는 지역사회자원을 똑같이 이용하는 것 등(박철민·민기, 2014: 35)이 가능해져야 사회통합되었다고 볼 수 있는 것이다.

III. 탈북민 지역사회 서비스의 구성

일반적으로 탈북민들은 국외에서 국내 입국, 지역사회내 거주지 정착에 이르기까지 국가가 주관하는 관리 프로세스를 밟게 된다(그림 1).

| 보호요청 및 국내이송 | · 보호요청 시 외교부, 관계부처에 상황보고 및 전파
· 해외공관 또는 주재국 임시보호시설 수용
· 신원확인 후 주재국과 입국교섭 및 국내입국 지원 |

──────── 국내입국 ────────

| 합동조사 | · 입국 후 국정원, 경찰청 등 관계기관 합동신문
· 조사종료 후 사회적응교육시설인 하나원으로 신병 이관 |

| 보호결정 | · 「북한이탈주민대책협의회」 심의를 거쳐 보호여부 결정
· 보호결정 세대단위 결정 |

| 하나원 정착준비 | · 사회적응교육(12주, 406시간)
 - 심리안정, 우리사회 이해증진, 진로지도 상담, 기초 직업훈련
· 초기정착지원: 가족관계 창설, 주거알선, 정착금·장려금 지원 등 |

──────── 거주지 전입 ────────

| 거주지 보호 (5년) | · 사회적 안전망 편입(생계·의료급여 지급)
· 취업지원: 고용지원금, 무료 직업훈련, 자격인정 등
· 교육지원: 특례 편입학 및 등록금 지원
· 보호담당관: 거주지·취업·신변보호 담당관 제도 운영 |

| 민간 참여 | · 북한이탈주민지원재단을 통한 종합서비스 제공
· 지역적응센터(전국 25곳) 지정·운영
· 정착도우미제도: 민간자원봉사자 연계
· 북한이탈주민 전문상담사(88명)
 - 종합상담 및 애로사항 해결 등 찾아가는 상담서비스 제공 |

그림 1 탈북민 국내정착 프로세스(통일부, 2018b: 13)

지역사회 내에서 탈북민을 지원하는 서비스들은 탈북민이 거주지 전입이후 전달되는데, 공공행정 전달체계(지역 내 거주지-취업-신변보호 담당관)와 민간 전달체계(정착도우미프로그램-개별민간기관)가 두 축으로 연계되어 있다. 지역에 따라 '북한이탈주민지원지역협의회'를 구성하여 지방자치단체(거주지보호담당관), 지방노동사무소(취업보호담당관), 지역경찰서(신변보호담당관)와 지역내 대한적십자사, 민주평화통일자문회의 등 전국조직(정착도우미사업), 지역사회복지관, 그리고 NGO 등이 참여하고 있다. 전국에 2018년 현재 116개 지역협의체가 구성되어 있다[4].

탈북민을 위한 지역사회 서비스의 핵심기관은 하나센터이다. 탈북민 초기 지역사회 적응을 돕기위해 설치된 지역적응센터인 하나센터는 2018년 현재 전국 25개가 운영되고 있다(통일부, 2018b). 거점 지역에 설

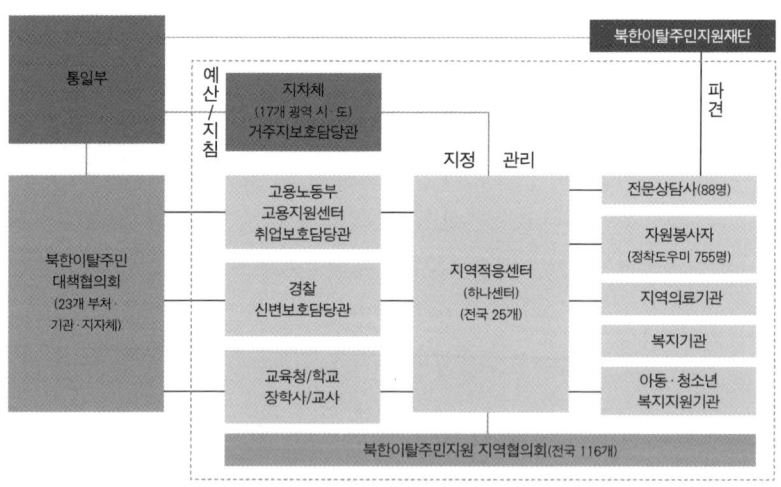

그림 2 탈북민 정착지원 체계(통일부, 2018b: 14)

---

4 북한이탈주민지원지역협의회는 거주지보호담당관, 취업보호담당관, 신변보호담당관, 하나센터, 지역 내 민간단체 및 지역 거주 탈북민 등으로 구성된 지역차원의 정책협의체를 말함(통일부, 2018b).

치되어 있으며, 거주지가 확정된 탈북민들에게 3주간 지역적응에 필요한 교육과 정보를 제공한다. 정착후 1년간 심리사회적 상담, 취업에 필요한 기술 훈련 등의 서비스를 제공하고 있다.

그 외 사회복지, 보건, 의료, 종교, 시민 자원봉사 조직 등 다양한 비영리기관들이 공식적인 체계 속에서 참여하고 있다. 지역사회복지관에서는 지역사회 일반 주민들과 상호 교류할 수 있는 다양한 프로그램과 자원을 가지고 있는 장점을 살려 아동 보호와 청소년 상담, 지역사회 활동에 참여할 수 있도록 지원하고 있다. 남한주민 주도의 비영리 조직들은 직접적으로 탈북자를 지원하거나, 자원봉사자를 양성하여 탈북민을 도울 수 있도록 하고 있으며, 탈북민 주도의 비영리단체들은 북한 인권에 대한 옹호활동, 북한사회와 다른 남한사회의 특징에 대한 교육 프로그램 등을 주로 제공하고 있다(Park, 2010).

탈북민을 위한 지역사회서비스는 정착, 적응, 통합을 목적으로 분류할 수 있다. 정착 서비스는 의식주를 비롯한 실질적으로 주류 사회에서 살아가는데 필요한 급여를 제공하는 서비스이며, 적응 서비스는 이주민이 남한사회의 규범과 정체성으로 변화할 수 있도록 돕는 서비스를 들 수 있다. 통합 서비스는 법제도적, 사회적, 심리적인 측면에서 동등한 사회성원이 될 수 있도록 주류 사회와 이주민 양방의 변화를 도모하는 서비스를 포함하고 있다. 이를 구체적인 사업별로 살펴보면, 첫째, 탈북민 세대를 지속적으로 관찰하며 병원 동행, 후원금 지급, 생필품 제공, 프로그램 안내, 아동의 학습 지원 등 서비스를 제공하는 사례관리 프로그램이 있다. 둘째, 정착과정에서 발생하는 문제에 접근하여 사회부적응 문제를 해결하고 사회적응력을 향상시키고자 노력하는 상담 프로그램이 있다. 셋째, 자녀양육이나 학습 멘토링 등 남한 주민과 결연하거나 모임을 만들어 지원하는 프로그램이 있다(전주람·김성미, 2015: 80; 김선화, 2015: 130-131). 넷째, 남북통합이라는 목적하에 남북한 주민 교류 사업으로 인식개선교육, 북한 문화 공유, 체육대회. 지역축제 및 절기행사, 캠프, 봉사활동, 남북주민 연합동아리, 합창단 등이 있다. 이러한 지역사회 서비스들은 그동안 급속히 확장되어 왔고, 탈북민을 위한 서비스 제공기관도 늘어나고 있다.

그럼에도 불구하고 지역사회내에서 탈북민의 배제와 소외의 문제는 여전히 심각한 실정이다. 이에 지역사회 서비스의 문제점을 심층적으로 분석하기 위해서 정부주도 비영리기관(재단, 센터 등), 정부의 지원을 받는 비영리기관(지역적응센터(하나센터), 지역사회복지관), 남한주민이 운영하는 비영리단체(이하 남한 조직), 탈북민이 운영하는 비영리단체(이하 탈북민 조직)에서 활동하는 11명의 현장 실무자를 개별 심층 인터뷰 하였다(부표 9장-1 참조).

Ⅳ. 탈북민 지역사회 서비스의 실제

1. 자립자활을 위한 서비스

거주지 배정을 받은 탈북민들을 위한 지역사회 서비스는 다양한 서비스와 교육을 받을 수 있는 기회와 자원이 집중적으로 연계되도록 촘촘하게 설계되어있다.

> 하나센터에 오면... 예를 들어서 대학을 준비하는 친구이면 대학교 진학을 관련하여서 도움을 줘야 하잖아요. 받을 수 있는 것을 추천해서 연결해 주고요. (중략) 고용지원센터에 가서 이력서도 쓰고 아니면 즉

석에서 바로 오거나 해가지고 안내도 하고 아니면 학원 쪽에 연결을 해서 뭐..필요한 교육을 받게 하고 그런 장을 열어 드리고 그 다음에 복지관에 있는 교육프로그램을 연결해 드리고 해요 (실무자 U)

그러나 탈북민을 위한 포괄적인 서비스 정책이 실제 집행되는 과정에서 대상화 문제가 심각하게 제기되었다. 탈북민을 대상으로하는 교육은 대부분 사회통합을 위한 성과보다는 수혜자 '숫자'에 초점을 둘 수밖에 없는 구조였다. 탈북민들이 복지 의존에서 벗어나 동등한 시민이 될 수 있도록 "세금도 내고, 자기 삶에 주인의식도 갖고, 같은 가치를 공유하는 것"(실무자 L)을 알려주며 접근하지만, 취업률이 성과의 기준이 되면서 탈북민에게 '금방 일할 수 있는 취업'을 제공하게 되고 낮은 급여수준의 불안정한 일자리들이 주어졌다. 동시에 집체교육 중심의 일방적 시민의식 교육―근로윤리, 민주주의 등―이 제공되었다. 탈북민 조직에서는 이에 대해서 "100명 이렇게 교육시키는 거 말고 넘어 올 사람들한테 희망이 될 수 있는 모델을 만들어가는 인재양성"(실무자 L)이 필요하다고 비판하였다.

> 탈북자 아줌마들한테 컴퓨터 교육해서 뭐할까 어차피 다 경리로 취직할 것도 아니고 엑셀 한다고 다른 이미 엑셀하고 있는 사람들 이길 수 있는 것도 아닌데 그러니까 (후원자)가 요구하는 거는 뭐 이 사람들이 전자민주주 이런 식으로 어떤 웹에 접속을 해서 의식을 깨워야겠다.. 근데 이게 안되거든요. 그냥 메일 확인 하고.. 메일 확인 못하시는 분들이 태반인데.. (실무자 L)

즉, 사회경제적인 맥락에서 탈북민의 취약계층이라는 지위가 사회통합을 위한 서비스 제공과정에서도 중요하게 영향을 미치고 있다. 탈북민들은 서비스 제공 과정에서 실질적인 변화보다 실적을 채우는데 동원되기도 하면서 서비스 이용자가 아닌 수혜자로서 가치 절하되었다. 또한 탈북민만을 위한 서비스가 많은 것에 대한 지역주민의 형평성 문제 제기에도 대응해야 했다. 탈북민을 위한 서비스가 저소득층 주민들을 위한 서비스와 비교하여 형평성에 맞지 않게 과하다는 것이었다(실무자 K). 정부의 지원체계 속에서 '특혜'로 보여지는 정책들은 여전히 주민들의 배타적 태도에 영향을 미칠 수 밖에 없다. 탈북민은 남한주민보다 못해야 서비스 받을 자격이 있다는 인식을 직면해야 했다.

2. 문화적 적응을 위한 서비스

탈북민에 대한 사회적 관심이 높아짐에 따라서 지역사회에서는 서비스 경쟁이 치열해졌다. 탈북민은 다문화정책 대상이 아니라는 입장에도 불구하고, 지역사회에서 탈북민 서비스는 다문화서비스와 연결되어 제공되었다. 특히 학교, 지역사회 조직들에서 탈북민 취업관련 교육과 탈북 아동·청소년들을 위한 프로그램은 유사하게 중복적으로 제공되면서 '밥그릇 싸움'(실무자 O)이라는 비판을 받기도 하였다.

> 왜냐면 서비스가 여기저기서 너무 중복되는 거에요, 특히 **구는 각 동마다 복지관이 있어요, 각 동마다 복지관들이 이탈주민사업들을 수행을 하고 있어요, (중략) 같은 날 같은 프로그램을 한다던가, 특히 학교들도 교과부 지원들을 받지요, 다문화나 이런 쪽으로도 받아요, 그러면 우리 아이들이 그 쪽으로 가게 되는데, 여기 이번 주에 학교프로그램을 하면 다음 주에는 복지관 프로그램에 가야되고 또 유사한 프로그램들도 있고.(실무자 V, K)

이주민이 새로운 사회에서 소속감을 느끼고 불안감을 덜고 '시행착오'를 줄일 수 있도록 지역사회에서 제공하는 가장 많은 접근 방법이 '멘토링'이다. 지역사회 서비스 기관들은 탈북민들이 의사결정을 하는데 남한 멘토의 조언을 받을 수 있도록 도왔다.

> 혼자 정보를 듣고 혼자판단하다 보니까 실제로 좀 더 정확한 장기적인 어떤 안목에서의 결정보다는 주관적이고 바로 이제 근시안적인 판단이 될 수밖에 없다보니까 자꾸 시행착오를 겪거든요. 언니든 동생이든 이렇게 좀 쉽게 얘기할 수 있는 분이 있으면 좋겠다. 이제 그런 사람을 좀 연결시켜 줘가지고 그 안에서 좀 정리되게 하고.(실무자 J)

그런데 그 의도와 달리 구체적인 접근방법에 있어서 남한사회의 우월의식을 가지고 탈북민을 대상화하는 문제를 보였다. 정보제공과 연계, 멘토링 등의 서비스를 제공하는 과정에서 남한 사람들이 우월한 입장에서 가르치거나 시혜적 태도를 보이는 것이 문제로 드러났다. 탈북민들에게 열등한 '탈북자다움'을 강요하는 경향이 있다는 비판이 커졌다.

> 시민교육이라고 하는 가르치는 입장, 거의 정상적인 입장에서 우리가 가르친다 뭐 이런 거는 왠지 반발이 생길 것 같아 가지고, 그런 거를 굳이 왜 하는지?(실무자 H)

> 멘토멘티 프로그램에서 (중략) 너무나 후회가 되는 거에요, 탈북자를 바라보는 것, 탈북여성을 바라보는 거 가 어떤 눈빛이고 어떻게 (거지 대하듯) 하는지가 그 사람들이 아주 보편적인 한국사회를 대변한다고 보시면 돼요.(실무자 M)

문화적인 맥락에서 지역사회의 기관들마다 탈북민의 정체성을 다르게 규정지었다. 탈북민을 다문화 집단으로 보는 경우 유사한 서비스들이 중복적으로 제공되었고, 탈북민을 같은 동문화 집단으로 보는 경우 필요한 서비스들에서 배제되기도 하였다. 그러나 대부분의 지역사회에서는 북한문화의 이질성이 강조되면서 남한사회의 것을 빠르게 배우도록 돕는데 초점을 두었다. 문화적 민감성이 결여된채 제공된 서비스들은 오히려 남한 우월주의를 강화하고 탈북민을 열등화하는 부정적 효과를 드러냈다.

3. 지역내 관계형성을 위한 서비스

여전히 남북분단이라는 상황은 지역사회 인식개선 서비스에 강력한 영향을 미치고 있었다. 노인 세대들을 포함하여 젊은 세대들까지도 탈북민에 대해 부정적 편견을 가지고 있거나 제대로 알려고 하지 않아 서비스 제공에 어려움이 컸다. 탈북민 서비스를 제공하는 기관이라는 것만으로도 지역시민단체들로부터 부정적인 시선을 감내하여야 했다.

> 새터민에 대해서 막 인식개선을 할 때에요. 그니까 이제 나이 드신 분들이 이게 뭐냐고 새터민이 뭐냐 했다가 아 북한에서 온 사람들이에요. 그때 확 돌변하시는 거예요. 이런 빨갱이 같은 놈들이라고.(실무자 J)

> 북한이탈주민을 돕는다 혹은 통일을 위한다고 하면, 친북 아니면 반북과 같은 '강력한 정치적 선입견'을 가지고 조직을 해석하죠.(실무자 M)

지역사회에서 탈북민과 탈북민 조직은 "듣고 싶은 말을 해주어야 하는 집단"일뿐이다. 실제 북한 사회와 문화를 알리고자 할 때, 남북한 통합의 합리적인 파트너로 받아들이기 보다는 남한사회가 기대하는 혹은 (북한사회를 비판하는) 자극적인 말을 해주는 사람들로 인식되고 있다는 것이다.

> 아쉬운 게, 우리가 이게 다들 대한민국 헌법을 존중하면서 대한민국 국민의 일원이 되어야 되는데 (중략) 아주 바른말을 하고 합리적인 말을 하면 싫어하죠. 탈북자다워야 돼요. (어떤 게 탈북자다운 것?) 지금 그게 다 그걸 아주 못한다든가, 아니면 북한에 어떤 자극적으로 대한다든가, (중략) 어떤 파트너로 이렇게 받아 안 들인다는 거에요. (실무자 G)

무엇보다 지역사회에서 탈북민 조직은 지역사회의 서비스를 결정하는 '공식적 의사결정 과정'에서 배제되고 있으며 지역사회 기반 활동에 대한 인정을 받지 못하는 어려움이 있다고 하였다.

> **구 자치행정과장이 지역협의회 의장이 되구요, 그리고 보안협력계장, 보안 경찰서 보안과장, 복지관장 뭐 자유총연맹 **지구 회장 뭐 그런 분들이랑 지역의 유지 몇 분 뭐 이렇게 모여서 관심이 있으신 유관기관의 대표장들이 모여 있는 지역협의회가 있어요, 의사결정과정에 탈북자단체들은 거의 들어간 곳이 없는 걸로 알고 있어요. (실무자 K)

남북한간의 대립의 경험과 오래 지속된 분단 상황으로 인하여 지역사회에 만연한 피해의식과 북한이나 탈북민에 관한 막연한 불신의 분위기를 직면하였다. 남한 조직들은 의도하지 않게 빨갱이로 몰리거나 북한을 지지하는 집단으로 오해받거나, 탈북민 조직들은 인정받지 못한채 지역사회 협력을 위한 의사결정 과정에서 배제되기도 하였다. 국가안보의 시각에 익숙한 남한주민들이 가진 북한과 탈북민에 대한 두려움과 저항감에 지역서비스 기관들은 적극적으로 대응하지 못하고 소극적인 입장을 취하고 있었다.

V. 탈북민 지역사회 서비스에 숨겨진 문제들

1. 사회경제적인 주변화와 분리

지금까지 탈북민들은 한국 사회에서 부양해야 하는 불필요한 사람들로 간주되었다. 낮은 수준의 불안정한 일자리, 남한사회 시민으로서 배울 것이 많은 이방인의 위치 등 탈북민의 사회 경제적 "주변화"는 한국 사회의 규범적 기준 안에서 행동하도록 권고 받는 상황에서 나타난 소외현상이라 할 수 있다.

정부는 탈북민의 초기 정착을 위해 주택과 기본생활비용을 제공하지만 이러한 사회적 혜택 및 공공부조에 대한 장기적인 의존성은 바람직하지 않은 것으로 간주하고 있다. 북한에 있는 것보다 남한에서의 삶이 그 자체로 더 낫다는 근거로 정당화된 빈곤지역으로의 주거지 배정은 탈북민에게 시작부터 일반 지역사회와의 참여와 교류에 대한 제한으로 작용할 수 밖에 없다. 국가는 정착 초기 공적부조에 대한 의존도를 인정하면서도, 탈북민들이 자신의 노력을 통해 낮은 사회경제적 지위를 극복해야 함에 초점을 두고 있다. 따라서 취업에 대한 교육과 알선도 험한 일이거나 임시직종에 빨리 취업시키고자 유도한다. 탈북민 집중 거주지를 중심으로 제공하는 지역사회 서비스는 탈북민의 진정한 통합보다는 서비스 제공 횟수와 이용자 숫자에 집중하는 모습이 드러나고 있다. 남한의 방식을 배우고 그에 맞는 역량을 키우는 것이 중요하다는 입장에서 남한사회의 평균 수준을 달성해야 한다는 요구를 하고 있다. 이러한 결정에 따르도록 지역사회의 권한을 사용하므로 탈북민들에게 자발적 참여를 끌어오기 어려운 것은 당연한 결과라 할 수 있다. 이처럼 탈북민들은 많은 서비스 프로그램에서 대상화되어 열등감을 내재화할 수 밖에 없다. 남한사회 시민으로서 살아갈 자신감이 떨어지거나 불만이 많아진다. 그럼에도 불구하고, 그들의 소극적이고 무관심한 태도 혹은 과격한 태도가 서비스 현장에서는 오히려 문제로 드러나고 있다.

2. 문화적인 차이에 대한 우열감과 편견

남북한 사람들이 같다는 '한민족 신화'는 더 이상 유효하지 않은 것 같다. 남한 주민이나 탈북민 사회가 이 신화를 더 많이 믿을수록 서로가 느끼는 문화적 차이는 더 커진다. 남한 사람들에게 탈북민은 '다른 사람들'로 취급되면서 남한사회에서 탈북민이 어떻게 '적합'할 수 있는지에 대한 혼란이 있다.

정부는 시민권을 부여받은 탈북민의 지위는 다른 이주민의 지위와 다르므로, 정책대상으로 탈북민은 다른 이주민과 같을 수 없다고 본다. 그러나 실제 탈북민을 이주민과 동일시하지 않는다는 것이 이들을 남한 주민들과 동등하게 보는 것을 의미하는 것은 아니었다. 지역사회에서 남한과 북한 사람들이 이미 지난 70년동안 다르게 살아왔다는 것은 부인할 수 없고, 남한보다 열악한 상황에서 온 탈북민은 열등한 것으로 간주되었다. 북한 문화는 남한에 비해 저개발적이며 '과거'의 문화로 전제한 뒤, 지역사회 서비스로 서울 액센트로 말하기, 영어 배우기, 민주주의와 자본주의 사회 이해하기 등을 배우도록 제공하였다. 탈북민은 일방적인 이러한 적응프로그램에서 굴욕감을 느끼고 대상화되고 있다. 만일 목표를 달성하지 못하면 남한 조직의 비전문성을 탓하는 것이 아니라 탈북민의 태도와 열등한 문화를 비난하는 것을 감수해야 했다. 탈북민은 너무 실리에 밝고 비판에 방어적이라며 다른 이주민 집단들과 다르게 순종적이지 않다는 편견도 발견할 수 있다(Park, 2002).

3. 분단과 대립으로 인한 불신과 비난

남한의 지역사회에는 오랫동안 북한에 대한 두려움과 공격적인 태도인 '레드 콤플렉스'(Kim, 2009)의 영향이 남아 있다. 북한에 대한 적대적 태도는 탈북민에 대한 태도에 반영된다. 남한은 피해자이고 북한은 가해자인 것처럼 인식되어온 역사적인 의식이 고스란히 지역사회에 남아있다. '안보맥락화된 감시와 의심'은 탈북민 뿐아니라 지역사회의 모든 사람들에게 일상 행동에 부정적인 영향을 미치고 심각한 불신을 만성화하고 있다.

안보화 프레임은 주류 사회 전체에 위협이 되는 것처럼 지역사회에 두려움을 조장한다(Walters, 2009: 221). 사실 대다수의 '의심스런' 사람들은 '무고한 사람들'임에도 불구하고, 지역사회에서 지방 및 중앙 정부, 경찰, 국정원, 관변 조직들 등 다양한 기관들이 안보를 위한 협력체제를 통해 탈북민을 보호하고 또한 통제하고 있다. 안보 맥락화된 정책은 지역사회의 적대적인 태도를 정당화하는데 영향을 미치며, 탈북민으로 하여금 지역사회에 자신의 정체성을 공개하기 두렵게 만드는 구조적 원인이 된다. 뿐만아니라 지역사회내 다양한 조직과 주체간 협력을 방해하고 자연스런 시민으로서 참여를 주저하게 만들고 있다. 이러한 안보화된 지역사회에서 탈북민들은 고립되고 우울함에 빠지기도 하며, 일부는 자살

(Fackler, 2012)을 시도하거나 탈남(남한을 탈출하여 제3국으로 이주)하는 선택을 하면서 저항하고 있었지만, 지역사회서비스 조직들은 신변보호관과 지자체와의 협력을 강화하여 지역사회에서 '탈북민 안보화' 문제 심각성에 대응하는 접근은 거의 못하고 있다.

VI. 나가며

본 글은 심층적인 질적 자료를 통해 비판적 시각으로 탈북민을 지원하는 지역사회 서비스들이 어떻게 접근하고 어떠한 문제들을 내포하고 있는지 드러내고자 하였다. 탈북민을 위한 지역사회 서비스들이 의도하지 않게 분리와 배제를 촉진하는 결과를 가져오면서 접근 방법과 시각에 대한 근본적 성찰이 필요함을 발견하였다. 이에 사회통합적 지역사회 서비스를 위한 몇가지 제언을 하고자 한다.

첫째, 지역사회 서비스내 차별의 문제 해결을 위해서는 지역서비스의 관점에 '시민'의 개념이 필요하다. 탈북민이 역량 있고 독립적인 시민으로 정체성을 지키도록 돕고, 남한주민들의 선입견과 편견을 해소하는 방안으로 '민주 시민'의 개념은 중요하다. 이것은 장기적인 접근이어야 하며 시행착오를 포함하는 과정이어야 할 것이다. 탈북민과 남한주민 모두가 동등한 그리고 다양성을 존중받는 시민은 어떠한 것인가에 대한 관점을 공유하고, 학교, 비영리기관, 관공서 등 각 사회체계에서도 배제되지 않고 더불어 살아가도록 지역사회 서비스를 개발해야 할 것이다. 이를 위해 지역사회에서 탈북민이 가진 장점과 사회적 자원을 강화하는 접근(Hernández-Plaza et al., 2006 참고)을 기반으로 생활밀착적인 사회통합 서비스를 개발해야 할 것이다. 특정공간, 특정대상만을 위한 서비스가 아니라, '관계형성' 중심의 서비스로 일상생활 속에서 자연스런 접근이 필요하다. 남한주민과의 관계형성에서 탈북민이 대상화되지 않고 주체가 되도록 도와야 한다. 참여하는 모든 주체들이 각자의 강점과 정체성을 가지고 서로 도움을 주고 받을 수 있다는 관점으로 서비스를 전환해야 한다. 수평적이고 대등한 시민권적 관점으로의 전환은 궁극적으로 남북한 사람들의 통일을 준비하는데 초석이 되어 줄 것이다.

둘째, 조직적 차원에서 지역서비스 제공 '파트너'로서 탈북민들과 그들의 조직이 참여하도록 개방적인 참여구조를 만들어야 하며, 공식적인 지역사회 협의체에 당사자로서 대등하게 참여할 수 있도록 촉진을 해야 한다. 탈북민들이 보여주는 문제가 너무 복잡하고 다층화되어 있어서 어느 한 조직이나 전문직이 해결하기엔 어려움이 크다. 남한조직과 탈북민 조직이 파트너쉽 할 수 있도록 교육 및 훈련프로그램이 개발되어야 한다. 협력적 관계를 구축하는데 시간이 많이 소요되겠지만 반드시 필요한 과정이다. 지역사회내 다양한 배경과 관점을 가진 기관들은은 함께 일하기 위해서 '대등하다'는 것을 인식하고 유사점과 차이점을 이해하는 것, 성공적 연합 활동과 협력적 분위기 등의 전략들을 찾아야 한다고 하였다(Barnes et al., 2000). 또한 이 과정에서 탈북민들이 지역사회 전문가로 성장하도록 키우고 일할 기회를 제공해야 할 것이다. 사회통합을 위한 지역사회서비스 제공자와 관리자의 소진문제들이 심각함을 인지할 때, 당사자 전문가가 동료로써 협력하고 지원하는 조직문화를 만들어야 할 것이다.

끝으로 탈북민 사회통합을 위한 지역서비스의 발전을 위해서는 그동안의 지역사회서비스 접근의 문제를 냉철히 평가해야 한다. 평화체제 이행기에 우리 사회에 맞는 사회통합에 대한 이론과 실천적인 이슈를 충분히 고찰하고 중앙정부와 지방정부 그리고 민간의 협치적 거버넌스를 구축해나가야 할 것이다.

부표 9장-1 인터뷰 참여자의 특성

지역사회 조직유형	연구참여자	성별 (연령대)	탈북민 지원경험	조직특성	조직 내 지위
정부주도 비영리기관	K	여 (30s)	9년	통일부:정착지원재단	관리자 (사회복지사)
	I (탈북민)	여 (30s)	1년	교육부:교육지원센터	연구원 (사회복지사)
	V	여 (40s)	8년	여성가족부 :다문화지원센터	관리자 (사회복지사)
정부지원 비영리기관	U	남 (30s)	7년	하나센터	부장급관리자 (사회복지사)
	J	남 (40s)	10년	지역사회복지관	기관장 (사회복지사)
탈북민 운영 비영리단체 (탈북민 조직)	G (탈북민)	남 (30s)	5년	통일위한 탈북민단체	최고경영자
	L	여 (30s)	4년	여성위한 탈북민단체	관리자
남한주민 운영 비영리단체 (남한 조직)	M	여 (60s)	1.5년	여성인권위한 남한단체	기관대표
	N	여 (40s)	15년	대안학교	부기관장
	H (탈북민)	남 (30s)	1년	대북방송단체	이사급관리자
	O	여 (50s)	10년	통일위한 남한단체	기관대표
전체	11명	남성 4명, 여성 7명 탈북민 실무자 3명, 남한 실무자 8명			

배제와 통합: 탈북인의 삶

III

전망

제10장 평화체제이행기 남북시민 통합의 길 – 전태국

제10장

평화체제이행기 남북시민 통합의 길

전태국

현재 한국사회는 갈등과 대립의 분단체제에서 협력과 공존의 새로운 평화체제로 이행하려 하고 있다. 오래 동안 작동하여온 분단체제의 논리는 북에서 온 시민, 탈북자에게 한국사회에 통합되는 것을 실로 어렵게 하였다. 한편에서는 시민들의 비우호적 태도와 편견이 그들의 통합을 힘들게 하였다. 고용주들은 그들을 고용하기를 꺼리고 탈북청소년은 학교에서 왕따 당하기 일쑤고, 이를 방지하기 위해 운영하는 별도 학교는 오히려 격리를 조장하는 결과를 가져와 사회통합을 어렵게 하였다. 탈북자들은 분리되어 그들끼리 '평행사회'(Parallelgesellschaft)를 형성하고 있는 실정이다. 다른 한편에서는 국가권력이 그들을 도구화하는 데 주저하지 않았다. 댓글공작에 동원되고 시위에 동원되고 심지어는 간첩으로 몰리기도 했다. 이를테면 탈북자들은 세월호 반대집회에 5개월동안 39회에 걸쳐 연인원 1,295명이 동원되었고, 시위 동원시 탈북자 1인당 2~3만원의 수당이 제공되었다. 탈북자들이 일당을 받고 집회에 참여하는 '알바 시위꾼'으로 동원되었을 뿐만 아니라, 또한 국가정보원의 댓글조작에 동원되었다. 탈북자들은 정치현안에 대해 정부를 두둔하는 글을 인터넷에 올려 국정원으로부터 활동비를 받는 '댓글부대'로서 국민여론을 조작하는 하수인으로 전락하였다(김화순·전태국, 2018: 321). 또 탈북자출신 서울시 공무원이 간첩으로 몰렸다가 후에 법정에서 국정원의 조작, 사기행각이었음이 드러나기도 했다.

최근에는 탈북자 기자 차별이 정부에 의해 행해졌다. 통일부가 탈북자 출신 기자를 남북고위급회담 풀(pool) 취재단에서 배제한 것이다. 2018년 10월 15일 통일부 장관은 '상황, 장소의 민감성'을 이유로 탈북자 김 기자를 취재에서 배제했다고 밝혔다. 판문점이라는 한정된 공간에서 김 기자와 북측 대표단, 취재진이 마주칠 때 벌어질 수 있는 상황을 고려해서 정부가 앞장서서 이 조치를 내린 것으로 보인다. 그러나 겉으로는 포용과 통합을 내세우지만 안으로는 배제와 차별을 감행하는 이중성을 정부 스스로가 보였다. 이처럼 탈북자 차별은 우리 사회의 공식적 비공식적 부문 가리지 않고 횡행하고 있다.

이제 평화체제로 이행하려 하고 있다. 국가권력도 성격과 기능의 변화를 요구받고 있고, 시민들의 의식과 문화도 바뀔 것이 요청되고 있다. 평화체제로 이행을 준비하면서 어떻게 탈북자를 민주적 시민으로 통합할 것인가 하는 점이 중요한 과제로 제기된다.

I. 분단체제의 상흔

그동안 남북의 분단체제는 한국사회 내부에 극심한 상처를 남겼다.

1. 무엇보다 국가의 폭력성을 증대시켰다.

국가는 베버의 통찰대로 '정당한 물리적 강제의 독점'(das Monopol legitimen physischen Zwangs)(Weber, 1922: 29)을 특징으로 하지만, 그 강제력이 국민들의 눈에는 정당성을 잃고 있다. 과거 권위주의 정권하에서 국가는 '생각이 다른 자'를 폭력으로 억압하였기 때문이다(예: 1980.5.18 광주, 1987 남영동 대공분실).

국가의 폭력은 국민을 정신적 미성숙의 뇌옥 속에 감금시키는 데서 표출되었다. 여기서 '미성숙'이란 칸트가 말한 바와 같이, "다른 사람의 지도 없이는 자신의 오성을 사용하지 못하는 무능"(Kant, 1784: 9)을 말한다. 권력에 의해 조성된 정신적 미성숙은 극심한 이념대립을 표출한다. 전통적인 분단체제에 젖어있는 사람들에게 분단의 냉전적 사고를 허물려는 자는 '종북' '좌빨'로 보인다. 촛불시민에 대립하는 태극기 시위대의 언술이 몹시 과격하다.

미성숙은 분단체제가 강요한 사고금지와 편견유포의 결과다. 국가는 지배질서의 유지를 위해 '사고 금지'를 명령한다. 이는 동서고금에서 쉽게 관찰된다. 진시황의 '분서갱유', 나치 독일의 '베를린 분서'(1933.5.10)는 워낙 유명하다. 로마 가톨릭교회의 금서목록(Index Librorum Prohibitorum)에는 마르틴 루터와 존 칼뱅, 츠빙글리 등 종교개혁가의 저작뿐만 아니라, 스피노자의 모든 저작, 마키아벨리의 '군주론'(1550), 홉스의 '리바이어던'(1651), 록크의 '인간오성론'(1689), 몽테스키외의 '법의 정신'(1748), 루소의 '사회계약설'(1762), 볼테르의 '캉디드'(1759), 칸트의 순수이성비판(1781) 등 인류 역사에서 가장 영향력 큰 사회학적, 정치학적, 철학적 저서들이 포함되었고, 심지어는 사회학의 창시자 오귀스트 꽁트의 실증철학(1830-42)도 포함되었다[1].

이에 질세라 한국도 금서목록이 엄청나다. 일찍이 조선시대에 세

---

[1] https://en.wikipedia.org/wiki/List_of_authors_and_works_on_the_Index_Librorum_Prohibitorum 참고.

조가 8도 관찰사에게 명하여 '고조선비사' 등 여러 서적들을 수거할 것을 명령하였다(세조실록 1457년 5월). 일제 감점기에는 '치안유지법'과 '조선사상범보호관찰령', '조선사상범예비구금령' 등에 의해 조선에서 일본제국주의에 반하는 일체의 사상과 독립운동이 탄압받았다. 사상탄압을 전문으로 하는 고등계경찰과 사상검사가 배치되고 중앙정보위원회가 설치되기도 하였다. 해방 후 근대적 민주국가가 수립된 후에도 사상 통제는 계속되었다. 이승만 정부가 공산국가 출신이거나 월북한 작가의 작품(예: 해방후 1948년에 다시 출판된 홍명희의 '임격정'이 6.25후 금서가 됨), 학술논문, 저작물을 금서로 지정했다. 박정희 정권은 쿠테타를 일으킨 직후 발표한 성명문 '혁명공약'은 "반공(反共)을 국시(國是)의 제일의(第一義)로 삼고 지금까지 형식적이고 구호에만 그친 반공태세를 재정비 강화한다"고 사상통제를 전면에 표방하였다. 『오적』(김지하, 1970)과 『전환시대의 논리』(리영희, 1974)가 대표적인 금서로 들 수 있다. 이후 오래 동안 권위주의 정권하에서 유지되어 온 사상통제와 금서가 80년대에 들어와서도 군사정부가 계속 이어가자 시민의 반발은 만만치 않았다. 이를테면, 박노해의 '노동의 새벽'(풀빛, 1984)이 군사정부의 금서 조치로 오히려 100만부나 팔렸다 한다.

90년대에 군사정권이 종식된 후에도 금서는 계속 유지되었다. 국가보안법 제7조 5항의 '이적표현물'이 2015년 헌법재판소에 의해 합헌적인 것으로 결정이 내려졌다. 이 국가보안법 제7조 5항의 '이적표현물'에 해당하는 목록이 1996년에 공개되었는데 여기에는 사회과학 교양서들이 대거 포함되었다. 대검찰청은 반공법(1961-1980)이나 국가보안법(1948-현행법)상 이적표현물로 인정한 도서목록을 수록하여 '판례상 인정된 이적표현물'이라는 제목으로 공안자료집을 1996년 6월에 발간했는데, 이 공안자료집 제20권에는 맑스의 〈자본〉, 맑스와 엥겔스의 〈공산당선언〉, 엥겔스의 〈가족, 사유재산 및 국가의 기원〉, 에리히 프롬의 〈자유로부터 도피〉,. E.H.카의 〈러시아 혁명〉 등 사회학의 필독 고전들을 '이적표현물'에 포함시키는 야만성을 노정하였다.

사고금지는 일찍이 17세기에 토마스 홉스(Thomas Hobbes)에 의해 제출되었다: "나는 최고의 국가권력에게 어떤 교의가 시민의 복종과 양립할 수 있는지 없는지를 결정하고, 양립할 수 없는 경우 그 교의의 유포를 금지시킬 권리를 부여한다."(Hobbes, 1949: 137; Lenk 1978: 34에서 인용). 17세기적 시각이 오늘의 민주화된 한국사회에서 여전히 작동하는 '시대착오'를 우리는 본다.

2. 국가권력에 의한 편견 유포

스피노자(Spinoza)는 그의 '신학-철학 논집'(Theological-PoliticalTreatis, 1670)의 서문에서 독재적 군주는 신민들을 오류와 두려움 속에 감금해두는 것을 특히 좋아한다는 사실을 통찰했다. 그 까닭은 자유로운 판단을 방해하는 것이 지배와 노예제를 신이 의도한 제도로서 정당화하는 최선의 수단이기 때문이다.

> "실로 군주제 정부의 최고 비밀이며, 군주제 정부에 절대적으로 필수석인 것은 사람들이 속아 살게 하는 것, 그들을 뒤흔드는 두려움을 종교의 허울 좋은 이름으로 위장하는 것이다. 그리하여 그들은 마치 그들 자신을 구출하기 위해 싸우고 있는 것처럼 자신의 노예상태를 위해 싸우려 하고, 오직 한 사람의 영광을 위해 자신의 피를 흘리며 목숨을 희생하는 것을 굴욕적인 것이 아니라 최고로 영예로 생각하려 한다. … 어떤 종류의 것이든 편견이나 강제로 개인의 자유로운 판단에 족쇄를 채우는 것은 공통의 자유에 전적으로 위배된다."(Spinoza.

1670: 6)

우리의 경험은 스피노자의 통찰이 적중함을 본다. 분단체제는 북한의 공비와 간첩의 출현, 적화야욕을 통해 국민들에게 커다란 두려움을 안겨주었고, 이 두려움이 군사독재체제의 오랜 유지에 구성적으로 기능하였다.

스피노자는 기존의 사회관계를 신이 의도한 질서로서 정당화하는 데 가장 좋은 방책은 무엇보다도 자유로운 판단을 저해하는 것이라는 점을 인식했고, 따라서 '간지'와 '기만'이 무지한 대중을 자신의 자의에 따라 지배하고 자신의 권력을 확대하는 권력자의 지배수단이다 는 점을 일찍이 간파했다.

보수주의자들은 '편견의 유용론'을 주장한다. 이들은 지배를 안정화하기 위해 대중에게 편견이 보급되어야 한다고 본다. 대중에게는 신화와 거짓말이 불가결하다는 것이다. 편견과 환상에서 해방시키려는 일체의 시도는 환상과 편견이 갖는 '부담면제 기능'(Entlastungsfnktion)을 손상시키고, 인간행동의 확실성과 안정성을 파괴하며, 국가가 울타리 안에 감금해놓은 파괴적 에너지가 방출되는 결과를 가져온다고 그들은 주장한다(전태국, 2013a: 76). 니체는 바로 이러한 맥락에서 그의 유명한 저작『선과 악의 저편』(Jenseits von Gut und Böse, 1886)에서 다음을 주장했다: "아무리 허위적인 판단이라 해도 우리에게는 불가결하다 사람은 논리적 허구를 승인함이 없이는, 세계를 끊임없이 위조함이 없이는 살 수 없다. 허위적 판단의 포기는 생을 포기하는 것, 생을 부정하는 것이다."(Nietzsche, 1886: 10).

편견에 대한 사회학적 통찰은 마침내 '기만 이론'에 이른다. 이 이론은 우리에게 두 가지 통찰을 준다. 첫째, 국가권력은 자신의 지배권을 유지, 강화하기 위해 편견의 유포와 지배에 관심을 갖는다. 홀바하

(Paul-Henri Dietrich d'Holbach)가 통찰한 바와 같이, 편견은 현혹에서 이익을 얻는 자들에 의해 의도적으로 유포되고 유지된다. 편견의 유포에 관심을 갖는 자는 그것에 의해 초래되는 현혹으로부터 이익을 얻는 집단뿐이다. 둘째, 편견은 단순한 폭력의 사용으로는 성취할 수 없는 자발적 복종, 내면화된 강제를 성취한다. 편견은 현실의 지배적인 사회관계와 정치적 법률적 질서에서 그 충족이 허락되지 않는 민중의 행복욕구가 환상적으로 충족되는 상상적 왕국을, 따라서 대리충족의 비실제적 세계를 창조함으로써, 민중을 현실의 지배관계와 화해할 수 있게 하고 현실 질서에 대한 민중의 자발적인 복종을 끌어낸다(전태국, 2013a: 58).

기만 이론은 분단체제에서 냉전적 편견이 얼마나 지배질서의 유지에 기여하였는가를 통찰케 해준다.

3. 냉전적 '반공주의'

권력자들은 정신적 미성숙의 상태에 감금되어 있는 시민들에게 '반공주의' 편견을 의도적으로 유포하였다. '반공주의'는 역사적으로 보면 '독일제'(Made in Germany)였다. 일찍이 비스마르크에 의해 1878년에 '사회주의자법'(Sozialistengesetz)이 발포되었다. 1890년까지 존속한 이 법률에 의해 출판물 1,200종이 금지되었고, 추방된 자가 900명, 구금된 자가 1,500명에 이르렀다.

반공주의는 이후 나치에 의해 되살아났다. 1936년 11월 25일에 베를린에서 독일과 일본이 '반(反)코민테른 협정'을 체결했다. 이 협정은 '공산주의 인터내셔널'(코민테른)의 활동을 저지하는 것을 목표하였다. 1936년에 나온 나치의 한 대표적 출판물에는 다음이 주장되었다: "현대의 국제적 범죄단체는 정치적 가면을 쓰고 자신을 볼세비즘이라 이름하고 소비에트연방공화국이란 형태로 국가와 유사한 권력조직을 만들었다."(Ehrt, 1936: 7; 전태국 1989: 38).

나치의 반공주의 선전에서 특기할 점은 악의가 있다고 추측되는 적에게 자신의 불순한 의도를 투사했다는 점이다. 나치 선전가들은 소련에 대해 '세계제국주의적 의도'와 '세계적 규모의 범죄조직'을 비난하고, 자기 자신에 대해서는 편견 없이 '진리에의 의지'에 의해 명령된 올바른 인식을 유포시킨다고 주장한다. 그리고 나치의 진리관에 대해 의심하는 자들을 모두 비난하였다. "오늘날 편견, 선입견, 무지는 볼세비즘의 가장 동력한 동맹자이다."(Ehrt, 1936: 7).

독일과 연합한 일본 파시스트는 강점기 조선에 반공주의를 강력하게 도입했다. 조선총독부는 1939년에 한 잡지에 다음을 실었다. "금일의 세계는 '방공 국가군'(防共 國家群)과 '용공 국가군'(容共 國家群)으로 양분되어 있는데, 방공 국가군은 동경-베를린-로마를 주축으로 공산주의 격멸의 거화(巨火)를 들고 인류 구제의 대도를 맥진하고 있다."(조선총독부 경무국 보안과, 1939).

공산주의 사상을 박멸하고자 일제는 1939년에 '조선방공협회'(朝鮮防共協會)를 설립하고 각 도에 방공협회를, 그 아래에 250개 지부, 1,789개의 단(團)을 만들었다. 조선방공협회의 목표는 "일반대중들을 동원하여 공산주의 사상과 운동을 박멸하고 일본정신의 앙양을 꾀해 사상 국방의 완벽을 기하는 것"이었다. 그리하여 직장노동자 집단마다 '방공단'(防共團)이 조직되었고, 종교단체 안에도 '방공부'(防共部)가 설치되었다(서중석, 1991: 85).

5.16 군사정변 세력은 자신의 군사정변을 "백척간두에서 방황하는 조국의 위기를 극복하기 위한" 거사로 정당화하면서 혁명공약의 제1항으로 '반공주의'를 내세웠다. 박정희 군사정부는 1961년 7월 13일 '반공법'을 제정했다. 이후 격동의 한국 정치사에서 반대세력은 항상 공산주

의자 내지 '빨갱이'의 낙인을 받아왔고, 공산 계열의 정치활동이 엄금되었으며 유신독재체제 내내 반정부활동을 규제하는 데 이 법이 이용되었다.

해방후 한국사회를 지배해온 음울한 '냉전적 정서'가 최근 이명박, 박근혜의 우파정권이 들어서자 오히려 더욱 농후해지고 있다. 권위주의 질서가 공표하는 냉전적 반공주의 이데올로기에 사회화되어 많은 사람들이 이 이데올로기의 확신적 추종자가 되었고, 오랜 권위주의 체제에서 혜택을 누린 집단들이 세대를 거치며 사회 속에 깊이 뿌리내려 한국정치의 우파세력의 근간을 이루었다. 우파 정권의 재등장과 함께 반공주의 이데올로기는 저돌적인 파괴력을 발휘했다.

이러한 반공주의 정서가 탈북자에 대한 시민들의 편견의 원천을 이룬다. 북한 공산독재 하에 살았다는 이유로 탈북자들에 대해 '빨갱이'라는 의혹의 눈길이 뻗치고 있는 것이다.

4. 탈북자들이 비민주적 체제를 지지하는 까닭

탈북자는 국가로부터 많은 혜택을 받는다. 입국 후 초기에 '국민기초생활보장법'의 적용을 받아 남한주민에게 주는 수준보다 한 단계 더 높은 수준의 생계급여를 받으며, 35세 미만에게는 대학 특례입학의 기회가 주어지고 무상으로 대학교육을 받을 수 있다. 이러한 보호에 대한 대가로 탈북자는 국가 안보기관에 계속적으로 감시받아 왔다. 탈북자들은 국정원 합동보호센터(대성공사)부터 하나원, 지역사회에 이르기까지 입국후 초기 1년간 집중적으로 국가보호 하에 놓인다. 보호기간 동안 탈북자는 일반 시민사회에 들어가지 못하고 분리되고 고립된다. 그들은 '하나원-하나센터-탈북자사회'로 이어지는 고립된 섬, '평행사회'를 이루고 있다(김화순·전태국 2018: 354). 모든 탈북자는 신변보호담당관의 관리 하에 놓인다. 그리하여 탈북자는 남한에서 거주 기간이 길어질수록 정말 남북한이 비슷하다는 생각을 가질 수 있게 된다. 마치 남한의 국정원은 북한 보위부인 듯 하고 남한 경찰관은 북한 보안원처럼 탈북자들을 둘러싸고 있다. 탈북자들은 북한에서 경험한 권위주의를 청산하고 시민문화에 익숙할 기회를 갖기 어렵다. 따라서 비민주적 체계에 대한 지지가 일반 국민보다 월등히 높을 수밖에 없다.

외국의 이민자 연구에서도 비슷한 경향이 발견되었다. 이를테면 빌로도우 등(Bilodeau et al., 2010)은 '2004년 호주선거연구'(AES 2004)와 '2005년 세계가치관조사'(WVS 2005)에 의거하여 권위주의 체제를 떠나 호주에 온 이민자들이 얼마나 민주주의 지지로 이행하는가, 이민 이전의 권위주의 경험이 민주주의에 적응을 얼마나 방해하는가를 분석하였다. 이 연구에 의하면 권위주의를 경험한 이민자들에게서 비민주적 체제에 대한 지지가 여타 구성원들에 비해 월등히 높았다. 「AES 2004」에서 강력한 '지도자 체제'(strong leader regime)에 대한 지지가 호주태생 응답자는 18%, 민주주의 체제에서 온 이민자는 19%였는데, 권위주의 체제에서 온 이민자는 40%에 달했다. 「WVS 2005」에서도 마찬가지였다. 호주 출신 응답자와 민주주의 출신 응답자는 20%가 지지하였는데, 권위주의 체제 출신 이민자는 지지가 40%에 달했다(Bilodeau et al., 2010: 148).

호주로 이주하기 전에 이민자들이 축적한 경험의 포트폴리오가 출신 국가와는 완전히 다른 정치 체계에 이주해 오래 동안 살아도 그들의 정치관을 각인하는 것으로 보인다. 더욱이 출신국에서의 정치 관행이 더욱 권위주의적일수록, 그들의 민주주의 지지는 더 약해진다(Bilodeau et al., 2010: 154). 이민 이전에 가졌던 권위주의 경험이 이민자의 민주주의 적응을 저해한다. 이민자들이 이민 이전에 학습했던 것이 호스트 국가에서 그들의 정치관을 계속하여 각인한다(Bilodeau et al., 2010: 155).

이러한 연구 결과는 탈북자들의 탈북 전 권위주의 정치 경험의 지속적인 영향을 설명한다. 탈북자들이 남한사회에 들어와서 오래동안 살았음에도 불구하고 여전히 권위주의 태도를 보이는 것은 이민자들의 이민 이전의 정치관의 지속적인 영향을 발견한 이민자 정치사회화 연구와 일치한다.

II. 신민 문화의 온존

오늘의 민주화된 한국사회에서 시민들은 아몬드와 버바(Almond · Verba, 1963: 19)가 말한 '신민적 정치문화'(Subject political culture)에 여전히 젖어 있는 것으로 보인다. 이는 태극기 집회와 같은 포퓰리즘 정치집단의 집회에서 전형적으로 표현되었다. 이 집회에서 참가자들은 지도자에 대한 충성과 의리를 미덕인 양 떠들었다. 여기가 '북한인가?' 의심할 정도로 그들의 태도와 언행은 봉건적 신민을 방불케 한다. 지도자에 충성하는 신민의 모습은 남과 북에서 공통적이란 게 희한한 한반도 현실이다.

'신민 문화'란 주민들이 정치에 대해 오직 수동적 이해만을 가졌고, 자신을 정치적 객체로 여기는 정치문화를 말한다. 정치를 바꾸고자 하는 능동적 충동이 결여되어 있다. 자기 자신을 정치적 행위자로 보지 않는다. 2차대전후 남과 북에 들어선 근대국가는 전승된 봉건적 신민 문화를 파괴하였지만, 북에서는 '공산주의적' 신민 문화에 의해, 남에서는 '권위주의적' 신민 문화에 의해 대체되었다. 분단체제는 시민들에게 권력에 순종하는 '신민의식'을 부추겼다. 최근에 촛불혁명으로 들어선 새 정권은 '신민 문화'의 청산을 시도하지만 쉽지 않아 보인다.

2016년의 조사에 의하면, 한국인의 30%가량이 여전히 신민의식에 젖어 있는 것으로 보인다. "정부 권력에 비판적인 사람들은 대부분 국민들을 쓸데없이 혼란스럽게 만들 뿐이다"는 의견에 35.1%가 찬성하였고, "남한에 가장 필요한 것은 국가 지도자를 잘 따르는 국민들이다"는 의견에 29.9%가 찬성하였다(한국종합사회조사 누적자료집 2003-2016). 이에 비해 탈북자들은 첫번째 의견에 43.5%가 찬성하였고, 두번째 의견에 대해서는 36.6%가 찬성하였다(김화순·전태국, 2018: 330). 탈북자들은 신민 문화를 일반 국민 보다 훨씬 더 강력하게 갖고 있다고 말할 수 있다.

이러한 신민의식은 정치적 무력감으로 표현된다. 2014년 한국종합사회 조사에 의하면 "나 같은 사람들은 정부가 하는 일에 대해 어떤 영향도 주기 어렵다"는 의견에 찬성이 53.3%로 과반수를 차지하였고, 반대는 18.8%에 불과했다. 연령별로는 특히 60대 이상의 고령자 층에서 무력감이 더 강하게 나타났다. 다른 연령층에서는 50% 안팎이었는데, 60대 이상에서는 63.5%로 월등히 높게 나타났다. 그리고 "정부는 나 같은 사람들의 의견에 관심이 없다"는 의견에 찬성이 59.2%, 반대가 14.7%이었다. 여기서도 고연령층의 찬성이 64.1%로 가장 높았다(김지범 외, 2017). 60대 이상의 고연령층은 자신의 정치적 무력감을 떨쳐버릴 수 있는 곳이 바로 포퓰리즘 정치집단이다. 특히 고령자들이 여기에 많이 참여하는 까닭이 설명된다.

정치적 무력감은 탈북자들에게서 더 높게 나타났다. 2016년 조사에서 "나 같은 사람들이 정부가 하는 일에 대해 말을 하는 것은 큰 의미있는 영향을 주지 못한다"는 의견에 탈북자들은 62.2%가 동의하였다(김수암 외, 2016).

신민의식은 권위주의에 기초한다. 권위에 무비판적으로 복종하고, 사회적 환경을 '친구와 적'으로 난폭하게 구분하며, '흑-백 채색'의 색깔론 경향, 다양성에 대한 불관용, 강력한 지도자와 동일시를 특징으로 하는 '권위주의'(Hartfield·Hillmann, 1972: 57)가 틈만 있으면 머리를 내밀고 있다. 개인의 인권과 다양성을 중시하는 '시민민주주의', 사회지도층을 비리와 부패의 담지자로 보고, 정치가와 정당을 불신의 눈으로 보는 '비판적 시민'의 깨어있는 시선과 갈등관계에 있다.

최근에 정치계에서 '배신자'란 말이 유행했다. 권력자의 생각에 반하는 의견을 주장하면 의리 없는 배신자로 낙인찍는다. 온갖 비방의 댓글이 집중적으로 달려든다. 권위주의 문화 속에서 정치적 반대자는 '적' 혹은 '배신자'로 배제된다. 자율적으로, 정치적으로 행동하거나 사고하는 자는 정의상 '적'의 범주에 속한다. 이러한 '우-적' 사고는 권위주의 체계에 길들여진 신민 문화의 불가피한 결과이다.

한국종합사회조사에 의하면 대다수 국민은 '강력한 지도자', '강력한 법질서'를 선호하는 권위주의 태도를 보였다. "우리나라에 진정으로 필요한 것은 폭넓은 인권 보장이 아니라 좀 더 강력한 법질서이다"는 의견에 찬성이 42.1%로서 반대(36.6%)보다 훨씬 더 많았고, "우리나라를 망쳐놓고 있는 극단주의를 제압할 수 있는 강력한 지도자가 필요하다"는 의견에 찬성이 53.4%로 과반수를 차지하였고, 반대는 28.2%에 불과했다(김지범 외, 2017). 30년 전 6월 항쟁 이후 권위주의는 무대에서 사라진 것으로 보였지만, 시민들의 의식 속에서는 오늘날까지 지속되고 있다고 말할 수 있다.

권위주의 태도는 탈북자에게서 더욱 강력하게 나타나고 있다. 조사에 의하면, 탈북자들은 "위대한 지도자가 시대를 만든다"는 의견에 73.1%가 동의하였다(김수암 외, 2016). 탈북자들은 한국사회에 살면서도 일반 시민사회에 들어가지 못하고, 분리되고 고립된 '평행사회'(Parallelgesellschaft)의 삶을 살고 있고, 최근의 태극기 집회에 탈북자들이 적지 않게 참여한 것에서도 알 수 있는 것처럼 그들은 유독 구시대적인 권위주의적 신민 문화에 노출되고 있다고 보여진다.

신민 문화의 핵심을 이루는 '인물숭배'와 '권위미신'(Marx, 1877: 308)

은 베버가 말하는 '정치적 미성숙'(politische Unreife)의 산물이다. "자신을 자신의 생활 질서의 담지자로서가 아니라 오로지 객체로서만 느끼는 데 익숙한 정치적 미성숙은 피지배자의 순응 습관의 결과이다." 정치적 미성숙을 타파하여 '주인 국민'(Herrenvolk)으로 거듭나야 시민민주주의가 꽃필 수 있다. '주인 국민'이란 "자신의 일을 관리하는 통제력을 자신의 손안에 쥐고 있고, 자신이 선출한 대표자를 통해 자신의 정치적 지도자의 선택을 공동 결정하는 국민을 말한다."(Weber, 1918: 441).

　　탈북자가 '인물숭배'와 '권의미신'을 타파하고 '주인국민'으로 성숙할 수 있게 정치교육 내지 민주시민교육이 절실하게 요구된다.

III. 시민과 신민의 대립

정신적 미성숙은 보수와 진보 간의 갈등에서 표출되고 있다. 자신의 진영을 옹호하는 주장이면 옳고, 적대자의 주장은 무조건 틀린 것이고, 적대자의 주장과 친화성이 있으면 그것도 틀린 것으로 배척된다. 보수의 진영에 있는가 아니면 진보의 진영에 있는가, 좌파의 진영에 있는가 아니면 우파의 진영에 있는가 하는 점만이 주목된다. 인권과 사회정의의 시각이 닫혀 있고 윤리의식도 부재한다. 내가 속해 있는 진영 이외의 모든 인간을 지배, 통제코자 하고, 자신의 목적을 추구하기 위한 수단으로 간주하는 '도구적 이성'(Max Horkheimer)이 팽배하고 있다. 서로를 주체로 인정하고 상호 이해를 목표로 하는 토의가 질식되고, 상대방의 주장을 내적으로 음미할 사유능력이 마비되어 있다는 점에서 마르크스(Karl Marx)가 말하는 '짐승 의식'(MEW 3: 31)의 수준을 드러내고 있다.

사회통합실태조사 결과, 최근 한국사회에서 다른 사회갈등은 조금씩 약화하는 경향을 보이는데 비해 유독 보수-진보의 이념갈등만은 그 격렬성을 계속 유지하고 있다. 통계청의 조사에 의하면, 보수와 진보의 갈등이 '심하다'고 응답한 비율이 2013년 조사 이래 줄곧 85%를 넘었으며, 2017년 88%, 2018년 87.5%를 보였다. 그 중에서도 '매우 심하다'고 응답한 비율이 2017년 43.1%, 2018년 42.7%를 차지하였다(통계청, 2013-2018).

한국보건사회연구원의 조사도 유사한 경향을 보여준다. 국민들은 진보와 보수 간의 이념갈등이 여러 갈등 유형 중에서 가장 심하다고 인식하고 있다. 이념갈등이 '심하다'는 응답이 2014년에 80%, 2016년 79.5%이었는데 비해 2017년에는 85.2%에 이르렀다. 그 중에서 '매우 심하다' 40.8%, '대체로 심하다' 44.4%이었다. 이는 과거에 비해 크게 증가한 비율이다(한국보건사회연구원, 2018).

현재 이념갈등이 사사건건 빚어지고 있다. 핵발전소, 사드 배치, 트럼프 대통령 방한, 국정교과서 등 제기되는 사회적 이슈마다 좌-우가 첨예하게 대립한다. 박정희 전 대통령 동상을 서울 마포구에 세우는 문제를 두고, 또 최근에는 과거 독립운동가 김원봉의 공적을 두고 격렬한 좌우 대립이 표출되었다. 해방 직후의 좌우 대립을 방불케 한다.

이러한 이념갈등은 '시민'과 '신민'의 대립을 나타낸다. 광화문 촛불시위는 시민의 모습을, 대한문 태극기 집회는 '신민'의 모습을 보였다. '이게 나라냐?'고 분노를 표출하는 시민들의 촛불시위가 주말마다 광화문을 비롯하여 전국적으로 뜨겁게 일어났고, 온 세계의 주목을 받았다. 시민들은 부패와 거짓을 걷어내고 인권과 정직이 자리 잡는 새로운 정의로운 시민 사회 건설의 열망을 뿜어내었다. 이와는 대조적으로 대한문 앞에는 박근혜 대통령 탄핵과 파면에 반대하는 사람들이 태극기를 들고 모였다. 이들은 무책임-무능 정부를 맹목적으로 지지하고 충성을 보내는 전근대적 '신민' 의식을 표출하였다. '태극기집회'는 '종북 몰이'를 격하게 채찍질 하였다.

　흥미로운 점은 많은 탈북자들이 태극기 집회에 참석하였다는 점이다. 남한의 국가정체성이 '반북주의'에 있다고 믿는 탈북자들이 '종북몰이'에 몰두하는 태극기 집회에서 자신의 정체성을 확인하고 안도감을 느낄 수 있었을 것이라고 생각된다.

　미성숙에서 깬 시민은 냉전적 분단구조의 가장 중요한 버팀목이었던 좌-우 대립의 주술을 털어내고, 전통적 '사고금지'와 '사고명령'을 타파하는 데 앞장선다. 평화시대의 이념 지평은 과거의 냉전적 사고로 되돌아가는 퇴영주의를 버리고, 인권과 품위있는 삶이 사회구성원 모두에게, 탈북자에게도 실현되는 '근본 민주주의'를 지향한다.

IV. 북한과 탈북자에 대한 인식과 차별

최근 10년 동안에 북한에 대한 인식이 매우 부정적으로 변했다. 정권이 유포시킨 편견의 탓도 있지만, 북한의 핵위협이 가장 큰 요인으로 작용했다고 보인다. 조사에 의하면, 북한을 '적대대상'으로 인식하는 비율이 2017년 현재 16.2%를 차지하여 10년 전인 2007년에 6.6%였던 것에 비해 무려 2.5배나 증가했다. '경계대상'으로 보는 비율도 2017년에 22.6%를 차지하여 10년전 11.8%에 비해 두배나 증가하였다. 이에 반해 '협력대상'으로 보는 비율은 2007년에는 56.5%로 과반수를 차지하였는데 10년 후에는 41.9%로 대폭 줄어들었다. 특히 박근혜 정부시절인 2015년에는 35.2%로 최저치를 보였다. '지원대상'으로 보는 비율도 10년 전에는 21.8%였는데 10년 후에는 13%로 대폭 줄었다(서울대통일평화연구원, 2017).

그러나 2018년 조사에서는 커다란 변화가 일어났다. '우리와 힘을 합쳐 협력해야 할 대상(협력대상)'이라는 인식은 2018년 54.6%로 전년에 비해 12.7% 포인트나 상승했다. '우리가 도와주어야 할 지원대상(지원대상)'이라는 인식도 2018년 16.4%로 전년에 비해 3.4% 포인트 상승했다. 반면, 북한에 대한 부정적 인식은 하락했다. '우리가 경계해야 할 대상(경계대상)'은 14.4%, '우리의 안전을 위협하는 적대대상(적대대상)'은 10.3%로 전년에 비해 크게 하락했다. 그리고 '우리와 선의의 경쟁을 하는 대상(경쟁대상)'이라는 인식도 4.3%로 감소했다. 이처럼 북한에 대해 긍정적 인식이 증가하고 부정적 인식이 하락한 데에는 평창 동계올림픽과 남북정상회담, 그리고 북미정상회담의 효과라고 볼 수 있다. 이는 북한인식이 정권의 행보에 좌우되고 있음을 말한다(서울대통일평화연구원, 2018).

탈북자에 대한 '사회적 거리'는 여전히 멀다. '사회적 거리'란 한 집단의 성원들이 다른 집단에 대해서 느끼는 친밀감의 정도를 말하며, 해당 집단과 어느 선까지 접촉을 허용할 것인가, 즉 '수용가능한 접촉의 범위'(Bogardus, 1926)를 의미한다. 조사에 의하면 2007-2009년에 탈북자에 대해 친근감을 느끼지 않는다는 응답이 60% 이상을 차지하였고, 친근감을 느끼는 사람은 40% 미만이었다. 이후 친근감이 증대하기 시작해 2013년에는 42%를 차지했고, 2015년에는 45.9%에 달했다. 이에 반해 친근감을 느끼지 않는다는 응답은 2013년에 58%, 2015년에는 54%로 내려갔다. 그러나 최근에 와서 친근감이 매우 낮은 비율을 보였다. 2016년 28.9%, 2017년 25.8%, 그리고 2018년 27.5%이었다.

탈북자와 관계 맺기에서 남한사람들은 탈북자를 '동네이웃'이나 '직장동료'로 관계 맺는 것에 대해 별로 꺼리지 않는 것으로 보인다. 조사에 의하면, 2007년부터 10년간 탈북자들을 '동네이웃'이나 '직장동료'로 관계 맺는 것에 '꺼린다'는 비율은 20%이하였다. 최근에 와서 꺼리는 비율은 더욱 낮아졌다. 2018년 조사에서 동네이웃의 관계를 맺는 것에 대해 꺼리는 비율은 11.8%, 직장동료에 대해서는 12.8%이었다. 그러나 '사업동업자'로 관계 맺는 것에 대해서는 40% 이상이 '꺼린다'고 응답하였다. 특히 최근에 올수록 '꺼린다'는 비율이 증가하여 2017년에는 43%에 달했고, 2018년에는 42.1%였다. 탈북자와 관계 맺기를 가장 꺼리는 유형은 '결혼상대자'이었다. 탈북자와 결혼상대자로 관계 맺는 데 대해 응답자의 절반이 '꺼린다'고 답하였다. 최근에 와서 '꺼린다'는 비율이 더욱 증가하여 2017년에는 55.7%, 2018년에는 57.5%에 달해 지난 10년간 최고치를 보였고, 반면에 '꺼리지 않는다'는 비율은 2017년 16.5%, 2018년 14.1%로 최저치를 보였다. 흥미로운 것은 2015년 이후 '꺼리지 않는다'는 비율이 각 관계 유형에서 공통적으로 급감하고 있다는 점이다. 정부의 대북정책이 적대적이냐 우호적이냐에 관계없이 탈북자와의 관계 맺기는 일정한 특징을 보여주고 있다. 탈북자와 결혼하는 것에 대해서는 국민 과반수가 꺼리고 있으며, 최근에 와서는 꺼리는 비율이 더욱 증가하고 있다. 또한 사업동업자로 관계 맺는 것에 대해서도 국민 열명 중 네명이 꺼리고 있다. 즉 개인의 직접적인 이해관계가 작용하는 경우에는 정부 정책의 영향력은 별로 없는 것으로 보인다.

일반 국민들은 탈북자에 대해 민족통일 달성에 순기능 하는 존재로 인식하고 있는 것으로 보인다. "탈북자들은 남북한 간 이질화 해소에 도움이 된다"는 의견에 동의하는 비율이 널뛰기를 보였지만, 대체로 과반을 차지했다. 2007년에 53.8%로 간신히 과반을 차지했고 다음 해에는 45.6%로 감소했지만, 이후 증가하여 2014년에는 63.4%로 지난 10년 동안 최고치에 달했다. 2017년에는 53.1%로 크게 감소했다가 2018년에 62.1%로 다시 크게 증가했다.

그러나 탈북자에 대한 동정적 태도는 많이 감소하고 있다. "정부는 탈북자들을 더 많이 지원해야한다"는 의견에 10년 전에는 60%가 동의하였는데, 그 다음 해에는 45.1%로 급감하였고, 2009년부터 다시 증가하기 시작하여 2011년에는 60%까지 육박하였지만, 이후 다시 감소 추세를 보여 2017년에는 40.1%로 절반에 못 미쳤고, 2018년에도 40.5%이었다. 정부 지원에 대해 국민의 과반수가 불만스러워하고 있는 것이다. 이러한 불만은 탈북자를 내국인과 동등하게 보는 평등 시각에 기인한 것으로 보인다. "탈북자들도 조직에서 똑같이 경쟁해야 한다"는 의견에 국민 10명중 7명 정도가 동의하고 있으며, 2016년에는 73%에 달했고, 2018년에는 75%로 더욱 증가하였다. 국민들의 눈에는 탈북자는 아직 동등한 경쟁자가 아니다. "탈북자들 때문에 취업이 어려워진다"는 의견에 동의하는 국민은 2015년 이전에는 10명중 2명 정도에 불과했다. 그렇지만 최근에 와서 탈북자를 보는 시선이 날카로워지고 있다. 2015년에 34.8%로 크게 높아졌고, 다음 해에는 38.6%로 역대 최고치에 달했다. 2018년에는 34.8%를 차지했다.

탈북자들은 남한사회에 적극적으로 적응하려 하고 있는 것으로 보인다. 2016년 조사(김수암 외 2016)에 의하면, "나는 남한에서 잘 살기 위해서라면 무엇이든지 해보겠다"는 의견에 응답 탈북자의 85.6%가 동의하였고, "나는 진정한 남한 사람이 되려고 노력하고 있다"는 의견에 77.2%가 농의하였다. 또한 "나는 남한사회에 대한 지식들을 즐거운 기분으로 배우려고 한다"는 의견에 85.6%, "나는 새롭게 사귄 남한 사람들과 허물없이 친하게 지내려고 노력한다"는 의견에 81.9%, "나는 자녀들이(여기에서 같이 살거나 산다면), 남한사회의 문물을 잘 받아들이도록 해주겠다"는 의견에 87.3%가 동의하였다. 탈북자 10명중 8명 이상이 적극적인 적응 의지를 보이고 있는 것이다.

이러한 적극적인 적응 의사에도 불구하고 탈북자들은 남한사람들로부터 편견과 차별에 시달리고 있는 것으로 보인다. "남한사회는 북한이탈주민을 편견에 찬 시선으로 바라본다"는 의견에 탈북자는 63.3%가 '그렇다'고 응답하였다. 탈북자들은 특히 '일반적인 사회생활에서'(25%) 그리고 '취업시'(28.7%), 임금(11.7%)에서 부당한 대우를 겪는다고 응답했다. 그리고 탈북자 과반수(54.7%)가 한국사회에서 '남한-북한 출신"이 불평등하다고 생각하며, 평등하다고 보는 탈북자는 21.3%에 불과했다. (김수암 외 2016).

V. 남북시민 통합의 길

탈북자가 '평행 사회'와 편견에서 벗어나 온전한 민주시민으로 살 수 있기 위해서는 적극적인 사회통합 정책이 추진되어야 한다. 전환기 남북시민통합이 나아가야 할 방향과 의거해야 할 원칙으로서 유엔이 제시한 사회통합이 고려될 수 있다.

  1995년 코펜하겐에서 개최된 유엔사회개발정상회의(WSSD: World Summit for Social Development)는 사회개발의 목표를 '만인을 위한 사회'(a society for all)의 창출로 정의하고, 그러한 사회를 성취하는 데 필요한 가치, 관계, 제도를 건설하는 과정으로서 '사회통합'의 과제를 제시했다. 그리고 2009년 11월 가나에서 유엔경제사회국(UN DESA) 전문가집단회의에서 「포용사회 만들기: 사회통합을 증진하기 위한 실천전략」(Creating an inclusive society: Practical strategies to promote social integration)라는 보고서가 제출되었다. 여기서 사회통합은 "모든 사람들이 권리와 존엄의 평등에 기초하여 사회적 경제적 문화적 정치적 생활에 참여할 수 있게 하는 가치, 제도, 관계를 증진하는 동적 과정"으로 정의되었다. 각 개인의 존엄성을 존중하고 다원주의, 관용, 비차별, 기회균등, 연대, 안전, 참여의 가치를 증진하고 보호하는 안전하고 정의로운 사회를 건설해가는 과정(UN DESSA, 2009: 3)을 의미하였다.

따라서 불평등과 배제는 사회통합을 저해하는 '사회적 부정'(UNDP, 2013: 35)으로 규정된다. 탈북자는 취약계층과 마찬가지로 주류사회로부터 배제되어 있고, 흔히 차별과 불평등 관계를 통해서 공동체와 시장에 통합되어 있다. 노동시장 접근 곤란, 지위적 및 정서적 인정의 결여, 정치적 일상에서 무의미 경험, 성취와 분배구조에서 배제의 증대는 사회통합에 심각한 도전을 의미한다(Heitmeyer·Imbusch, 2012: 9).

사회통합을 위해서는 차별과 배제를 배격하고 다원성을 강조하는 '다문화적 시민사회'가 보편적 규범으로 자리잡아야 한다. 독재적 권위주의 사회에서 주민들은 '관리된 참여'의 사회구조 안에 강제적으로 포함된다. 강압에 기초한 사회통합은 다원성에 기초한 사회통합과는 거리 멀다.

또한 소수집단에게 통일된 정체성을 강제적으로 부과하는 것도 다원성에 기초한 사회통합과 거리 멀다. 사회통합은 문화적 다양성을 존중하면서 어떻게 권리와 기회를 만인에게 평등하게 보장하는가 하는 점을 중심적 문제로 설정한다. 본래 민주주의는 하버마스의 말대로 "민족직 독득성을 실현하는 배제주의 프로젝트"를 의미하는 것이 아니라, 모든 시민을 동등하게 포함시키는 "포용적 의미"를 갖고 있다. 여기서 '포용'이란 민족주의적 혹은 획일주의적 경향에 반대하여 한 국가 안에 여러 상이한 문화들의 이질성을 인정하는 '다문화주의'를 의미한다. 그것은 "타자를 동질적 공동체의 획일성 안에 몰아넣지 않고 모든 배경의 시민들을 포함시키는 것에 개방적"(Habermas, 2001: 73)이다.

탈북자와 소수자를 억압하는 '동화주의'는 사회적 포용과 양립할 수 없다. 사회의 모든 구성원들에게 그들의 배경에 관계없이 동등한 기회를 보장하는 다문화적 과정으로서 사회적 포용은 사회적 배제와 불평등과 싸우는 과정이다. 그것은 "불평등을 줄이고 만인을 포용하는 유연하고 관용적인 사회를 창출하려는 사회정책에 의해 증진된다."(UN DESSA, 2009: 8). 포용사회는 인종, 성, 계급, 세대, 지역의 차이를 무효화하며, "포함된 자와 배제된 자 간의 경제적, 사회적, 문화적 장벽을 낮추는 것"(Therborn, 2007: 2)을 목표로 한다. 탈북자의 통합은 바로 이러한 정신에 의거해야 한다.

또 한가지 고려해야 할 사항은 '비대칭적 인정'이다. 현재 탈북자는 비대칭적 인정관계에 시달리고 있다. 여기서 비대칭적 인정이란 남한 주민과 탈북자가 동등한 상호존중의 주체로 인정되는 것이 아니라, 사회적 격차와 불평등에 기초하여 탈북자에 대한 편견과 차별을 보장하는 제도와 과정을 말한다. 향후 우리 사회에 이러한 비대칭적 인정을 타파하려는 탈북자의 인정투쟁이 새로운 정치적 갈등 형태로 대두할 가능성이 있다.

비대칭적 인정은 탈북자 뿐만 아니라 통일 후 남북 주민들 사이에도 작동할 것으로 전망된다. 통일 후 북한주민들은 남한주민과 동등한 인정을 누리기 어렵다. 소득수준, 교육수준, 의료수준 등 삶의 모든 영역에서 나타나는 남북 격차는 북한주민을 '이등국민'으로 전락시키고 시대에 뒤떨어진 고루한 '신민'으로 여겨지게 할 가능성이 크다. 이에 '다름의 인정'을 요구하는 북한 주민들의 인정투쟁은 '저항적 정체성'의 깃발아래 전개될 가능성이 크다. 통일 한국에서 인정투쟁은 북한주민들의 심화된 물질적 불평등의 생활세계에서 발생할 것이다. 노동, 교육, 보건, 여가시간에서뿐만 아니라, 더 강력하게는 영양 섭취, 환경독성 노출, 기대수명, 질병률 등과 관련해서 발생할 수 있다.

따라서 남북시민 통합의 시선은 이해관계, 착취, 재분배 등의 전통적인 체계적 상상력에만 머물러서는 안된다. '정체성', '상이', '인정'에 주목하는 새로운 생활세계적 상상력도 아울러 발휘해야 한다. 말하자면 "유물론 패러다임의 문화 맹목"을 교정할 수 있어야 한다. 탈북자 통합은 이러한 차원에서 진행되어야 한다.

대립적 분단상태에 길들여진 국민 정서는 북한을 동등하게 인정하는 것을 쉽사리 허락하지 않는다. 북한이 남한의 부족과 결핍을 보충할 수 있는 문화적 자원을 제공할 수 있어야 남-북의 대칭적 인정이 가능하다. 억압과 결핍이 오래 동안 주민의 생활세계를 규정하였음에도 시민저항이 전혀 나타나지 않은 북한의 독특한 신민적 정치문화에서 그러한 문화적 자원이 과연 찾아내질 수 있겠는가? 회의적 시각이 만연하고 있다.

VI. 맺는 말: 사회국가를 강화하고 신뢰사회를 구축해야

한국은 2018년에 세계수출대국 6위를 기록했다. 2015년에 처음으로 세계 6위로 올라갔다. 2016년에 8위로 밀려났지만, 2017년에 다시 6위를 올라섰고, 2018년에도 계속 6위를 차지하였다. 그리고 2018년 4월에 IMF가 예측한 바에 의하면 2019년 한국은 GDP 세계 순위에서 명목으로는 세계 11위, 구매력 평가(Purchasing Power Parity, ppp)로는 세계 14위를 차지할 것으로 예측되었다. World Bank에 의하면 2018년 1인당 GDP(GNI per capita, PPP, current international $)가 한국은 40,450불로 스페인(40,840)과 비슷하고, 이탈리아(42,490)와 일본(45,000), 영국(45,660)을 바짝 쫓고 있다.

이러한 눈부신 경제력에도 불구하고 한국은 빈곤율이 매우 높다.

빈곤율이란 총인구 중위 가구 소득의 50%(빈곤선) 이하의 소득을 버는 인구의 비율을 가리킨다. 한국의 빈곤율은 2016년 기준 17.6%로 2014년과 비교해 3.2%p나 크게 증가하였다. OECD 국가들 중에서 빈곤율이 한국보다 높은 나라는 이스라엘(0.179)과 미국(0.178) 두 나라 뿐이다. 주요 선진국의 빈곤율은 매우 낮다. 덴마크 5.5%, 노르웨이 8.2%, 프랑스 8.3%, 독일 10.4%, 캐나다 12.4%이다(OECD 홈페이지).

대부분의 서구 국가들이 낮은 빈곤율을 유지하고 있는 데 그 비결은 무엇보다도 '사회국가적 조세 체계'이다. 세전에는 빈곤율이 30% 이상으로 매우 높지만, 세후에는 10% 이하로 매우 낮아진다. OECD의 '소득불평등과 빈곤'(Income Distribution and Poverty)을 보면, 2016년 한국의 세전 빈곤율은 19.8%, 세후 빈곤율은 17.6%로 세전-세후 빈곤율 차이가 2.2%p에 불과하여 OECD 회원국 중 최하위 수준이다. 프랑스는 세전 빈곤율이 37%, 세후 빈곤율이 8.3%로, 세전 세후 빈곤율 차이가 28.7%p에 달한다. 세전-세후 빈곤율 차이가 한국보다 10배가 넘는다. 독일은 세전 빈곤율 32.7%, 세후 빈곤율 10.4%로, 세전 세후 빈곤율 차이가 22.3%p이다. 세전-세후 빈곤율 차이가 한국보다 10배나 컸다. 노르웨이는 세전이 25.6%, 세후가 8.2%로 차이가 17.4%p에 달해 8배나 컸다. 세계에서 불평등이 가장 심한 나라의 하나로 간주되는 미국에서도 세전과 세후의 차이가 8.8%p에 달해 우리보다 네 배나 컸다(OECD 홈페이지).

사회국가의 안전장치를 강화해야 탈북자들의 안정된 삶이 보장될 수 있다. 그들을 특수한 복지대상으로 선정하는 것은 그 자체가 또 하나의 차별이 될 수 있다. 그들에게 일반국민과 마찬가지로 사회국가의 안정장치에 의해 기초생활을 보장하는 것이 통합에 바람직하다.

빈부 격차와 사회적 배제에 따른 국민의 분열을 방지하고 탈북자들의 안정된 삶을 보장하기 위해 '사회국가'가 강화되어야 한다. 사회국가는 시장경제의 질서 안에서 '사회정의'를 진흥시키는 것을 국가의 공적 과업의 원칙으로 한다. 시장자본주의에 의해 발생하는 불안과 배제를 국가의 개입을 통해 감소시키는 체제이다. 따라서 사회국가는 시장을 대신하거나 시장에 반해서가 아니라, 오직 시장과 함께 존재한다. 시장에 반하는 행위는 사회국가와 양립할 수 없다(전태국, 2013b: 132).

사회국가는 시장원리의 방해받지 않는 원활한 작동위에서 교육, 보건, 주거, 노동, 교통 등 국민의 생활기초를 보장하는 '사회적 안전'의 의무와, 사회적 약자와 강자 간의 간격을 가능한 한 줄이는 '사회적 균형'의 의무를 국가의 기본 기능으로 삼는다. 사회국가는 법치국가 안에서 기능한다. 개인의 자유를 무시하는 권위주의적 부양국가는 사회국가와 상반된다.

이러한 사회국가는 서구의 많은 나라들에서 헌법상으로 명시되어 있다. 프랑스는 헌법 제1조에 다음을 말하고 있다. "프랑스는 불가분적, 세속적, 민주적, 사회적 공화국이다. 프랑스는 출신·인종·종교에 따른 차별 없이 모든 시민이 법률 앞에서 평등함을 보장한다. 프랑스는 탈중앙화된 기초위에서 조직되어야 한다. 법령은 선거직과 직업적, 사회적 책임의 지위에 여성과 남성의 동등한 접근을 증진해야 한다." 그리고 독일은 기본법 제1조에 "(1) 인간의 존엄은 불가침이다. 이를 존중하고 보호하는 것이 모든 국가권력의 의무이다. (2) 독일국민은 불가침, 불가양의 인권을 세계 모든 공동체의 평화와 정의의 기초로서 인정한다"고 규정하고 있다. 그리고 기본법 제20조 1항은 "독일연방공화국은 민주적이고 사회적인 국가이다"고 규정하고 있다. 우리나라 헌법도 사회국가를 기본 원리로 삼고 있다. 헌법 119조 2항은 "국가는 균형있는 국민경제의 성장 및 안정과 적정한 소득의 분배를 유지하고 시장의 지배와 경제력의 남용을 방지"할 것을 규정하여 국가의 '사회적 균형' 의무를 명시하고 있다. 제34조는 "①모든 국민은 인간다운 생활을 할 권리를 가진다.

②국가는 사회보장, 사회복지의 증진에 노력할 의무를 진다"고 규정하여 국가의 '사회적 안전' 의무를 명시하고 있다. 이처럼 우리나라 헌법도 사회국가 이념을 풍부하게 내포하고 있는데, 문제는 현실에서 실현정도가 극히 미미하다는 점이다. 그동안 정부가 신자유주의를 앞장서서 강조함으로써 헌법의 기본이념인 사회국가 이념을 심각하게 훼손하였다. 사회국가 이념의 충실한 실현에 진력해야 한다.

국가는 탈북자들에게도 일반국민과 마찬가지로 안전하고 품위 있는 삶을 보장해야 한다. 탈북자이기 때문에 국가가 특별하게 부양하는 것은 적절하지 않다. 궁핍한 탈북자들에 대해서는 국가는 사회적 안전 의무의 적극적 이행으로 그들의 인간다운 생활을 보장해야 한다. 그럴 때 탈북자에 대한 편견과 차별이 해소될 수 있다.

한국사회가 안고 있는 또 하나의 기본 과제는 불신이 만연하고 있다는 점이다. UNDP가 발행하는 『2013년 인간개발보고서』에 의하면, 한국은 타인 신뢰가 26%로 매우 낮았다. 덴마크는 60%, 스웨덴은 55%로 매우 높았고, 미국은 37%, 일본은 33%였다(UNDP, 2013).

또한 국민들은 정부와 사회지도층에 대해 높은 불신을 갖고 있다. UNDP의 '2016년 인간개발보고서'(Human Development Report 2016)에 의하면, 중앙정부에 대한 한국인의 신뢰는 28점으로 OECD 국가 중에서 최하위 권에 속했다. 한국보다 낮은 나라는 슬로베니아(20점), 폴란드(21점), 포르투갈(22점), 이태리(26점), 멕시코(26점)의 5개국이었다. 최근 박근혜 대통령이 탄핵, 파면된 후 새로 들어선 정부에 대해 신뢰가 많이 올라간 것으로 나타났다. 『2018년 인간개발보고서』에 의하면, 정부 신뢰가 36점으로 미국(39%)과 별로 차이가 없게 되었다. 그러나 주요국과 비교하면 여전히 매우 낮은 비율이다. 일본은 41점, 영국은 44점, 독일은 62점이다(UNDP, 2018).

통계청의 자료는 중앙정부에 대한 불신이 다행히도 최근에 와서 많이 누그러졌음을 증언한다. 2016년에 75.3%에 달했다가 다음 해인 2017년에는 60% 밑으로 내려갔고, 2018년에는 54.8로 더욱 줄어들었다. 이는 촛불혁명의 효과라고 볼 수 있다. 그러나 국민의 과반수가 정부를 신뢰하지 못하고 있다는 것은 심각한 문제다. 더욱이 국회에 대해서는 80% 이상의 높은 불신이 전혀 수그러들지 않고 있다. 그리고 법원에 대한 불신도 높아지고 있다. 2013년에 58.9%이었는데 2016년에는 70%를 넘어 절정에 달했고 2018년에 67%를 차지했다. 검찰은 경찰보다 더 많은 불신을 받고 있는 것으로 나타났다. 2018년에 검찰에 대해 불신하지 않는 비율이 67.8%로 경찰에 대해서보다 9%포인트나 더 높았다. 지방자치단체에 대해 불신하는 비율도 50% 이상을 차지하였다(통계청, 2013-2018).

'한국종합사회조사'도 국회에 대해 국민들이 거의 신뢰하지 않고 있음을 증언한다. 2016년 조사에서 국회에 대한 '신뢰'(매우+다소)는 28.1%에 그쳤고 '거의 신뢰하지 않는다'는 응답이 70.2%를 차지하였다. 그나마 2년 전에 비해 긍정적 응답이 약간 높아진 수치이다. 2014년 조사에서는 신뢰는 26.4%였고, 불신이 73.4%를 차지했다(김지범 외, 2017).

국민들은 또한 공직자들에 대해 별로 신뢰를 갖고 있지 않다. 2014년 조사에서 "대체로 우리는 정부에서 일하는 사람들이 옳은 일을 한다고 신뢰할 수 있다"는 의견에 찬성은 20.2%에 불과하고 반대가 45.7%를 차지했다. 10년 전인 2004년 조사에서도 찬성은 22.5%에 그쳤고 반대가 46.1%를 차지했다. 특히 젊은 층에서 불신이 더 강하게 나타났다. 60대 이상의 고령자 층에서는 반대가 30.7%이었는데, 50대에서는 42.8%, 40대에서는 48.8%, 30대에서는 50.2%, 그리고 20대 이하에서는 56%를 차지했다.

이렇게 한국사회의 만연한 불신풍조 속에서 탈북자들은 더욱 어려운 처지에 놓일 수밖에 없다. 내국인끼리도 서로 신뢰하지 못하는 판에 탈북자들에 대해서는 하물며 더욱 불신과 의혹의 눈길이 강할 수 밖에 없다. 국가 주요 기관과 공직자들도 국민들로부터 신뢰를 거의 받고 있지 못한 상황은 탈북자의 통합을 더욱 어렵게 한다. 탈북자들의 시민통합을 위해서도 국민들 상호간의 불신 풍조가 해소되어야 하고, 국가기관과 주요 공직자들이 국민들로부터 신뢰를 받아야 한다는 주요 과제를 안고 있다.

분단체제의 상흔, 권력자에 의해 의도적으로 유포된 편견과 사고금지로 인해 미성숙에 갇혀 있는 정신, 권력자나 선동가의 지시를 무판적으로 추종하는 미성숙, 토론능력이 결여된 짐승의식 수준의 이념갈등, 권위미신과 색깔론에 빠져 있는 신민 문화, 이러한 한국의 비민주적 정치문화는 탈북자에 대한 편견과 사회적 거리를 더욱 부추긴다. 탈북자들이 북한에서 습득한 권위주의 태도는 한국사회에 오래 살았다 하더라도 쉽사리 청산되지 않는다. 남북 시민통합은 실로 많은 과제를 안고 있다.

배제와 통합: 탈북인의 삶

현장보고

1 탈북청소년 공동생활가정 이야기 - 마석훈
2 한국을 떠나 유럽에 사는 탈북자 - 최중호

현장보고 1
탈북청소년 공동생활가정 이야기

마석훈

I. 그룹홈 「우리집」 이야기

[그룹홈(공동생활가정)은 부모나 친지 없이 홀로 남한에 입국한 '무연고' 탈북청소년, 또는 부모가 있더라도 가족 해체나 자녀 방치로 '실질적인' 무연고 상황에 처한 탈북청소년과 성인 보호자가 함께 생활하는 작은 규모(7명 내외)의 공동체를 말하며, 안산의 〈우리집〉은 하나의 대표적인 사례이다.]

우리집 아이들은 나를 포함하여 일하는 직원들에게 '쌤'이라 부른다. 마쌤, 효은쌤, 선주쌤, 소연쌤, 미정쌤 등등 다들 쌤이다. 학교도 아닌데 선생의 빠른 발음말인 '쌤'이다. 애들에게 물어보면 쌤들이 쌤이 많아 그렇다, 부모랑 쌤쌤이라 그렇다는 둥 별별 얘기가 다 나오지만 명확한 이유는 없다. 그냥 그렇게 되어 버렸다.

다른 그룹홈에서는 적어도 쌤은 아니다. 원장님 수녀님 목사님 삼촌 이모도 있지만 아빠 엄마가 젤 많다고 한다. 그룹홈도 가정이니까 아빠 엄마라고 부른다는 것이다. 근데 우리집에서는 아니다. 아빠 엄마는 우리집에서 금기어(Taboo)다. 딱히 그 소릴 하지 말라고 한 적은 없지만 알아서 그냥 하면 안 되는 말이다.

근데 애들이랑 정신없이 놀다보면 갑자기 애들 입에서 "아빠", "엄마" 소리가 나올 때가 있다. 순간 묘한 긴장감과 멋쩍음으로 서로가 '얼음'이 되어 먼 산을 보거나 애꿎은 맹구 코털을 뽑곤 한다. 몹시 민망해진다. 왜 그럴까?

아이들이랑 살다보면 경계가 무너질 때가 있다. 아빠 엄마 같고 자식 같아질 때가 많다. 같이 먹고 자고 놀고 싸우고 내내 붙어 있는데, 그렇게 십여년도 붙어있는데 어떨 땐 진짜 가족같이 느껴진다. 근데 그때가 제일 위험한 때다. 가족 아닌데 가족 같아질 때.

잠시 잠깐 스친 그 마음으로 아빠 엄마 내새끼 하다보면 반드시 사고가 난다. 아빠 엄마도 해주기 벅찬 것들을 바라고 그걸 들어주지 않는다고 사고를 친다. 얼마나 자길 사랑하는 실험도 한다. 아이들 입장에서는 아빠 엄마가 너무 그립기 때문이다. 한창 사랑받고 자랄 나이에 생긴 애정의 결핍은 크고 깊다. 평생 간다는 연구결과도 있다고 한다. 무엇보다 우선하는 근원적인 갈망이다. 그걸 달라고 요구한다. 당연하다. 사람이니까, 아직 아이니까.

하지만 문제는 그걸 채울 길이 없다는데 있다. 세상에 엄마 아빠의 사랑을 대신 할 수 있는 것은 없다. 흉내야 내겠지만 흉내일 뿐이다. 자식 아끼고 위하는 그 한결같은 절실함을 어찌 대신할 수 있을까. 적어도 난 못한다. 아빠가 자식 손을 잡고 걸어가는 모습을 보며 목을 빼놓는 아이들을 볼라치면, 아플 때 서러워 엄마 찾는 모습을 볼 때면 가슴이 미어진다. 명절에 특히 차분해지고 비오는 날 축축해지는 아이들 보는 것도 고통이다.

더구나 한둘이 아니다. 목욕탕에 갈 때마다 느낀다. 두어놈은 때 밀어 줄 수 있지만 서넛은 벅차다. 대여섯은 불가능이다. 탕이 너무 덥기 때문이다. 해서 등만 미는 거다. 궁둥이랑 겨드랑이 때구디라도 완전히 밀고 싶은 맘을 접어 등짝만 딱 밀어주곤 "다음"이다. 나머진 자기가 밀어야 한다. 물론 지들 혼자서는 안 민다. 늘 딴짓하고 멍 때리다 쳐 맞곤 한다. 무수한 반복이다. 이십년 가까이.

최소한만 한다. 부모의 역할을 잠시 대신하는 존재로서 최소한의 몫만 겨우 한다. 나머진 지들이 해야 한다. 아빠 엄마한테 못 받은 사랑은 지들이 나중에 엄마 아빠가 되어 자기 새끼들에게 해주면서 채워야 한다. 인간은 성장 과정에서 받지 못한 결핍을 다른 이들에게 채워주면서 스스로를 치유해 가는 존재이기 때문이다. 그걸 믿기에 함부로 엄마 아빠의 자리를 탐내지 않고 비워두는 것이다. 어설픈 엄마 아빠가 되어 그 말의 순결함을 더럽히지 말겠다는 다짐이고 계약의 말이 '쌤'이다. 이 일에 뜻을 둔 '선생(Teacher)'으로서 아이들이 어른이 될 때까지만 인간적인 도리를 다 할 뿐이다.

이런 변태 같은 생각이 생활의 쪼잔함으로 나온 것이 신발정리다.

나는 우리집에 들어설 때 현관의 신발이 정리되지 않으면 늘 불안하다. 아이들이 내가 감당 못할 무엇을 요구할까봐 두렵다. 무섭기도하다. 적어도 그 정도의 긴장과 경계는 서로간의 암묵적인 계약인데 그 선을 넘어서는 놈이 밉다. 해서 신발 정리를 안한 놈을 반드시 찾아내 응징하듯 입에 물리고 손들고 서 있게 한다. 공중도덕이니 습관이니 예의니 해도 실상 그것은 정신병리적인 강박(Obsessive-Compulsive Disorder)이다. 미친 짓이고 아동학대다.

안다. 근대 다 알면서도 자꾸 그런다.

어릴 적 내 아버지는 내게 늘 그걸 강요했다. 사람이 문간 넘을 때

마음이 단단해야 한다며 늘 혼나고 맞았다. 아무것 물려줄 것 없는 가난한 형편에 자식 놈이 강한 심성이나마 지니고 살길 바라셨을 것이다. 그때 아버지처럼 나이 먹으니 이젠 내가 그런다. 그리우니 닮는가보다.

II. 「우리집」 봄순이 이야기

봄순이(가명,여,27세)는 13살 때 우리집에 와서 초중고대학을 다녔고 26살에 분가했다.

　봄순이는 동생과 함께 탈북해 몽골을 거쳐 한국에 왔다. 부모님 소식은 모른다.

　어린 나이에 졸지에 가장이 되어 동생을 돌봐야 했지만, 봄순이는 어른이 되는 것이 두려웠는지 육식을 하지 못했고 늘 겁이 많고 눈물이 많은 아이였다.

　고등학교 졸업 무렵 대학을 선택해야 하는데, 뜬금없이 간호학과를 가겠다는 것이다.

　봄순이 성적은 거의 바닥이었지만, 탈북민에게 허용되는 재외국민 특별전형을 통해 어렵지 않게 합격했다. 성적이 낮아 걱정은 했지만, 일반적인 학과를 가는 것 보다는 전문적인 과를 선택해 안정된 생활을 하는 것이 더 유리해 보였다.

　아이를 키우는 학부모 입장에서 대학 가서 열심히 하면 평생을 편히 살 수 있는데 그 좋은 기회를 마다할 순 없었다. 계열석차 십등 안에 들어야 들어갈 수 있는 학과를 끝에서 오십등 정도 하는 봄순이가 들어가자, 학교에서는 축하 플랜카드가 붙었다.

대학 내내 B학점과 C학점을 왔다갔다하며 아슬아슬 탈북민 장학금을 받아온 봄순이는 졸업 무렵 간호사 자격 시험에 떨어졌다. 일종의 통과시험으로 보통 과에서 95%는 합격하는 시험이었지만, 떨어지는 5%에 봄순이가 들었다.

그럴 수 있다고 생각했다. 오히려 남들 다 한다는 족집게 학원수강도 못 시켜 미안했다.

학교 앞에 월세방을 마련하고 재수를 시켰다. 그렇지만 또 떨어졌다.

포기하고 취업을 시키자니 간호학과 4학년을 졸업하고 간호사가 못 되는 게 너무 안타까웠다. 해서 주변에 모르게 삼수를 시켰다. 또 떨어졌다. 더 이상은 무리였다.

분가한 봄순이는 이제 나를 피한다. 부끄럽고 미안해서 그런 줄 알아 나도 일부러 찾지 않는다. 13년을 딸처럼 키웠는데 서먹서먹해졌다. 차라리 대학을 안 보냈더라면 하는 후회가 남는다.

현장보고 2
한국을 떠나 유럽에 사는 탈북자

최중호

[다큐멘터리 〈북도 남도 아닌〉은 최대한 탈북자의 입장에서, 그들이 한국을 떠난 이유와, 그들이 경험한 일들, 그리고 여전히 한국에서 살아가며 겪는 어려움을 최대한 담아내려는 시도를 한 기록물이다. 2000년 후반부터 2017년 현재까지.]

I. 런던에 사는 승철

2016년 3월, 당시 영국에서 유학 중이던 나는 졸업 과제로 제출해야 하는 다큐멘터리의 주제를 찾고 있었다. 어렵게 한달이 넘게 걸려 찾은 탈북자가 이후 〈북도 남도 아닌〉의 주인공이 된 승철이다. 그와의 첫 만남에서 나눈 5시간의 대화는 나에게 해외로 떠난 탈북자의 삶과 그 시대를 기록하고 싶은 욕심을 갖게 된 중요한 시간이었다. 승철은 내가 알고 있던 탈북자들과는 너무나도 달랐다.

한국에서 5년을 산 그는 남한 사회에 대한 많은 공부를 했다. 남한의 근현대 역사에 대한 공부를 많이 했고, 북한에서 의사였던 경력을 살려 한국에서 의사 시험도 보고, 탈북자들을 돕기 위해 신문을 만들기도, 후에는 자본주의 사회에서는 자본가가 힘이 있다는 생각에 금융을 공부하여 개인 사업을 차리기도 했다. 일자리를 구하는 것에 애를 먹는 많은 탈북자들과 달리 비교적 본인이 원하는 분야의 일을 했던 것으로 생각된다. 남한 사회와 사람들을 이해하기 위한 다방면의 노력들이 그의 날카로운 시각을 만들어준 것이 아닌가 생각됐다.

승철은 자신이 다른 탈북자들에 비해 탈북 과정이나 남한 사회에서의 정착이 비교적 수월했다는 것을 알고 있었고 그런 면에서 미안한 마음이 들 때가 종종 있다고 했다. 하지만 나는 그런 마음의 여유가 있는 그였기에 남한 사회를 좀 더 이성적으로 바라볼 수 있었다고 생각했다.

승철은 한국에서 탈북자 공동체 안에서 정보 교환이나 교육 등의 목적으로 신문을 만들기도 했다. 애초부터 수입을 원해서 시작한 일은 아니었지만 지나치게 적자가 나고 유지하기가 힘들어지자 결국 폐간을 하고 만다. 새롭게 금융 관련 사업을 시작해 성공적인 사업가로 생활을 하던 그는 '새동네' 신문 운영 당시 고용했던 탈북자 5명에게 그들이 일을 그만 둔 후에도 지급했던 정부의 고용지원금이 문제가 되어 재판을 받아야 했고 그 과정에서 고용했던 탈북자들의 거짓 증언과, 자신의 사업 모델을 그대로 빼앗아가 차린 한국 사람들의 배신에 염증을 느끼고 힘든 시기를 보냈다고 한다.

승철은 당시 한국을 떠나고 싶은 심정으로 하루하루를 보냈다고 회상했다. 그러던 어느 날, 영국으로 이민을 간 탈북자 친구가 한국을 방문해 그를 만나 이민을 제안했다. 한국 사회와 달리 능력만 있으면 '탈북자' 딱지 없이 당당하게 살 수 있다는 말에 영국행을 결심했고 짧다면 짧고 길다면 긴 5년의 한국 생활을 정리하고 새로운 시작을 위해 영국으로 떠난다.

승철은 영국으로 떠난 후에도 소신 있는 목소리를 냈는데 그 중 하나가 오마이뉴스의 시민 기자 활동이다. 2010년 말, 북한에서 마약이 유행이라는 연합뉴스, 조선일보 등 국내 주류 언론의 기사가 동영상과 함께 한국에서 화제가 됐고 그는 그런 거짓 보도에 분노하여 인터넷 매체 오마이뉴스를 통해 반박기사를 냈다[북한주민들이 마약에 절었다고? 어이 없다 2011.01.21.]. 그의 첫 기사인데도 불구하고 꽤 많은 사람들에게 공감도 얻었다. 이후, [탈북자들에 대한 편견과 차별을 조장하는 정부 2011.09.27], [한국 떠나는 '배은망덕' 탈북자들? … 다 이유가 있다 2012.8.23] 등등 20개가 넘는 기사를 꾸준히 썼다. 승철은 오히려 한국을 떠나 영국에 자리잡자 더욱 소신 있게 필요한 비판을 했다. 그에게 그만 둔 이유를 묻자 매체에서 북한을 두둔하는 듯한 인상을 여러 번 느껴 그만두게 되었다고 했다. 나는 한쪽으로 기울지 않고 판단하는 그의 이런 모습을 통해 그의 이야기를 기록으로 남기고 싶다는 생각에 더 큰 확신을 갖게 됐다.

그는 이외에도 한국에 있는 수많은 탈북자 단체들이 어떻게 정치적으로 이용을 당하고 탈북자들이 그런 과정 속에서 시민운동에 대한 잘못된 인식을 갖게 된 부분 등 다양한 이야기를 했다. 나는 이후 다큐멘터리 제작 과정에서 한국에서 살고 있는 다른 탈북자에게 같은 얘기를 또 듣게된다.

> "탈북자들이 원해서 데모하는게 아니고 다 보수단체에서 돈을 줘요 사탕가루도 주고 밀가루도 주고. 그러니까 이게 시민운동을 아예 잘못 배웠어. 시민운동은 내가 돈을 내면서 가는게 시민운동인데. '거기 가면 뭐주니? 이번에 가면 밀가루 준대?' 이렇게 되는거야. 그리고 한

국 사회가 나쁜 게 뭐냐하면 그걸 자꾸 이용을 해요. 뒤에서 조종하는 사람이 많아. 그렇게 해서 국가 돈을 빼먹고 미국의 돈을 빼먹으려고 단체를 만드는 거에요. 내가 무슨 단체를 만들고 그 단체의 목적에 맞는걸 만들어서 시민들이 참여를 하는게 시민 운동인데. 거의 다 그래요. 그러니까 관변 단체, 내가 봤을 때는 국가에서 하라는대로 하는거야."

승철이 했던 얘기가 전부 사실처럼 받아들여지지는 않았다. 미국의 돈을 빼먹으려고 탈북자들이 단체를 만든다는 말 등은 잘 믿어지지 않았지만, 이 부분 역시 이후에 한 탈북자 단체의 예산 내역서를 우연히 보게 되면서 어느정도 사실이라는 것을 알게 되었다. 단체의 이름을 공개할 수는 없지만 미국의 법무부를 비롯한 여러 단체들이 그 단체의 활동을 여러 차례 재정적으로 후원한 것을 알 수 있었다.

두 번에 걸쳐 열 시간 가까이 나눈 승철과의 대화는 생각할 거리를 많이 던져줬다. 정치적으로 이용을 당하는 탈북자들의 현실과 수없이 당하는 각종 사기, 그가 개인적으로 겪었던 편견과 차별들은 북한 인권이 아닌 탈북자 인권에 대한 관심을 더 갖게 만들었다. 한국 사회에서 탈북자들은 왜 그렇게 된 것일까. 승철과의 대화는 유학을 마치고 돌아오는 비행기 안에서도 머릿속을 맴돌았다.

II. 네덜란드에 사는 민재

네덜란드에서 만난 민재는 한국에서 10년 가까이 살며 대부분의 탈북자처럼 산전수전을 다 겪었다. 신문배달 일부터 시작해 여러가지 일을 했고 이후엔 북한에서 살던 당시 운전병으로 군복무를 했기 때문에 관련 경력을 살려 대형마트 활어차 운전 등의 일을 했다. 활어차 운전을 하던 당시 그는 거의 매일같이 일이 정해진 시간보다 늦게 끝났지만 회사측으로부터 추가 수당을 받지 못했고 꼼꼼하게 그 시간을 수첩에 기록했다고 한다. 이후 하루, 자신의 실수로 사고를 낸 그는 회사측의 불합리한 차 수리 요구에 자신이 직원으로써 그동안 받지 못한 임금에 대해 요구했고 회사의 강압적인 태도에 결국 노동부에 관련 사항을 신고했다.

노동부는 회사측에 지급하지 않은 임금에 대해 합의할 것을 권고했고 사측은 200만원이라는 적은 금액으로 넘어가려 했지만 민재가 그동안 받지 못한 금액에는 턱없이 부족했고 결국 노동부는 800만원을 보상할 것을 명령했다. 보상금을 얻었지만 민재는 일자리를 잃었다. 민재의 이야기는 새롭지 않았다. 한국에서 흔히 있을 법한 일이었고 궂은일을 하는 노동자들이 흔히 직면할 부당한 일상이었다. 그는 이후 또 새로운 일자리를 찾으려 했지만 그가 할 수 있는 일은 많지 않았다.

민재는 네덜란드로 온지 3년이 되었고 그의 아내와 아이들도 함께 넘어와 다같이 생활하고 있다. 민재가 한국을 떠나는 것에 있어 가장 큰 이유가 바로 아이들이었다. 그와 그의 아내는 한국에서 아이들이 한국에서 받은 상처를 더욱 안타까워했고, 네덜란드에서 잘 적응해 편견으로부터 자유롭게 커 나가길 간절히 바랬다.

"무슨 죄예요 아이들이. 다 이상하게 됐잖아요. 상처는 안 씻어지더라고, 치유가 안 되더라고…"

민재의 아들은 한국에서 태어났지만 초등학교를 다닐 당시 북한 사람이라며 놀림을 당했다. 심지어 학교 선생님에게도 '머리에 이가 있다'

며 아이들 앞에서 공개적으로 놀림거리가 되기도 했다고 한다. 그들에게 네덜란드에서 자녀들이 잘 적응을 하냐고 묻자 언어의 어려움이 처음엔 조금 있었지만 이젠 잘 적응하여 생활한다고 답했다. 한국보다 다양한 인종도 있고 아이들이 북한에서 왔다는 이유로 놀림을 받지 않는다고 했다. 교육적인 면을 이야기할 때 가장 네덜란드 생활에 만족하는 것이 느껴졌다.

첫 만남으로부터 1년이 지나 그들에게 들은 소식은 첫째 아이는 치과에 간호사로 취업을 하게됐고, 작은 아이도 매우 우수한 성적으로 칭찬을 많이 듣는다는 것이었다. 그 어느 부모나 할법한 자랑일 수도 있지만, 영어권 국가도 아닌 네덜란드에서 아이들이 잘 적응하여 살아가는 것에 대해 고마워하는 마음이 전해졌다.

III. 밀라노에 사는 마리아

이탈리아에서 만난 마리아는 다큐멘터리를 상영한 후 가장 많은 사람들이 '인상깊었고 동기부여가 되었다'고 전한 인물이었다. 그녀는 자신의 꿈을 찾아 패션을 공부하러 밀라노로 떠났고 어찌보면 영원한 이민이 아닌 일시적인 유학을 하는 학생이었다. 남한을 떠나 해외에 정착한 탈북자를 찾는다는 목적을 갖고 계획한 유럽 촬영이었지만 그것이 무조건 부정적인 사건에 의한 일종의 도피 사례만 있는 것은 아니라고 생각됐고, 드문 경우지만 마리아처럼 꿈을 찾아 떠난 탈북자도 보여주고 싶었다.

그녀는 하루하루를 치열하게 살아갔다. 새벽부터 운동을 했고, 중국어, 영어는 물론이고 이태리어까지 어느정도 자유롭게 구사했다. 한국에서 힘들거나 어려웠던 부분보다도 자신에게 도움을 준 은사들과 긍정적인 경험에 대해 주로 이야기했다. 상처를 주는 사람들이 있다면 또 도와주고 진심으로 위해주는 고마운 사람들이 있다고 강조했다. 그런 그녀의 태도는 어쩌면 떠나온 부모님에 대한 미안함과 하루도 낭비할 수 없다는 간절함을 보여주는 것이 아니었을까? 10대에 더 넓은 세상을 보겠다고 떠나온 그녀는 한국에서 살 때도 호주로 어학연수를 떠나는 등 다양한 자기 개발을 했고 패션 디자이너가 되겠다는 꿈을 갖은 후에는 이탈리아로 넘어와 최고의 패션스쿨 중 하나인 마랑고니(Istituto Marangoni)에서 공부를 시작했다.

그녀는 탈북자들이 더욱 노력을 하고 새로운 시스템과 사회 안에서 능력을 높일 수 있게 시도하는 대신 받는 것에 익숙하며 그런 수동적인 태도가 큰 문제라는 이야기도 했다. 그녀는 주변의 기적적인 도움도 있었지만 촬영을 하던 당시에도 식당에서 알바를 하며 학비와 생활비를 마련하고 있었다. 이런 부분을 촬영하는 것을 원치 않아 카메라에 담진 않았지만 여러 개의 파트타임 일을 하며 공부를 병행하고 있었다

긍정의 아이콘처럼 느껴진 그녀도 한국 사회에서 탈북자들이 갖는 어려움을 여러가지 이야기했는데 가장 대표적인 것이 방송이 탈북자를 보여주는 모습이었다. 한국 방송에서 탈북자들이 고난의 행군 시절 끔찍했던 얘기를 마치 지금도 그런 것처럼 얘기하고, 북한에 대해 작은 사실도 부풀리고, 왜곡하는 것에 대해 매우 불편해하며 방송이 탈북자를 이용한다고 말했다. 탈북자들은 출연료 잘 나오니까 그런 것에 눈이 멀어 기꺼이 원하는 말을 리얼하게 내뱉는다고 얘기했다. 종합편성 채널의 탈북자 토크쇼 프로그램을 언급하며 담당 피디에게 항의전화를 한 적도 있다고 이야기했다. 이 부분은 사실 대부분의 탈북자들이 불만을 표출한 부분이기도 하다. 대부분은 방송이 탈북자를 이용하여 북한의 이미지를 만들어내고 많은 탈북자들은 제 얼굴에 침 뱉는 것인지도 모르고 과장

과 왜곡을 한다고 주장했다.

그녀는 나에게 '직접 와서 이런 얘기를 카메라로 담아줘서 너무 고맙다'고 반복적으로 말했다. 사전에 한국에서 전화로 처음 이야기를 나눌 때도 '보잘 것 없는 저희에게 관심을 가져주셔서 고맙다'고 했던 그녀는 이후 다큐멘터리를 보내준 후에도 몇 번씩이나 고맙다고 인사를 남겼다.

IV. 독일에 사는 철민

프랑스와 독일에서 만나기로 한 탈북자가 각각 개인적인 사정으로 만날 수 없다고 연락을 했다. 나는 갑작스럽게 생긴 돌발상황에 주변 사람들을 통해 급히 새로운 탈북자를 찾았고 그렇게 해서 만나게 된 것이 독일에 사는 철민 가족이었다. 한 가지 달랐던 점은, 이 부부는 남한에 살지 않고 바로 중국에서 독일로 왔다는 것이었다.

쉽게 말하면 '진짜 북한 사람'이였다. 그동안 만나온 탈북자가 모두 한국에서 살고 있거나 살았던 사람들이라면 이들은 아예 한국 땅에 발을 딛지 않은 탈북자였다. 뭔가 다른 면이 있을까 궁금하기도, 조금은 긴장되기도 했지만 막상 만나보니 조금도 다른 점이 없었다. 속으로 의아해하던 나에게 그들은 '중국에 15년 살면서 웬만한 한국 사극 및 드라마는 다 봐서 한국말을 오히려 더 잘한다'고 했다.

독일에 와서 한국 사람도 처음 만났다고 했다. 중국에선 주로 조선족들과 생활했지만 한국 사람을 만난 적은 없었다고 한다. 한국 사람들이 하는 교민 교회에 간 부부는, 많은 상처만 받았다. 그들의 시선과 가르치려는 태도, 아랫사람 대하듯 하는 말투 등이 모두 상처로만 남았다고 한다. 한국에 산 적도 없는 그들은 그렇게 쉽게 한국 사람에게 안 좋은 기억을 갖게 됐다.

1살짜리 갓난 아기부터, 3, 4살짜리까지 3명의 자녀를 키우는 부부에게 생활비가 감당이 되냐고 묻자 저소득층이나 난민을 위해 일반 마트보다 더욱 저렴하게 장을 볼 수 있는 마트가 따로 있다고 했다. 그런 복지가 잘 되어있기 때문에 아직 일을 하지 않는 상태였지만 독일 정부에서 지급하는 생활비로도 생활이 가능하다고 했다. 경제적 상황이 좋지 않더라도 독일의 복지가 그들 역시 충분히 누릴 수 있게 마련해놓은 복지 시스템이 매우 인상적으로 느껴졌다.

중국에서 15년을 산에서 숨어살며 일만하던 그들은 김정일 전 위원장의 사망 소식에 독일로 오게 되었는데 당연히 중국에선 아이를 갖지 않았다고 했다. 둘의 목숨도 언제 어떻게 될지 모르는 상황에서 아이를 낳을 수 없었던 것이다. 독일에 도착한 후 이민국에서 인터뷰를 진행할 때 독일에서 가장 원하고 도와줬으면 하는 게 뭐냐는 질문을 받았고 그들은 마흔이 넘은 나이였지만 아이를 갖고 싶다고 답했다고 한다. 중국에서 벗어나 마음이 편해져서였는지 부부에겐 기적적으로 아이가 생겼고 건강하게 태어났다. 재밌는 것은 그 아이에게 동생이 둘이나 더 생겼다는 것이다.

촬영 1년 후, 다시 그들을 찾아가 짧은 재회를 했는데 철민은 일자리를 구해 독일 회사로 매일 출근을 했고, 철민의 아내는 운전을 배워 차로 기차역까지 나를 마중 나왔다. 독일어도 제법 많이 늘었던 부부는 안정적으로 정착해 행복하게 살아가는 모습이였다. 처음 촬영을 할 때도 두번째 방문했을 때도 혹시 한국에 가서 살고 싶진 않냐고 물었지만 돌아오는 대답은 같았다.

"한국 가서 살아보고 싶죠. 근데 우리 애들 때문에 안되요. 우리는 살 만큼 살았지만 애들은 이제 막 시작인데 우리처럼 살면 안되죠. 상처 받잖아요. 여기는 외국인이니까 무시당해도 참고 살 수 있지만 한국 가서 같은 말 하는 같은 사람들에게 무시당하게 하고 싶지 않아요"

참고문헌

1장

강신욱. 2006. "사회적 배제 개념의 정책적 적용을 위한 이론적 검토." 『동향과 전망』 66: 9-32.

권수현. 2011. "북한이탈주민에 대한 남한국민의 태도." 『한국정치연구』 20(2): 129-153.

권은주. 2005. "탈북자 재교육 시설 '하나원' 스케치." 『민족연구』 14: 140-153.

권혁범. 2013. "내 몸 속의 반공주의 회로와 권력." 임지현·권혁범·김진호. 『우리 안의 파시즘』. 삼인.

김일수, 2004. "탈북자 문제에 대한 한국의 입장과 대응", 『세계지역연구논총』, 22(2): 329-357.

김재현. 1996. "하버마스에서 공론영역의 양면성." 이진우. 『하버마스의 비판적 사회이론』. 문예출판사.

김화순·전태국. 2018. "탈북민의 신민적 정치참여를 보는 네가지 시각과 향후전망.", 『평화체제 이행기에 탈북민 통합, 어떻게 이룰 것인가?』. 남북시민통합연구회.

남지원·유신모. 2014. "'산케이 지국장 기소' 파문… "대통령 명예 지키려고 국가의 명예 추락시켜"." http://news.khan.co.kr/kh_news/khan_art_view.html?artid=201410092237285&code=940301 (경향신문, 2014.10.09.)

뉴스타파. 2014. "뻬라쇼의 막전막후", http://www.newstapa.org/article/zj0xm (뉴스타파, 2014.10.31.)

문동희. 2018. "태영호 전 공사, 황장엽 비서처럼 활동 제약 받나?", https://www.

dailynk.com/태영호 전 공사 황장엽 비서처럼 활동 제약 받나(데일리nk, 2018.05.18.)

문영심. 2014. 『간첩의 탄생: 서울시 공무원 간첩 조작 사건의 전실』. 시사IN북.

박소영. 2014. "혐오 시위 들끓은 한 해… '표현의 자유' 탈 쓰고 법치 허물다." https://www.hankookilbo.com/News/Read/201412290473006027 (한국일보, 2014.12.29.)

박현선. 2002. "탈북자 국내 정착정책의 현황과 발전방향." 『북한연구학회보』 6(1): 209-240.

선우현. 1999. 『사회비판과 정치적 실천』. 백의.

_____. 2002. "한국 사회에서 '진보/보수' 간 이념적 대립 구도'의 왜곡화." 『사회와 철학』 (4): 79-118.

_____. 2011. "통합적 배제 혹은 배제적 통합의 이질적 대상으로서 '국내 탈북자'", 『생활세계의 이방성: 젠더와 상호문화적 관점에서의 철학적 성찰』 한국여성철학회·상호문화철학회 2011년 추계학술대회 자료집, 58-00.

_____. 2012. "한국인 속의 한국인 이방인." 『동서철학연구』 64: 5-28.

_____. 2014. "반공주의와 그 적들." 『사회와 철학』(28): 47-60.

_____. 2015. "(남북 및) 남남 갈등의 또 하나의 진원지로서 탈북자 집단", 『동서철학연구』78: 23-43.

_____. 2018a. "한국사회에서의 낙인효과와 적대적 배제 정치." 『철학연구』 145: 271-296.

_____. 2018b. "국내 정착 탈북민의 극우편향 정치화에 관한 철학적 접근." 『시민성에 기반한 평화공동체 만들기』 콜로키움 발표문. 남북시민통합연구회.

손석춘. 2005. 『한국 공론장의 구조변동』. 커뮤니케이션북스.

안윤석. 2014. "정부, "북 남북대화 거부 강한 유감"… 고위급회담 무산." https://www.nocutnews.co.kr/news/4282235 (노컷뉴스, 2014.11.02.)

오창헌. 2003. 『유신체제와 현대 한국정치』. 오름.

윤인진·이진복. 2006. "소수자의 사회적 배제와 사회통합의 과제" 『한국사회』 7(1): 41-90.

윤진호. 2004. 『선진국의 빈부격차와 차별시정을 위한 국가 행동계획 사례 연구』. 국회환경노동위원회.

이원섭. 2001. "냉전세력이 꿈꾸는 통일". 강만길 외. 『이제 문제는 냉전세력이다』. 중심.

이진복. 2014. 『'박근혜 정치'를 넘어서』. 민주정책연구원.

장미경. 2005. "한국사회 소수자와 시민권의 정치". 『한국사회학』, 39(6), 159-182.

정근식 외. 2018. 『2017 통일의식조사』, 서울대 통일평화연구원.

정병호. 2004. "환상과 부적응―탈북 이주민에 대한 남한 사회의 인식혼란과 그 영향." 최협. 『한국의 소수자, 실태와 전망』. 한울.

최유경. 2014. "박대통령, 북 전격방문 김관진 '급파'..왜?" http://www.newdaily.co.kr/site/data/html/2014/10/04/2014100400035.html (뉴데일리, 2014.10.05.)

Habermas, J. 1981. *Theorie des kommunikativen Handelns 2*, Surhkamp,.

_____. 1990. *Strukturwandel der Öffentlichkeit: Untersuchungen zu einer Kategorie der bürgerlichen Gesellschaft*, Suhrkam.

2장

김진호. 2017. "태극기집회와 개신교 우파: 또 다시 꿈틀대는 극우주의적 기획" 『황해문화』(95): 76-93.

로이트, 랄프 게오르크(Ralf Georg Reuth), 2006. 『괴벨스, 대중 선동의 심리학』, 김태희 역, 교양인.

박현선. 2017. "태극기 집회의 대중심리와 텅빈 신화들" 『문화과학』(90): 106-133.

베버, 막스(Max Weber). 2010. 『프로테스탄티즘의 윤리와 자본주의 정신』 김덕영 역. 도서출판 길.

베블런, 소스타인 (Thorstein Bunde Veblen). 2012. 『유한계급론』 김성균 역. 우물이 있는 집.

아렌트, 한나(Hannah Arendt). 2006a. 『전체주의의 기원1』 이진우·박미애 역, 한길사.

_____. 2006b. 『전체주의의 기원2』 이진우·박미애 역, 한길사.

전태국. 2013. 『지식사회학』. 한울아카데미.
정찬대. 2017. 『꽃 같던 청춘 회문산 능선 따라 흩뿌려지다: 한국전쟁 민간인 학살의 기록』. 한울아카데미.
최현숙. 2016. 『할배의 탄생』. 이매진.
포퍼, 칼 (Karl Raimund Popper). 2006. 『열린사회와 그 적들 I』 이한구 역. 민음사.

3장

강명옥. 2006. "북한인권과 국제사회 개선과 비교분석." 연세대학교 석사학위 논문.
권해수·남명구. 2011. "북한이탈주민에 대한 연구동향 분석 및 비판: 박사학위논문을 중심으로." 『한국행정학회 동계학술대회』 1-11.
교회정보넷. 2018. "모이자! 나가자! 외치자! 교회여 일어나라." http://www.cinfonet.kr/bbs/board.php?bo_table=b0118&wr_id=18 (2018.2.20.)
금명자. 2015. "한국심리학회의 북한 및 북한이탈주민 관련 연구동향: 한국심리학회지 게재논문 분석(2000~2013)." 『한국심리학회지일반』 34(2): 541-566.
김광웅. 2011. "북한이탈주민의 '사회적 배제'와 '사회성'에 관한 연구." 명지대학교 박사학위 논문.
김기선. 2013. "국내 탈북자단체 형성과 발전에 관한 연구." 고려대학교 석사학위 논문.
김승철. 2006. "북한이탈주민의 한국사회 적응에서 북한 정치사회화의 영향 연구." 경남대 석사학위 논문.
김신희. 2012. "탈북청소년의 시민성(市民性) 연구." 경남대학교 박사학위 논문.
김영민. 2009. "미시성의 정치: 논어의 경우." 『한국정치학회보』 43(1): 29-44.
김영석. 2011. "탈북자단체의 대북삐라가 남북한에 미치는 영향: 2003~2010년을 중심으로." 북한대학원대학교 석사학위 논문.
김유정. 2012. "북한이탈 청소년의 이산경험." 이화여자대학교 박사학위 논문.
김중태. 2014. "북한이탈주민의 직장생활과 적응 장애요인에 관한 연구: 남한출신 근로자의 상호인식을 중심으로." 경남대학교 박사학위 논문.
김태현·노치영. 2003. 『재중북한이탈여성들의 삶』. 하우.

김한나. 2010. "온라인 공간의 대북 시민단체간 이념과 네트워크: 사회 연결망 분석을 중심으로." 이화여자대학교 석사학위 논문.

김현경. 2009. 『현상학으로 본 새터민(탈북이주자)의 심리적 충격과 회복경험』. 한국학술정보.

김화순. 2009. "북한이탈주민의 고용에 미치는 요인 연구: 인적자본 및 노동시장 구조요인을 중심으로." 한국기술교육대학교 박사학위논문.

나경아·한석진. 2009. "탈북인예술단체의 사회문화적 정체성 및 가치에 관한 연구." 『무용예술학연구』 26: 65-85.

박광택. 2014. "북한이탈주민의 적응에 대한 연구 동향과 과제." 『직업과 고용서비스연구』 9(2): 15-29.

박명규·김병로·송영훈·양운철. 2011. 『노스코리안 디아스포라: 북한주민의 해외탈북이주와 정착실태』, 서울대학교 통일평화연구원.

박정란. 2006. "여성 새터민의 직업 가치와 진로의사 결정과정 연구." 이화여자대학교 박사학위 논문.

_____. 2012. "북한이탈주민 연구 동향과 과제: 주제, 방법, 내용," 『KDI북한경제리뷰』 14(5): 54-71.

신난희. 2008. "미국거주 탈북자의 생활과 적응." 『제4차 세계한국학대회 자료집』 한국학중앙연구원 세계한국학대회 공식 홈페이지.

_____. 2014. "탈북여성 디아스포라 경험 연구: 탈북여성의 적응 전략과 행위성을 중심으로." 한국학중앙연구원 한국학대학원 박사학위 논문.

_____. 2015. "남한사회 탈북단체의 활동과 인정의 정치: 국내외 정치적 맥락을 중심으로."『비교문화연구』 21(2): 329-356.

_____. 2019a, "분단디아스포라와 탈북이주민의 과잉 정치참여활동 사례 연구: 제19대 대선 시기를 중심으로."『한국민족문화』 72: 75-109.

_____. 2019b. "탈북이주민 구술연구의 동향과 전망: 탈북이주여성을 중심으로." 『인문사회21』 10(4): 195-210.

양수경. 2013. "북한이탈주민의 언어 적응 실태에 관한 연구." 서울대학교 박사학위 논문.

오원환. 2011, "탈북 청년의 정체성 연구: 탈북에서 탈남까지." 고려대학교 박사학위 논문.

유지웅. 2006. "북한이탈주민의 '사회적 배제'연구: 소수자의 관점에서." 한국학중앙연구원 한국학대학원 박사학위 논문.
윤여상. 2001. "국내 북한이탈주민의 사회적응 프로그램." 영남대학교 박사학위 논문.
윤혜순. 2014. "탈북청소년 연구동향과 과제" 『청소년연구』 21(11): 125-149.
이상기·손나리. 2018. "페이크 뉴스 (Fake News) 에 대한 수용자들의 비판적 대응은 가능한가?." 『인문사회과학연구』 19: 519-541.
이민영. 2004. "남북한 이문화부부의 가족과정 경험에 관한 질적 연구: 내러티브 탐구방법을 활용하여." 이화여자대학교 박사학위 논문.
이준태. 2015. "국내 북한 인권 NGO의 형성, 이념과 활동에 관한 연구: 보수 지향적 단체들을 중심으로." 서울대학교 석사학위 논문.
이희영. 2010. "새로운 시민의 참여와 인정투쟁: 북한이탈주민의 정체성 구성에 대한 구술 사례연구." 『한국사회학』 44(1): 207-241.
일간베스트. 2016. "청와대를 점령하는 시나리오!~긴급입수!" http://www.ilbe.com/8982811118 (2016.11.01.)
임석훈. 2013. "민간단체 풍선날리기와 분단 번역의 정치-행위자-네트워크 이론을 중심으로." 『북한학연구』 9(2): 5-32.
자유북한운동연합. 2012. "탈북단체들, "북한민주화추진연합회" 결성." http://www.ffnk.net/board/bbs/board.php?bo_table=news&wr_id=527
정병호. 2004. "탈북 이주민들의 환상과 부적응: 남한사회의 인식혼란과 그 영향을 중심으로" 『비교문화연구』 10(1): 33-62.
정운종. 2005. "탈북자 정착지원금 축소 파장." 『북한』(2): 122-128.
최대석·박영자. 2011. "북한이탈주민 정책연구의 동향과 과제: 양적 성장을 넘어서." 『국제정치논총』 51(1): 187-215.
푸코, 미셸 (Michael Foucault). 2004. 『감시와 처벌: 감옥의 역사』 오생근 역. 나남.
호네트, 악셀 (Axel Honneth). 1996. 『인정투쟁: 사회적 갈등의 도덕적 형식론』 문성훈·이현재 역. 동녘.

4장

김상윤·권선미. 2017. "탈북자단체 '文당선되면 탈북자 3000명 집단 망명하겠다'" ⟨http://news.chosun.com/site/data/html_dir/2017/05/03/2017050302138.html (조선일보, 2017.05.03.)

김수암·김화순·민태은·박주화. 2016. 『민주주의 및 시장경제에 대한 탈북민 인식 조사』. 통일연구원, KINU 연구총서.

김연철. 2016. "누가 탈북자를 '알바 시위꾼'으로 만들었나?" http://www.pressian.com/news/article/?no=135918&ref=nav_search

김지범·강정한·김석호·김창환·박원호·이윤석·최슬기·김솔이. 2017. 『KGSS 한국종합사회조사: 2003-2016』. 성균관대학교 출판부.

김화순·전태국. 2018. "탈북인의 신민적 정치참여". 『통일과 평화』, 10(1): 317-370.

박정서. 2011. "탈북 청소년과 남한 청소년의 정치적 태도 비교 연구: 정치효능감과 정치신뢰감을 중심으로." 서울대학교 박사학위논문.

연합뉴스. 2017. "달북단체, 댓글조작 동원의혹에 "사실성 결여" 부인" https://www.mk.co.kr/news/politics/view/2017/08/555495/ (연합뉴스/매일경제, 2017.08.18.)

윤인진·김춘석·김석향·김선화·김화순·윤여상·이원웅·임순희. 2014. 『북한이탈주민에 대한 국민의식 및 차별실태조사』. 국가인권위원회.

전태국. 1998. "공산당 선언 150주년과 맑스주의 재해석." 『한국사회역사학회』 1(3): 11-44.

_____. 2013a. 『탈주술화와 유교문화(세계화하는 한국의 사회문화)』 한울.

_____. 2013b. 『사회통합과 한국통일의 길』. 한울.

_____. 2016. "시민성에 기반한 탈북민 정책의 패러다임 전환 모색." 미발표원고문. 목요도반세미나, 2016.5.9.

현인애. 2013. "북한이탈주민의 정치적 재사회화 연구." 이화여자대학교 박사학위논문.

Adorno, T. W., Frenkel-Brunswik, E., Levinson, D. J., Sanford, R. N., Aron, B. R., Levinson, M. H., & William R.. Morrow. 1950. *The Authoritarian Personality. Studies in Prejudice Series*, Volume 1, 1950, Harper und Brothers, New York.

Almond, Gabriel A., & Verba, Sidney. 1963. *The Civic Culture. Political Attitudes and Democracy in Five Nations*. Princeton.

Bilodeau, A, McAllister, I., & Kanji, M. 2010. "Adaptation to Democracy among Immigrants in Australia." *International Political Science Review* 31(2): 141-165.

Black, Jerome H. 1987. "The Practice of Politics in Two Settings: Political Transferability among Recent Immigrants to Canada." *Canadian Journal of Political Science,* 20(4): 731-754.

Bourdieu, Pierre. 1987. *Die feinen Unterschiede. Kritik der gesellschaftlichen Urteilskraft*. Frankfurt am Main.

Collet, Christian. 2000. "The Determinants of Vietnamese American Political Participation: Findings from the January 2000 Orange County Register Poll." *annual meeting of the Association of Asian American Studies*, Scottsdale, AZ.

Fenner, Christian. 1993. "Politische Kultur." *Wörterbuch Staat und Politik,* hrsg. von Dieter Nohlen, Bundeszentrale für politische Bildung.

Hartfiel, G. & Hillmann, K.H.. 1972. *Wörterbuch der Soziologie,* Stuttgart: Kröner.

Horkheimer, Max. 1936. *Studien über Autorität und Familie,* Paris.

Huffman, Terry. 2001. "Resistance Theory and the Transculturation Hypothesis as Explanations of College Attrition and Persistence Among Culturally Traditional American Indian Students." *Journal of American Indian Education* 40(3): 1-23.

Institut für Sozialforschung. 1956. *Soziologische Exkurse. Nach Vorträgen und Diskussionen,* 3. Unveränderte Auflage 1974, Frankfurt am Main - Köln: Europäische Verlagsanstalt.

Just, A., & Anderson, C. 2012. "Immigrants, Citizenship and Political Action in Europe." *British Journal of Political Science* 42(3): 481-509.

Klapper, Joseph T. 1960. *The Effects of Mass Communication*, Free Press.

Mannheim, Karl, 1958. *Mensch und Gesellschaft im Zeitalter des Umbaus,*

Darmstadt: Wissenschaftliche Buchgesellschaft.

Marx, Karl. 1867. *Das Kapital, Erster Band,* Karl Marx/Friedrich Engels Werke(MEW), Bd. 23, 1979. Berlin: Dietz Verlag(= MEW 23).

_____. 1877. "Marx an Wilhelm Blos"(마르크스가 빌헬름 블로스에게 보낸 편지, 1877년 11월 10일) *Karl Marx/Friedrich Engels Werke(MEW),* Bd. 34, 1979, Berlin: Dietz Verlag(= MEW 34).

Nietzsche, Friedrich Wilhelm. 1889. Götzen-Dämmerung, Köln: Anaconda Verlag, 2008.

Park, Robert Ezra. 1950. *Race and Culture.* New York: The Free Press.

Portes, Alejandro, & Rafael Mozo. 1985. "The Political Adaptation Process of Cubans and Other Ethnic Minorities un the United States: A Preliminary Analysis." International Migration Review 19(1): 35-63.

Prokic-Breuer, Tijana., Vink. M., Hutcheson, D., & Jeffers. K. 2012. "Socialization, Naturalization and Immigrant Political Participation in Europe: Testing Transferability Theory." University College Dublin's School of Politics and International Relations, SPIRe Seminar Week 9, Thursday November 15th, 2012.

Ramakrishnan, K., & Espenshade, T. 2001. "Immigrant Incorporation and Political Participation in the United States." *International Migration Review* 35(3): 870-909.

Scherr, A. 2001. "Randgruppen und Minderheiten." In: Schäfers B., Zapf W. (eds) *Handwörterbuch zur Gesellschaft Deutschlands.* VS Verlag für Sozialwissenschaften.

Weber, Max. 1904a. "Die 'Objektivität' sozialwissenschaftlicher und sozialpolitischer Erkenntnis." in: *Gesammelte Aufsätze zur Wissenschaftslehre,* 7. Aufl. Tübingen: J.C.B.Mohr(Paul Siebeck) Verlag, 1988, S.: 146-214.

_____. 1904b. *Die protesetantische Ethik und der Geist des Kapitalismus* (프로테스탄트 윤리와 자본주의 정신), in: *Gesammelte Aufsätze zur Religionssoziologie,* 9. Aufl., Tübingen: J.C.B.Mohr(Paul Siebeck)

Verlag, 1988, S.: 17-206.

_____. 1915. "Die Wirtschaftsethik der Weltregionen. Vergleichende religionssoziologische Versuche, Einleitung." (세계종교의 경제윤리. 비교종교사회학적 시론. 서문), in: Max Weber, *Gesammelte Aufsätze zur Religionssoziologie*, 9. Aufl., Tübingen: J.C.B.Mohr(Paul Siebeck) Verlag, 1988, S. pp. 237-275.

White, S., Nevitte, N., Blais, A., Gidengil, E. & Fournier, P. 2008. "The Political Resocialization of Immigrants: Resistance or Lifelong Learning?" *Political Research Quarterly* 61(2): 268-281.

Wong, Janelle S. 2000. "The Effects of Age and Political Exposure on the Development of Party Identification Among Asian American and Latino Immigrants in the United States." *Political Behavior* 22(4): 341-371.

Zajonc, Robert. 1968. "Attitudinal Effects of Mere Exposure." *Journal of Personality and Social Psychology* 9(2): 1-27.

5장

김화순. 2009. "북한이탈주민의 고용에 영향을 미치는 요인연구:인적자본 및 노동시장구조 요인을 중심으로". 한국기술교육대학교 대학원.
_____. 2012a. "북한이탈주민의 고용정책 개편방향.". 통일부 용역보고서.
_____. 2012b. "북한주민의 일자리유형 연구."『북한연구학회보』16(1): 321-357.
_____. 2013. "시장화시기 북한의 일자리유형 결정요인."『통일정책연구』22(1): 79-112.
_____. 2015. "체제이행기 북한여성 노동의 존재양식." 장지연·김화순.『통일한국의 노동시장과 여성고용 및 일·가정양립 연구』. 한국여성정책연구원.
_____. 2017. "직행 탈북이주자의 노동이동과 탈북결정요인."『통일정책연구』. 제26권 1호.
전재식. 2002. "청년층의 취업형태 및 결정요인에 관한 연구."『연구노트』, 직업능력개발원.

조한범·임강택·양문수·이석기. 2016. 『북한에서 사적경제활동이 공적부문에 미치는 영향』. 통일연구원.

Chiswick, Barry R. 2000. "Are immigrants favorably self-selected? An economic analysis." *IZA Discussion Paper* (131): 1-24.

Sullivan, Sherry E. 1999. "The changing nature of careers: A review and research agenda." *Journal of management* 25(3): 457-484.

Wallace, Clairee. 2004. "Christian Haerpfer and Rossalina Latcheva," *The Informal Economy in East-Central Europe 1991-1998* (Vienna: Institute for Advanced Studies, 2004)

6장

북한이탈주민지원재단(남북하나재단). 2010-2018. 『북한이탈주민 정착실태조사』. 각 년도 보고서. 북한이탈주민지원재단.

북한인권정보센터. 2005-2009. 『북한이탈주민 경제활동 동향: 취업·실업·소득』. 북한인권정보센터.

통계청. 2018. 『경제활동인구조사』. 통계청.

7장

김석향. 2015. "1990년 이후 북한사회의 변화와 가족문화의 현황." 『한국가족사회복지학회 학술발표논문집』 2015(1): 12-28.

김유정. 2012. "북한이탈 청소년의 이산 경험." 이화여자대학교 박사학위 논문.

_____. 2017. "북한이탈여성의 일과 자녀돌봄 양립 경험에 관한 융합연구." 『한국융합학회논문지』, 8(10): 385-395.

김현수·김수원·김민규. 2014. "북한이탈주민의 취업역량 강화를 위한 경력경로 분석." 『직업과 고용서비스연구』 9(1): 45-79.

노은희·오인수. 2016. "남한에서 대학을 졸업한 탈북 청년의 취업 성공요인에 대한 사례연구." 『한국교육문제연구』 34(4): 235-264.

박정란. 2009. "여성 새터민의 자녀 돌봄과 일: 실태와 지원방안." 『한민족문화연구』 28: 97-135.

신나라. 2019. "택시에서 카드결제하고 영어 사교육하는 북한 사람들: 통일연구원 보고서에 소개된 김정은 시대의 변화 다섯 가지." http://www.ohmynews.com/NWS_Web/View/at_pg.aspx?CNTN_CD=A0002505182&CMPT_CD=SEARCH (오마이뉴스, 2019.01.20.)

신난희. 2017. "부모교육 프로그램을 통해 본 북한이탈주민지원정책의 새로운 방향." 『다문화와 평화』 12(1): 207-235.

이기영·김민경·백정원. 2014. "'중국 출생 자녀'를 둔 한국 거주 북한이탈여성의 양육 경험에 관한 연구." 『한국가족관계학회지』 19(3): 213-240.

이기영·백정원·김민경. 2014. "특집: 이주의 사회과학적 고찰: 북한이탈여성의 돌봄과 일에 관한 연구: 제3국 출신 아동을 둔 여성의 경험을 중심으로." 『민족연구』 60: 4-23.

이은주. 2017. "북한이탈여성의 직업교육 경험과 취업전략에 관한 질적연구: 서울시 거주자를 중심으로." 『한국과학예술포럼』 27: 173-189.

이주연. 2017. "영유아기 자녀를 둔 북한이탈여성의 자녀양육에 관한 현상학적 연구." 『한국보육지원학회』 13(1): 85-106.

장정은·최정숙. 2015. "북한이탈여성의 청소년자녀 양육경험에 관한 질적 연구." 『한국사회복지연구』 46(4): 375-419.

전연숙. 2012. "탈북여성의 취업촉진요인과 장애요인." 『여성연구논총』 10: 107-130.

정영애·김윤아. 2013. 『탈북여성 일·가정 양립 실태 연구』. 북한이탈주민재단.

최선경. 2011. "성인지적 관점에서 본 탈북여성의 남한사회적응의 어려움과 정착지원 방안." 『평화학연구』 12(4): 327-348.

최수찬·이은혜·김명희·이혜림. 2019. "여성 북한이탈주민의 경제활동에 관한 탐색적 연구-직장생활을 중심으로." 『다문화사회연구』 12(1): 131-163.

통일부. 2019. 『북한이탈주민정책』. http://www.unikorea.go.kr

한미라. 2015. "탈북여성의 초국적 어머니 경험." 『다문화와 평화』 9(2): 160-178.
홍승아. 2013. "가족관점에서 본 북한여성의 정착과제: 자녀양육을 중심으로." 『통일문제연구』 25(2): 173-205.

8장

강구섭·김현철·이향규·한만길·박성철. 2015. 『탈북청소년 교육종단 연구(Ⅵ)』. 한국교육개발원.

김경애. 2012. 『해외 교육복지정책 연구』. 한국교육개발원.

김정원. 2014. 『탈북청소년 교육종단연구』, 한국교육개발원

김정원·김성식·박인심·김도희. 2009. "교육복지투자우선지원사업의 효과." 『KEDI 포지션페이퍼』 6(11): 00-00.

김지수·강구섭·김진희·박희진·짐지혜·조정아·김윤영·김현철·조정래. 2017. 『2주기 탈북청소년 종단연구, 2』. 한국교육개발원.

류방란·김준엽·송혜정·김진경. 2013. 『학생의 변화를 통해 본 교육복지우선지원사업의 효과』. 한국교육개발원.

민태은·조정아·현인애. 2017. 『북한이탈주민의 교육, 복지, 그리고 시민권에 대한 인식』. 통일연구원. -> 117 페이지 인용

서승희. 2010. 북한이탈 청소년 전환교육 모형 연구. 서울대학교 대학원 박사학위 논문.

슈피겔(Der Spiegel), 빌둥스클릭(Bildungsklick). (2018. 01. 29.) 한국교육개발원 교육정책네트워크 정보센터, 2월 14일자

신진아·김경희·박상우·김영란·이정우·서민철·조윤동·김현경·이영주·최숙기. 2012. 『국가수준 학업성취도 평가 결과에 기반한 다문화·탈북 가정 학생의 교과별 성취 특성 분석』. 한국교육과정평가원.

양병찬. 2018. "한국 마을교육공동체 운동과 정책의 상호작용: 학교와 지역의 관계 재구축." 2018춘계학술대회, 『마을교육공동체 운동의 세계적 동향과 과제』. 서울시교육청. pp. 000-000.

양재진·신광영·김연명·이정우·윤홍식. 2011. 『대한민국 복지, 7가지 거짓과 진

실』. 두리미디어,

윤홍식. 2011. 보편주의 복지국가 비판의 불편한 진실과 과제. 페미니즘 연구, 11(1): 167-206.

이근영·강지나·방진희·이지현. 2017.『경기도 교육복지우선지원사업 재구조화 방안 연구』. 경기교육연구원.

이대식. 2011.『통합교육의 이해와 실제』. 학지사.

이향규. 2012.『탈북청소년 교육종단연구』. 한국교육개발원.

이혜영. 2011.『교육복지 통합적 지원체제 구축 방안 연구』. 한국교육개발원.

정병호·정진웅·전효관·이부미. 2003.『북한이탈 청소년을 위한 학교설립 타당성 연구』. 교육과학기술부 정책연구과제.

최영신·김대근·채경희. 2017.『북한이탈주민의 법의식 실태와 준법의식 제고방안 연구』. 한국형사정책연구원.

한국민주시민교육학회. 1995.『민주시민생활용어사전』.

한만길. 2011.『탈북청소년 교육종단연구』. 한국교육개발원.

_____. 2013. "취약집단 대상 교육복지 정책의 문제와 개선방안",『북한이탈주민연구』, 12월(2): 00-00.

_____. 2017. "문재인 정부 교육복지정책, 당장 무엇을 할 것인가", 흥사단교육운동본부 주관 제31차 흥사단교육정책포럼, 2017. 12. 8, 흥사단 강당

Dowling, M. 1999. "Social Exclusion, Inequality and Social Work." *Social Policy & Administration* 33(3): 245-261.

Field, S., Kuczera, M., & Pont, B. 2007. "No More Failure: Ten steps to equity in education." *OECD, Education and Training Policy Report*. Paris: UNESCO.

9장

김선화. 2015. "사회통합의 현장으로서 하나센터의 역할과 과제."『북한이탈주민학회 전국하나센터협회 공동학술대회 자료집』134-163.

김형용. 2013. "지역사회기반 서비스와 사회복지관."『한국사회복지행정학』15(1):

169-195.

김화순. 2014. "북한 일유형이 남한에서 탈북이주민 고용에 미치는 영향." 『통일정책연구』 23(1): 1-40.

노대명. 2009. "사회통합의 실태와 과제." 『Issue and Focus』 15: 1-8.

박철민·민기. 2014. "개인적, 경제적, 사회문화적 특성이 북한이탈주민의 지역사회 통합에 미치는 영향 분석-사회적응수준의 매개효과를 중심으로." 『대한정치학회보』 22(1): 31-63.

설진배·송은희·이은미. 2014. "북한이탈주민의 사회통합 방안: 경제적 적응이 심리적 적응에 미치는 영향." 『한국동북아논총』 70: 157-174.

설진배·송은희. 2015. "사회통합관점에서의 북한이탈주민 정착지원 방향: 델파이 조사를 통한 북한이탈주민 수요분석을 중심으로." 『평화학연구』 16(5): 193-216.

윤인진·이진복. 2006. "소수자의 사회적 배제와 사회통합의 과제: 북한이주민 경험을 중심으로." 『한국사회』 7(1): 41-92.

이민영. 2015. "북한이탈주민의 사회통합을 위한 정착 지원에 관한 연구 봉향 분석: 통합적 문헌고찰 방법을 활용하여." 『한국가족복지학』 49: 39-70.

_____. 2016. "북한이탈주민의 사회통합을 위한 지역사회 비영리기관의 서비스 제공 경험에 관한 질적 연구". 『미래사회복지연구』, 7: 1-30.

전주람·김성미. 2015. "북한이탈 중년여성들의 사회복지관 이용경험에 관한 질적사례 연구." 『한국사회복지질적연구』 9(3): 59-84.

통일부. 2016. 『통일백서』. 통일부.

_____. 2018a. 『2018년도 북한이탈주민 정착지원 시행계획』, 관계부처 합동

_____. 2018b. 『북한이탈주민 정착지원 실무편람』. 통일부.

통일부 홈페이지. https://www.unikorea.go.kr/content.do?cmsid=1440

허준영. 2012. "북한이탈주민 사회통합정책 방안 모색: 서독의 갈등관리에 대한 비판적 검토." 『통일정책연구』 21(1): 271-300.

홍기준. 2000. "통일 후 남북한 사회통합." 『국제정치논총』 39(3): 369-390.

Barnes, D., Carpenter, J., & Dickinson, C., 2000, "Interprofessional education for community mental health: attitudes to community care and professional stereotypes", *Social work education*, 19(6): 565-583.

Bidet, E. 2009. "Social Capital and Work Integration of migrants: The case of North Korean defectors in South Korea." *Asian Perspective* 33: 151-179.

Fackler, M. 2012. Young North Korean defectors struggle in the South. The New York Times. https://www.nytimes.com/2012/07/13/world/asia/young-north-korean-defectors-struggle-in-the-south.html (NewYorkTimes, 2012.07.13.)

Fuqua, J. L. 2011. Korean Unification: Inevitable Challenges, Virginia: Potomac Books.

Hernández-Plaza, S., Alonso-Morillejo, E., & Pozo-Muñoz, C. 2006. "Social support interventions in migrant populations." *British Journal of Social Work* 36(7): 1151-1169.

Kim. Y. H, 2009. "The development of local community comprehension education program for Saeteomin". *Korean Journal of Political Science*, 16: 95-125.

Park, N. J. 2002. "Incorrigible South Korea?" *Hankyoreh21*. Seoul: The Hankyoreh.

Park, Y. S. 2010. "South Korean society's acceptance of North Korean refugees and its resettlement procedures and experiences." *Report of the 10th International Conference on North Korean Human Rights and Refugees,* Toronto, Canada: Citizens' Alliance for North Korean Human Rights (NKHR).

Walters, W. 2009. "Migration and security". *The Routledge handbook of New security studies*. London: Routledge.

10장

김수암·김화순·민태은·박주화. 2016. 『민주주의 및 시장경제에 대한 탈북자 인식 조사』. 통일연구원.

김지범·강정한·김석호·김창환·박원호·이윤석·최슬기·김솔이. 2017. 『한국종합사회조사 누적자료집 2003-2016』. 성균관대학교출판부.

김화순·전태국. 2018. "탈북인의 신민적 정치참여." 『통일과 평화』 10(1): 317-370.

서울대통일평화연구원. 2017. 『통일의식조사 2017』.

_____. 2018. 『통일의식조사 2018』.

서중석. 1991. 『한국현대민족운동연구』, 역사비평사.

전태국. 1989. "이데올로기와 이데올로기적 갈등," 『사회비평』 3: 9-41.

_____. 2013a. 『지식사회학』. 한울.

_____. 2013b. 『사회통합과 한국통일의 길. 내적 장벽을 넘어서』. 한울.

조선총독부 경무국 보안과. 1939. 『고등외사월보』 제2호. (1939년 8월).

통계청. 2013-2018. 『사회통합실태조사 2013~2018』.

한국보건사회연구원. 2018. 『2017: 사회통합실태진단 및 대응방안(IV): 사회문제와 사회통합』.

Almond, Gabriel & Verba, Sidney. 1963. *The Civic Culture. Political Attitudes and Democracy in Five Nations*, Princeton, N. J.

Bilodeau, Antoine, McAllister, Ian., & Kanji, Mebs. 2010. "Adaptation to Democracy among Immigrants in Australia." *International Political Science Review* 31(2): 141-165.

Bogardus, Emory S. 1926. "Social Distance in the City." *Proceedings and Publications of the American Sociological Society* 20: 40-46.

Ehrt, Adolf. 1936. *Der Weltbolschewismus*. Berlin: Nibelungen.

Habermas. 2001. *The Postnational Constellation: Political Essay,* Cambridge and Massachussets: The MIT Press.

Hartfield and Hillmann. 1972. *Wörterbuch der Soziologie*, Stuttgart: Kröner.

Heitmeyer, Wilhelm. & Imbusch, Peter. 2012. "Dynamiken gesellschafticher Integration und Desintegration." *Heitmeyer, Wilhelm and Imbusch,Peter (Hrsg.), Desintegrationsdynamiken. Integrationsmechanismen auf dem Prüfstein*. Wiesbaden: Springer VS, 9-25.

Hobbes, Thomas. 1949. *Grundzüge der Philosophie,* Leipzig.

Kant. 1784. "Beantworung der Frage: Was ist Aufklärung?" *Ehrhard Bahr, hrsg.*

Was ist Aufklärung? Thesen und Definition, Stuttgart: Phillip Reclaim jun.

Lenk, Kurt. 1978. "Problemgeschichtliche Einleitung." Kurt Lenk. (hrsg.), *Ideologie, Ideologiekritik und Wissenssoziologie, 8. Aufl.* Darmstadt und Neuwied.

Marx & Engels. 1846. *Die Deutsche Ideologie, MEW 3*. Dietz Verlag, Berlin. 1980.

Marx, Karl. 1877. "맑스가 블로스(Wilhelm Blos)에게 보낸 편지, 1877년 11월 10일자". (Marx an Wilhelm Blos in Hamburg, 10. Nov. 1877), in: MEW 34.

Nietzsche, Friedrich. 1886: Jenseits von Gut und Böse, Insel Verlag.

OECD. "Social Protection and Well-being/ Income distribution and poverty: by country – poverty" https://stats.oecd.org/. (OECD 홈페이지)

Spinoza, Benedict De. 1670. "Preface." *Theological-Political Treatise. Ed. By Jonathan Israel and Michael Silverthorne*, Cambridge University Press 2007.

Therborn, 2007. "Expert group meeting on creating an inclusive society: Practical strategies to promote social integration." *Presentation*. Paris, 10-13.

UN DESSA, 2009. *Creating an Inclusive Society: Practical Strategies to Promote Social Integration*, UN.

UNDP. 2013: *Human Development Report 2013*, UNDP.

_____. 2018: *Human Development Report 2018*, UNDP.

Weber, Max. 1918. "Parlament und Regierung im neugeordneten Deutschland", in: Max Weber, *Gesammelte Politische Schriften, hrsg. von Johannes Winckelman*, J.C.B.Mohr (Paul Siebeck), Tübingen, 1988.

_____. 1922. *Wirtschaft und Gesellschaft. Grundriss der Verstehenden Soziologie*, Tübingen: J.C.B.Mohr, 1980.

Wikipedia. https://en.wikipedia.org/wiki/List_of_authors_and_works_on_the_Index_Librorum_Prohibitorum

저자소개

전태국/편저자

서울대학교 사회학과를 졸업하고 독일 프랑크푸르트 괴테대학교에서 사회학 박사학위를 취득했다. 한국사회학회 회장, 한독사회학회 창립 및 초대회장, 대통령자문 정책기획위원, 통일부 정책자문위원, 중앙선거방송토론위원회 전문위원을 역임했다. 현재 강원대학교 사회학과 명예교수이며, 정년퇴직 후 독일 프랑크푸르트대학교 사회학과에서 강의하였다. 주요 저서로는 『독일의 사회통합과 새로운 위험』(공저, 한울, 2017), 『사회통합과 한국통일의 길』(한울, 2013), 『독일통일과 동독 권력 엘리뜨』(공저, 한울, 2011), 『민족통일과 사회통합. 독일의 경험과 한국의 미래』(공저, 사회문화연구소, 1999), 『국가사회주의의 몰락. 독일통일과 동구변혁』(한울, 1998)가 있다.

김화순/편저자

이화여자대학교 사회생활과를 졸업하고 한국기술교육대학교에서 인력경영학 박사학위를 취득했다. 현재 한신대학교 통일평화정책연구원에서 선임연구원으로 있다. 주요논문으로는 "생존의 정치: 북한의 '공장사회'와 노동자"(2018), "체제이행기 북한 여성노동의 존재양식"(2015), "북한 일유형이 남한에서 북한이탈주민의 고용에 미친 영향"(2014) 등이 있으며 주요저서로는 『분단체제의 노동: 북한이탈주민이 경험한 남북한의 노동세계』(선인, 2018), 『북한이탈주민의 직업변동과 취업지원정책의 평가』(공저, 한국노동연구원, 2013) 등이 있다.

이민영/편저자

이화여자대학교 사회복지학과를 졸업하고 동 대학원에서 『남북한 이문화 부부의 가족과정에 관한 내러티브 탐구』 논문으로 박사학위, 영국 브리스톨대학교 정책연구대학에서 『North Korean migrants in South Korea: Policy, Services and Social Work Practice』으로 박사학위를 취득하였다. 중곡종합사회복지관과 사회복지공동모금회를 거쳐, 현재 한국다문화복지학회 부회장이며 고려사이버대학교 사회복지학과 부교수로 있다. 주요 저서로는 『통일과 사회복지』(공저, 나남, 2019), 『남북한 이문화 부부의 통일이야기』(단독, 한국학술정보, 2006), 『북한이탈주민 가족복지론』(공저, 나눔의 집, 2008), 『이주민 정책과 서비스』(공저, 나눔의 집, 2008) 등이 있다.

김유정

이화여자대학교 사회학과를 졸업하고 The Catholic University of America에서 사회복지학 석사학위를 취득했다. 이후 DC정부의 병원 St. Elizabeth Hospital과 Maryland주의 Rockville City 에서 사회복지공무원으로 난민과 이주민을 대상으로 일했다. 이화여자대학교에서 사회복지학 박사학위를 취득했고 한국학교사회복지학회와 한국인간복지실천학회의 이사를 역임하고 있다. 현재 가천대학교 사회복지학과 조교수이며, 다문화와 청소년과 관련된 강의를 하고 있다. 주요 저서로는 『가족복지』(공저, 학지사, 2015), 『북한이탈주민에 대한 이해』(나눔의 집, 2009)가 있다.

박성재

한양대학교 사회학과를 졸업하고 동 대학원에서 문학박사(사회학) 학위를 취득하였고 현재 한국노동연구원 고용영향평가센터 전문위원으로 근무하고 있다. 주요 저서로는 『가구분야 인력양성사업의 고용영향평가』(2018), 『직업훈련사업 산출식 개선연구』(2018), 『구매조건부신제품개발사업의 일자리창출경로연구』(2018), 『도시형 소공인 집적지구의 고용현황과 인력수급 변동』(2018), 『공예전문인력 양성 및 인력수급 미스매치해소의 고용효과』(2017), 『대형유통업체 영업시간 규제 고용영향평가 연구』(2015), 『K-Move사업 고용영향평가 연구』(2015), 『고졸 청년층의 초기 경력형성에 관한 연구』(2014), 『북한이탈주민의 직업변동 및 취업지원제도 평가』(2012) 등이 있다.

선우현

연세대학교 철학과를 졸업하고 서울대학교 철학과 대학원에서 철학박사 학위를 취득했다. 대한철학회 부회장, 사회와철학연구회 회장을 역임했으며, 현재 청주교육대학교 윤리교육과 교수로 있다. 주요 저서로는 『사회비판과 정치적 실천』(백의, 1999), 『우리시대의 북한철학』(책세상, 2000), 『위기시대의 사회철학』(울력, 2002), 『홉스의 리바이어던』(삼성출판사, 2007), 『한국사회의 현실과 사회철학』(울력, 2009), 『자생적 철학체계로서 인간중심철학』(집문당, 2009), 『평등』(책세상, 2012), 『다시 민주주의다』(공저, 씨아이알, 2015) 등이 있다.

신난희

서울대학교 인류학과를 졸업하고 한국학중앙연구원 한국학대학원에서 『탈북여성 디아스포라 경험 연구: 탈북여성 적응전략과 행위성을 중심으로』라는 주제로 인류학 박사학위를 취득하였다. 현재 대구가톨릭대학교 다문화연구원 조교수로 재직하고 있다. 관심 주제는 구술생애사. 이주와 젠더. 이주공동체와 사회통합. 평화교육 등이다. 평화나눔연구소 연구위원, 공공부분 통일교육 강사, 민주평화통일자문회의 경상북도 경산지부 자문위원으로 활동하고 있다. 연구 논문으로는 "분단 디아스포라와 탈북이주민의 과잉 정치참여 활동 사례 연구: 제19대 대선 시기를 중심으로," "탈북이주민 구술연구의 동향과 전망: 탈북이주여성을 중심으로," "탈북이주민의 지역사회 정착 갈등에 관한 문화적 분석: 자생적 조직 활동과 상호문화적 실천을 중심으로" 등 다수가 있다.

정찬대

조선대학교 신문방송학과를 졸업한 뒤 오랫동안 정치부 기자로 활동했다. 한국전쟁 전후 민간인 학살 문제에 집중하면서 뒤늦게 공부를 시작했고, 한국전쟁기 빨치산 포로수용소 관련 연구로 성공회대학교 사회학과에서 석사학위를 받았다. 현재 성공회대 민주자료관 연구원에 재직 중이며, 「반헌법행위자열전편찬위원회」 조사위원과 「전라도천년사편찬위원회」 집필단으로 참여하고 있다. 주요 저서로 『꽃 같던 청춘, 회문산 능선 따라 흩뿌려지다: 한국전쟁 민간인 학살의 기록』(한울아카데미, 2017) 등이 있다.

한만길

공주사범대학 교육과를 졸업하고 서울대학교 대학원 석사, 강원대대학원 박사 학위를 취득했다. 통일교육학회 회장, 한국교육개발원 기획처장을 역임했으며, 현재 한국교육개발원 석좌연구위원, 흥사단교육운동본부 대표를 맡고 있다. 주요 저서로는 『통일시대 북한교육론』(교육과학사, 1999), 『통일교육의 이론과 실천』(교육과학사, 2000), 『북한에서는 어떻게 교육할까』(우리교육, 1997), 『통일을 이루는 교육』(교육과학사, 2016) 등이 있다.

마석훈

경북대학교에서 행정학과를 졸업하고 한양대학교 대학원에서 문화인류학을 공부했다. 대학 졸업 후 시민단체인 대구환경운동연합에서 1회용품 쓰레기 문제를 다루었으며 2001년 통일부 하나원 하나둘학교에서 탈북청소년을 만났다. 이후 지금까지 그룹홈 〈우리집〉에서 탈북청소년들과 함께 살며 '미리 온 통일'을 경험하고 있다. 저서로는 『우리가 만난 통일, 북조선 아이』(필요한책, 2018)이 있다.

최중호

한양대학교 국제학과를 졸업하고 런던대학교(골드스미스)에서 TV저널리즘 석사학위를 취득하였다. 북한인권국제영화제와 DMZ 다큐멘터리 영화제 등에서 상영된 다큐멘터리 영화 '북도 남도 아닌'(2018)을 연출했고 영국 채널4와 미국 PBS 공동 제작 다큐멘터리 'North Korea: Life Inside the Secret State'(2017-2018)와 Economist 등의 해외 채널들의 다큐멘터리 제작에 다양하게 참여했다. 그 외에도 핀란드로간 난민들에 대한 이야기를 다룬 다큐멘터리 영화 'The Arrivals'(2016), EBS 〈지식채널 e〉를 비롯한 다양한 교육프로그램 제작에 참여했다.